经济管理创新研究

王 成 李明明 著

中国商务出版社
CHINA COMMERCE AND TRADE PRESS

图书在版编目（CIP）数据

经济管理创新研究 / 王成，李明明著. -- 北京：中国商务出版社，2022.9

ISBN 978-7-5103-4430-5

Ⅰ．①经… Ⅱ．①王… ②李… Ⅲ．①经济管理－研究 Ⅳ．①F2

中国版本图书馆CIP数据核字(2022)第169815号

经济管理创新研究
JINGJI GUANLI CHUANGXIN YANJIU

王成 李明明 著

出 版：	中国商务出版社		
地 址：	北京市东城区安外东后巷28号	邮 编：	100710
责任部门：	发展事业部（010-64218072）		
责任编辑：	周青		
直销客服：	010-64515137		
总 发 行：	中国商务出版社发行部（010-64208388　64515150）		
网购零售：	中国商务出版社淘宝店（010-64286917）		
网 址：	http://www.cctpress.com		
网 店：	https://shop595663922.taobao.com		
邮 箱：	295402859@qq.com		
排 版：	北京宏进时代出版策划有限公司		
印 刷：	廊坊市广阳区九洲印刷厂		
开 本：	787毫米×1092毫米　1/16		
印 张：	11.75	字 数：	270千字
版 次：	2023年2月第1版	印 次：	2023年2月第1次印刷
书 号：	ISBN 978-7-5103-4430-5		
定 价：	63.00元		

凡所购本版图书如有印装质量问题，请与本社印制部联系（电话：010-64248236）

版权所有盗版必究（盗版侵权举报可发邮件到本社邮箱：cctp@cctpress.com）

前　言

　　市场经济已经渗入社会生活的方方面面，现代企业中的技术活动与生产运作、市场营销、财务分析、质量控制、投融资等经营管理活动密不可分。掌握专精技术、具备经济思维、了解管理知识的高层次复合型人才对于我国新工业化进程的重要性日益凸显。企业的工程技术人员不仅要掌握专业技术知识，而且还应掌握一定的经济管理知识与方法，这是企业发展的要求，也是市场经济发展和社会进步对人才的要求。对理工科大学生进行经济管理基本知识的教育，提升大学生的经济意识与管理理论素养，对推动我国经济社会的进步和现代化事业的发展，具有重要而深远的意义。

　　伴随着数字产品的日新月异，数字经济正在迅速蔓延。数字经济是新经济的核心，将发达国家和地区与不发达国家和地区更紧密地联系了起来。数字经济活动并不否定经济集聚效应，相反，由于空间性的存在，这种经济集聚效应似乎更加明显，经济活动的空间相关性更加显著，只是解读的视角不仅要考虑地理空间性，也需要关注文化、经济、人口等非地理维度的空间性，由此需要研究数字经济特有的空间增长机制。

　　目前，数字经济逐渐成为全球经济增长的重要动力与主要内容，未来以大数据、云计算、人工智能、物联网、区块链等为代表的新一代数字技术革命将席卷全球，并在经济社会各领域得到更加迅速、更加广泛的渗透应用，从而催生出以数字经济为代表的新一轮产业变革，这也必将推动产业界甚至全社会向数字化转型，数字经济也终将成为全球经济发展的主线与新动能，全球将进入数字经济主导的新时代。

　　本书有助于读者全面认识数字经济给企业创新管理带来的新变化，更好地进行企业创新，管理各项工作。

目 录

第一章　经济管理概述 ··· 1
　　第一节　经济与管理 ··· 1
　　第二节　经济管理研究的内容 ··· 20
　　第三节　研究经济管理的方法 ··· 27
第二章　市场经济理论 ··· 32
　　第一节　市场经济 ··· 32
　　第二节　市场机制 ··· 43
　　第三节　市场体系 ··· 59
　　第四节　现代企业制度 ·· 65
第三章　经济管理的宏观视角 ··· 79
　　第一节　宏观经济管理 ·· 79
　　第二节　经济发展模式与宏观管理目标 ··· 80
　　第三节　宏观经济管理中的市场环境 ·· 87
第四章　经济管理创新的微观视角 ·· 97
　　第一节　消费者、生产者与市场 ··· 97
　　第二节　市场需求分析 ·· 104
　　第三节　市场供给分析 ·· 107
　　第四节　市场均衡与政府政策 ·· 109
第五章　数字经济的发展及管理创新 ··· 118
　　第一节　数字经济的基础产业 ·· 118
　　第二节　数字经济的技术前瞻 ·· 125
　　第三节　数字经济的创新管理 ·· 140
第六章　网络经济管理实践 ·· 145
　　第一节　网络经济管理制度 ··· 145
　　第二节　网络经济与项目管理 ·· 147
　　第三节　网络经济时代的工商管理 ·· 149
　　第四节　网络经济时代企业管理 ··· 151

第五节 基于网络经济的会计管理 ……………………………………… 155

第六节 网络营销与企业经济管理 ……………………………………… 158

第七章 网络经济管理创新 …………………………………………………… 162

第一节 观念创新 ………………………………………………………… 162

第二节 技术创新 ………………………………………………………… 165

第三节 组织创新 ………………………………………………………… 168

第四节 管理模式和制度创新 …………………………………………… 171

第五节 文化创新 ………………………………………………………… 174

参考文献 ………………………………………………………………………… 181

第一章 经济管理概述

第一节 经济与管理

一、经济

（一）经济的概念

经济（Economy）这个词来源于希腊语 oikonomos，最早是古希腊的色诺芬在《经济论》和《雅典的收入》中使用的，是指奴隶主庄园的管理，或是说家庭管理的方法。在古希腊，经济也指一种谋生术，是取得生活所必要的并且对家庭和国家有用的具有使用价值的物品的方法。在西方，随着自然经济发展到商品经济，"经济"一词便超出了家务管理的范围。在中国古代，"经"是指经营国家事务，"济"是指救济人民生活，"经济"一词的原意，是指"经邦济世""经国济民"。在清朝末期，日本掀起了工业革命浪潮，大量接受、吸收和宣传西方文化，很多学者翻译西方经济类书籍时，将"Economy"一词译为"经济"。现代汉语中所使用的"经济"一词，是我国近代学者严复翻译日本著作时引进的词汇，并且随着社会的不断进步，"经济"一词在汉语中的含义更加广泛。

经济是人类社会的物质基础，没有经济就没有人类社会。经济与政治一样属于人类社会的上层建筑，是构建人类社会并维系人类社会运行的必要条件。"经济"一词的具体含义随语言环境的不同而不同，它既可以指一个国家的宏观的国民经济，也可以指一个家庭的收入和支出。"经济"有时作为一个名词，指一种财政状态或收支状态；有时候也可以作为动词使用，指一种生产过程等，"经济"是当前非常活跃的词语之一。

1. "经济"一词在我国古代汉语中的含义

公元4世纪初东晋时代已正式使用"经济"一词。《晋书·殷浩传》："足下沉识淹长，思综通练，起而明之，足以经济。"此时，"经济"一词是经邦济世、经国济世或经世济民等词的综合和简化，含有"治国平天下"的意思。"经济"一词在中国古代文化和古代文学中是一个非常丰富的概念，其蕴含了丰富的人文思想和社会内涵，我国古代名联"文章西汉双司马，经济南阳一卧龙"中的经济就是"经纶济世"的意思。"经济"一词在我国古代代表着知识分子的责任之一，而且是非常有深度、广度和高度的一个词语，能做到"经济"二字的人必须文能提笔安天下。我国古代的知识分子，特别是儒家学派的知识分子，常常按照《大学》中"三纲八目"（三纲是指君为臣纲、父为子纲、夫为妻纲，八目是指格物、致知、诚意、正心、修身、齐家、治国、平天下）的要求去做学问、做人，而"三纲八目"最高的要求就是做到"治国平天下"，这是古代"经济"一词的最深层次表达。"经济"一词在我国古代汉语中含义非常丰富，它主要指宏观层面上国家如何理财，如何管理各种经济活动，如何处理政治、法律、军事、教育等方面的问题，即治理国家、拯救庶民的意思。

2."经济"一词的近现代含义

随着时代的变迁，"经济"一词逐渐具有了现代社会中人们经常使用的含义。在日常生活中，人们认为经济是指耗费少而收益多，如平时我们经常说："这件事你这样做，就经济多了。"有时也指财力、物力，指个人的收支状况，如鲁迅在《书信集·致何白涛》中写道："《中国木刻选》要开始付印了，共二十四幅，因经济关系，只能印百二十本。""经济"一词，除了在日常生活中广泛使用外，还在经济管理中大量使用。在经济管理中，一般认为"经济"主要具有三种含义：一是指一定历史时期社会生产关系的总和。经济是指人们在物质资料生产过程中结成的，与一定的社会生产力相适应的生产关系的总和或社会经济制度，是政治、法律、哲学、宗教、文学、艺术等上层建筑赖以建立起来的基础。二是指社会物质资料的生产和再生产过程，包括物质资料的直接生产过程以及由它决定的交换、分配和消费过程。其内容包括生产力和生产关系两个方面，但主要是指生产力。三是指一个国家的国民经济或国民经济的某一个部门。当作为一个国家国民经济的总称时，它包括一个国家全部物质资料生产部门及其活动和部分非物质资料生产部门及其活动。我们通常所说的不同国家的经济状况，就是从国民经济的角度上讲的，如国内生产总值、社会总产值、企业的产量与效益等。经济有时也指国民经济的某一部门，如工业经济、农业经济、商业经济等。

到了现代，由于不同的学者从不同的角度来解释经济，使经济一词的含义更加广泛。同时由于西方经济学中经济学家给经济学下了各种各样的定义，但对经济的定义却比较模糊。他们认为经济学的研究对象是经济，经济是一个清晰自明的实体，对经济无须下定义，故迄今为止在西方经济学中对"经济"一词还没有一个明确的定义，从而导致西方学者对经济学的定义也处于混乱状态。目前，国内不同的学者从各自不同的角度，也给出了经济不同的定义，如经济就是人类以外部自然界为对象，为了创造满足人们需要所必需的物质环境而不断追求享受所采取的行为的总和；经济是指创造财富的过程；经济是指利用稀缺的资源以生产有价值的商品，并将它们分配给不同的个人；经济是指人类生活事务；经济是指把稀缺资源配置到各种不同的和相互竞争的需要上，并使稀缺资源得到充分利用，使用者得到最大满足；经济是指将稀缺的资源有效地配置给相互竞争的用途；经济是指个人、企业、政府以及其他组织在社会内进行选择，以及这些选择决定社会性稀缺资源的使用；经济是指社会管理自己的稀缺资源；经济是指在经济活动中确定劳动、资本和土地的价格，以及运用这些价格配置资源；经济是指金融市场行为，是指金融市场将资本配置到其他经济部门；经济是指收入分配，以及不损害经济运行的前提下对人给予帮助；经济是指政府支出、税收、预算、赤字对经济增长的影响；经济是指一定社会生产、交换、分配和消费等经济活动，以及所形成的经济关系和经济规律；经济是指资源配置的全过程及决定影响资源配置的全部因素，等等。综合以上观点，本书认为经济就是稀缺资源的配置和稀缺资源的利用。

（二）资源和资源的稀缺性

1. 需要、欲望与需求

需要、欲望与需求都代表着一种渴求，但需要和欲望不能代表人们有购买能力，只有需求是具有购买能力的。

（1）需要

国内学术界对需要范畴的界定很多，但较为典型的主要有以下两种意见。

第一种观点是将人以外的其他生物体排除在外，认为人作为需要的主体，主要表现为主体对一定对象的要求或依赖，这种对象可以是某种目标、有机体的内外部环境条件以及客观事物等。

第二种观点是从哲学的角度，认为需要是包括人在内的一切生物有机体为了维持正常运转（生存、发展）必须与外部世界进行物质、能量、信息交换而产生的一种摄取状态。

从以上学术界对需要的认识来看，需要与人的生存发展条件密不可分，它始终存在于人们的生产、分配、交换和消费中，需要具有客观必然性；而从历史上看，不管是自给自足的自然经济，还是现代的商品经济社会，每个人都存在着需要，需要具有永恒性。

人类的生存与发展都面临着需要，需要是指没有得到某些基本满足的感受状态。

（2）欲望

欲望是对具体满足物的愿望。欲望具有无限性和层次性。欲望的无限性就是指人超越客观条件的许可和道德、法律规范的约束，不顾一切地去满足自己的需要、去实现自己的希望的一种心理表现。明朝诗人朱载堉的诗很好地说明了欲望的无限性和层次性：

逐日奔忙只为饥，才得有食又思衣。

置下绫罗身上穿，抬头又嫌房屋低。

盖下高楼并大厦，床前却少美貌妻。

娇妻美妾都娶下，又虑门前无马骑。

将钱买下高头马，马前马后少跟随。

家人招下数十个，有钱没势被人欺。

一铨铨到知县位，又说官小势位卑。

一攀攀到阁老位，每日思想到登基。

一日南面坐天下，又想神仙来下棋。

洞宾与他把棋下，又问哪是上天梯。

上天梯子未做下，阎王发牌鬼来催。

若非此人大限到，上到天梯还嫌低！

上面的这首诗，反映了人类欲望的无限性，"人心不足蛇吞象"。没有这种无穷的欲望，人类社会和文明就不会进步，但是过度的欲望也造成了很多问题，如污染、过度开发等，对人类的生存环境造成了威胁。

（3）需求

需求是指人们有购买能力并且愿意购买某种产品或服务的欲望。美国心理学家亚伯拉罕·马斯洛于1943年提出需求层次理论，把人的需求划分为五个层次，即生理需求、安全需求、社交需求、尊重需求和自我实现需求。

马斯洛提出的五种需求呈梯形分布。生理需求指维持人类自身生命的基本需要，如对衣、食、住、行的基本需要。他认为，在这些需求没有得到满足以维持生命之前，其他需求都不能起激励人的作用。安全需求指人们希望避免人身危险和不受丧失职业、财物等威胁方面的需求。生理需求与安全需求属物质需求。社交需求是指人们希望与别人交往，避免孤独、与同事和睦相处、关系融洽的欲望。尊重的需求是指当第三层次需求满足后，人们开始追求受到尊重，包括自尊与受人尊重两个方面。自我实现的需求是一种最高层次的需要。它是指使人能最大限度地发挥潜能，实现自我理想和抱负的欲望。这种需求突出表现为工作胜任感、成就感和对理想的不断追求。马斯洛认为这一层次的需求是无止境的，一种自我实现需求满足以后，会产生更高的自我实现需求。马斯洛认为，社交需求、尊重需求和自我实现需求属精神需要。后来，在这五个层次的基础上，马斯洛又补充了求知的需求和求美的需求，从而形成了七个层次。

马斯洛认为，不同层次的需求可同时并存，但只有低一层次需求得到基本满足之后，较高层次需求才发挥对人行为的推动作用。在同一时期内同时存在的几种需求中，总有一种需求占主导、支配地位，称为优势需求，人的行为主要受优势需求所驱使。任何一种满足了的低层次需求并不因为高层次需求的发展而消失，只是不再成为主要激励力量。马斯洛的需求层次论反映了人类需求的无限性和层次性，正是人类社会需求的这种无限性和层次性，才推动着人类社会的不断进步。

2. 物品的分类

人们要使自己的欲望或需求得到满足，就必须消费一定量的物品和服务。能够满足人类需求的物品和服务可以按照不同的标志加以分类。

（1）按照是否有形来划分，可以分为有形产品和无形服务

①有形产品。有形产品是指能够提供给市场，被人们使用和消费，并能满足人们某种需求的任何有形的看得见摸得着的物品。例如，面包和手机，面包能够充饥，而手机能够满足人们交流的需要。如果这种劳动产品在市场中用于交换，则变成了商品。

②无形服务。1960年美国市场经营协会最先给服务下的定义是"用于出售或者是同产品连在一起进行出售的活动、利益或满足感"。服务可以按照不同的标志加以分类，最常

用的是根据服务活动的本质来划分，把服务分为四类：作用于人的有形服务，如民航服务、理发等；作用于物的有形服务，如航空运输、草坪修整等；作用于人的无形服务，如广播、教育等；作用于物的无形服务，如保险、咨询服务等。

（2）按照是否支付货币来划分，可以把人们消费的物品分为经济物品和自由物品

①经济物品。经济物品是指人类利用稀缺的资源经过劳动创造，需要花费一定的成本才可以得到的物品。

②自由物品。自由物品是指由大自然作用而成的，具有遍在性（也叫泛在性，即指各个地区都广泛存在）的物品，如空气、阳光等。

3. 资源

生产经济物品的资源既包括经过人类劳动生产出来的经济物品，也包括大自然形成的自然资源。资源，也叫生产资源、生产要素，通常包括劳动、土地、矿藏、森林、水域等自然资源，以及由这两种原始生产要素生产出来再用于生产过程的资本财货，一般都把它分为经济物品（国民财产）和自由物品（自然资源）。在经济学里，一般认为资源包括资本、劳动、土地和企业家才能四种要素。土地和劳动这两种生产要素又称为原始的或第一级的生产要素，其中土地泛指各种自然资源。由两种原始生产要素生产出来的产品，除了直接用来满足人的消费需求以外，其中再投入生产过程中的资本财货则称为中间产品。

4. 资源的稀缺性

在现实生活中，人们需求的满足绝大多数是依靠经济物品来完成的，而相对于人的无穷无尽的欲望而言，经济物品或生产这些经济物品的资源总是不足的，这种相对有限性就是资源的稀缺性。物品和资源是稀缺的，社会必须有效地加以利用，这是经济学的核心思想。

理解资源稀缺性这一概念时，要注意以下三点。

（1）相对性

资源稀缺性强调的不是资源绝对数量的多少，而是相对于人类社会需要的无限性而言的资源的有限性。从这一点来理解，资源的稀缺性是一个相对性的概念，它产生于人类对欲望的求足和资源的不足之间的矛盾中。某种资源的绝对数量可能很多，但人们所需要的更多；某些资源的数量是相对固定的，如土地，而人类的需要是无限增长的，随着人类社会的发展，土地资源的稀缺性会表现得越来越突出。

（2）永恒性

对于人类社会来说，资源稀缺性的存在是一个永恒的问题。除泛在性自然资源外，其他资源都是稀缺资源，任何人、任何社会都无法摆脱资源的稀缺性。资源稀缺性的存在是人类社会必须面对的基本事实。随着社会发展以及生产和生活条件不断进步，人类的需要会不断增长，同时，自由物品也会逐渐变成经济物品。需要的无限性是人类社会前进的动力，人类永远都要为满足自己不断产生的需要而奋斗。

（3）必要性

经济学研究的问题是由于资源稀缺性的存在而产生的，没有资源稀缺性就没有经济学

研究的必要性。例如，在农业生产中，需要解决的主要经济问题是如何通过合理配置和利用土地、种子、机械设备、劳动力等稀缺资源，使之与自然界中的空气、阳光等自由物品相结合，生产出更多的产品，满足人类社会不断增长的物质和文化生活的需要。

（三）资源配置和资源利用

1. 资源配置问题

人类的欲望具有无限性和层次性，但在一定时期内人的欲望又具有相对固定性，而且有轻重缓急之分。在人的衣、食、住、行这些基本需要还没有满足的条件下，生理需要排在了首位，人们首先得满足自身生命的基本需要，此时其他的需要都退居次要地位。那么，在资源有限的条件下，如何用有限的物品和服务在有限的时间内去满足最重要最迫切的欲望呢？怎样使用有限的相对稀缺的生产资源来满足无限多样化的需要问题，这是一个经济问题，要求人们必须对如何使用稀缺资源做出选择。所谓选择，就是如何利用既定的有限的资源去生产尽可能多的经济物品，以便最大限度地满足自身的各种需求。

选择是经济学中首先要解决的问题，它涉及机会成本和资源配置问题。机会成本是做出一项决策时所放弃的另外多项选择中的潜在收益最高的那一项目的潜在收益。机会成本是经济活动中人们面临权衡取舍时的基本准则，也是一种经济思维方式。比如某人有10万元资金，开商店可获利2万元，炒股票可获利3.5万元，买债券可获利L8万元，如果他选择了开商店，则机会成本就是3.5万元。实现机会成本最小，是经济活动行为方式的基本准则之一。

3. 经济制度

资源配置和利用的运行机制就是经济制度。当前世界上解决资源配置与资源利用的经济制度基本有以下三种。

（1）计划经济制度

生产资料国家所有，靠政府的指令性计划或指导性计划来做出有关生产和分配的所有重大决策，即通过中央的指令性计划或指导性计划来决定生产什么，如何生产和为谁生产。政府像管理一个大公司那样管理一个国家的经济运行，这是20世纪苏联所采取的经济制度。在生产力不发达的情况下，计划经济有其必然性和优越性，可以集中有限的资源实现既定的经济发展目标。但在生产力越来越发达以后，管理就会出现困难，漏洞也越来越多，计划经济就无法有效地进行资源配置了。计划经济是政府通过它的资源所有权和实施经济政策的权利来解决基本的经济问题。按劳分配是计划经济制度条件下个人消费品分配的基本原则，是计划经济制度在分配领域的实现形式。

（2）市场经济制度

市场经济是一种主要由个人和私人企业决定生产和消费的经济制度。市场经济体制包含价格、市场、盈亏、激励等一整套机制，通过市场上价格的调节来决定生产什么、生产多少、如何生产和为谁生产。厂商生产什么产品取决于消费者的需求，如消费者喜欢史泰龙的动作片，好莱坞就要不停地拍摄类似的动作片。如何生产取决于不同生产者之间的竞争。在市场竞争中，生产成本低、效率高的生产方法必然取代成本高、效率低的生产方法。例如，日本的纺织工人每小时的工资在10美元以上，中国的纺织工人每月只有几百元人民币，在日本，纺织业应少雇用工人，实行资本技术密集型的生产方式，而中国则适宜采用劳动密集型的生产方式，这样才能实现成本最低。为谁生产是分配问题，市场经济中分配的原则是按劳动要素分配，是按照资金、技术、管理等进行的分配，目的是更好地促进生产力的进一步发展。市场经济的极端情况被称为自由放任经济，即政府不对经济决策施加任何影响。

市场经济的运转是靠市场价格机制的调节来实现的，从总体上看比计划经济效率高，更有利于经济发展。但市场经济也不是万能的，市场经济制度也存在着缺陷，也存在"市场失灵"的现象。

（3）混合经济制度

当今世界上没有任何一个经济完全属于上述两种极端之一，纯粹的计划经济和市场经济都各有其利弊，所以现实中的经济制度大都是一种混合的经济制度，总是以一种经济制度为主，以另一种经济制度为辅。所谓混合经济制度就是指市场经济与计划经济不同程度结合在一起的一种资源配置制度，它是既带有市场成分，又有指令或指导成分的经济制度。经济问题的解决既依赖于市场价格机制，又有政府的调控和管制，如对于垄断行为，政府就要干预。在现实中许多国家的经济制度都是市场与计划不同程度结合的混合经济制度，如美国和中国都是混合经济制度，只不过美国的市场经济成分多一些，而中国的计划经济成分多一些。

二、管理

（一）管理的重要性

管理活动自古有之。长期以来，人们在不断的实践中认识到管理的重要性。20世纪以来的管理运动和管理热潮取得了令人瞩目的成果，成果之一就是形成了较为完整的管理理论体系。管理，顾名思义：既管且理。管什么？理什么？家庭主妇要管理家务；儿童要管理自己的零用钱；每个人都要管理自己的时间，这是广义的管理。更重要的领域是组织的管理：总统管理国家，将军管理军队，校长管理学校，厂长管理工厂，总经理管理公司等，这是狭义的管理。

管理是促进现代社会文明发展的三大支柱之一，它与科学和技术三足鼎立。一位当代著名的管理学权威曾说过：管理是促成社会经济发展的最基本的关键的因素。发展中国家经济落后，关键是由于管理落后。国外的一些学者认为，19世纪经济学家特别受欢迎，而20世纪40年代以后，则是管理人才的天下了。还有人指出，先进的科学技术与先进的管理是推动现代社会发展的"两个轮子"，二者缺一不可。这些都表明管理在现代社会中占有重要地位。

经济的发展，固然需要丰富的资源与先进的技术，但更重要的还是组织经济的能力，即管理能力。从这个意义上说，管理本身就是一种资源，作为"第三生产力"在社会各个领域中发挥作用。目前，在研究国与国之间的差距时，人们已把着眼点从"技术差距"转到"管理差距"上来。例如，美国与西欧国家之间的管理差距，就是美国的经济目前仍高于欧洲国家的重要原因之一；日本经济的崛起，也正是抓住了技术，尤其是管理。由此可见，先进的技术，要有先进的管理与之相适应，否则落后的管理就不能使先进的技术得到充分发挥。管理在现代社会发展中起着极为重要的作用。美国人自己认定，他们是三分靠技术，七分靠管理，才使他们成为世界第一经济强国；日本人自己总结，管理与设备，管理更重要。管理出效率，管理出质量，管理可以提高经济效益。在20世纪80年代初，日本产品能够横扫英国摩托车业，超越美国和德国的汽车制造业，抢夺德国和瑞士的钟表、摄影机、光学仪器等生意，打击美国在钢铁、造船、钢琴、一般用电子产品上的优势，靠的就是管理，特别是依靠企业文化进行管理。

管理对企业至关重要。有的学者认为，我国只要管理水平提高了，靠目前的固定资产，经济效益还可以提高50%乃至一倍。例如，海尔集团在很大程度上就是依靠自己先进的管理模式而成为国内外知名企业的。1988年至1997年的9年内，海尔集团兼并了青岛电镀厂、空调器厂、冷柜厂、红星电器厂、武汉希岛公司等15家企业。1997年一年内又先后兼并了广东、贵州、安徽等省的6家企业。通过一系列兼并和收购，海尔集团盘活了近20亿元的存量资产，初步完成了集团的产业布局和区域布局，取得了明显的经济效益。海尔集团选择的兼并目标很有特点，主要选择技术、设备、人才素质均优良，只是管理不善，处于休克亏损状态的企业，通过输入海尔集团的管理和文化模式，可以很快使之起死回生，从休克状态苏醒，变得很有活力，为21世纪海尔集团进入世界500强的目标打下了良好的基础。

（二）管理的概念

管理的概念从不同的角度和背景，可以有不同的解释。管理的定义是组成管理学理论的基本内容，明晰管理的定义也是理解管理问题和研究管理学最起码的要求。从字面上来看，管理可以简单地理解为"管辖"和"处理"，即对一定范围内的人员及事务进行安排和处理。从词义上，管理通常被解释为主持或负责某项工作。人们在日常生活上对管理的理解也是这样，也是在这个意义上去应用管理这个词。自从有集体协作劳动，就开始有了管理活动。在漫长而重复的管理活动中，管理思想逐步形成。

由于管理概念本身具有多义性，它不仅有广义和狭义的区分，而且还因时代、社会制度和专业的不同，产生不同的解释和理解。随着生产方式社会化程度的提高和人类认识领域的拓展，人们对管理现象的认识和理解的差别还会更为明显。长期以来，许多中外学者从不同的研究角度出发，对管理做出了不同的解释，然而，不同学者在研究管理时出发点不同，因此，对管理一词所下的定义也就不同。直到目前为止，管理还没有一个统一的定义。特别是20世纪以来，各种不同的管理学派，由于理论观点的不同，对管理概念的解释更是众说纷纭。

1. 国外学者对管理的定义

科学管理之父泰勒认为，管理就是确切知道要别人去干什么，并注意他们用最好最经济的方法去完成它。

管理过程理论之父法约尔认为，管理是所有的人类组织（不论是家庭、企业或政府）都有的一种活动，这种活动由五项要素组成：计划、组织、指挥、协调和控制。管理就是实行计划、组织、指挥、协调和控制。

诺贝尔经济学奖获得者、著名管理学家西蒙认为，管理就是决策。

美国著名管理学家哈罗德·孔茨认为，管理就是设计和保持一种良好环境，使人在群体里高效率地完成既定目标的过程。

小詹姆斯·唐纳利认为，管理就是由一个或更多的人来协调他人活动，以便收到个人单独活动所不能收到的效果而进行的各种活动。

斯蒂芬·P.罗宾斯将管理定义为，一个协调工作活动的过程，以便能够有效率和有效果地同别人或通过别人实现组织的目标。

美国丹尼尔·A.雷恩在《管理思想的演变》中给管理下了一个广义而又切实可行的定义，把它看成是这样的一种活动，即它发挥某些职能，以便有效地获取、分配和利用人的努力和物质资源，来实现某个目标。

美国弗里蒙特·E·卡斯特等在《组织与管理》一书中认为，管理就是计划、组织、控制等活动的过程。

美国R.M.雷德盖茨在《美国企业经营管理概论》中认为，管理就是通过其他人来完成工作。

2. 国内学者对管理的定义

在《现代汉语词典（修订本）》中认为管理有三种含义：一是指负责某项工作使其顺利进行，如管理财物、管理国家大事；二是保管和料理，如管理图书、公园管理处等；三是照管并约束（人或动物），如管理罪犯、管理牲口等。国内管理学界对管理的定义也没有一致的说法，其代表性的定义主要有以下几个：

杨文士、张雁在《管理学原理》中认为，管理是指一定组织的管理者，通过实施计划、组织、人员配备、指导与领导、控制等职能来协调他人的活动，使别人同自己一起实现既定目标的活动过程。

徐国华、赵平在《管理学》中认为，管理是通过计划、组织、控制、激励和领导等环节来协调人力、物力和财务资源，以期更好地达成组织目标的过程。

周三多在《管理学》中认为，管理是指组织为了达到个人无法实现的目标，通过各项职能活动，合理分配、协调相关资源的过程。

芮明杰认为，管理是对组织的资源进行有效整合以达到既定目标与责任的动态创造性活动。

单凤儒认为，管理，就是通过计划、组织、领导和控制，协调以人为中心的组织资源与职能活动，以有效实现目标的社会活动。

管理定义可以列举很多，以上几种具有一定的代表性，综合分析上述各种不同观点，总的来说各有真知灼见，也各有不足，但这些定义都着重从管理的现象来描述管理本身，而未揭示出管理的本质。本书认为管理是一种行为，作为行为必须有四个基本要素，即管理主体，回答行为的发出者是谁，由谁来管的问题；管理客体，回答行为的承受者是谁，管什么样的问题；管理目的，回答为何而管的问题；管理环境或条件，回答在什么情况下管的问题，任何活动都是在一定的组织、环境和条件下进行的。因此，管理既然是一种活动，就必须具有管理主体、管理客体、管理目的和管理环境或条件。有了以上四个要素，就具备了形成管理活动的基本条件。所以，本书认为：管理就是管理者通过实施计划、组织、协调、领导、控制和创新等职能，有效地获取、分配、使用人力资源、物力资源和各项职能活动，以实现预期目标的活动过程。

本书的管理定义，包含着以下含义：管理的目的是有效地实现组织的目标；管理的手段是计划、组织、协调、领导、控制和创新等活动；管理的本质是协调，即利用上述手段来协调人力、物力、财力等方面的资源；管理的对象是人力资源、物力资源、财力资源和各项职能活动；管理的性质是人的有目的的社会活动。

（三）管理的职能

从18、19世纪开始，一些经济学家就已经提出了管理的一些职能。例如，萨伊强调计划职能的重要性，而经济学的集大成者马歇尔也持这种观点。这一时期，管理职能的提出都是片面的，针对某一方面。从系统的观点最早提出管理职能的学者是法国的亨利·法约尔，他认为管理具有计划、组织、指挥、协调和控制五个职能，即"五职能说"，后来又有很多学者提出了"三职能说""四职能说""七职能说""九职能说"等。在法国管理学者法约尔最初提出计划、组织、指挥、协调和控制五项职能的基础上，又有学者认为人员配备、领导、激励、创新等也是管理的职能。何道谊在《论管理的职能》一书中依据业务过程把管理分为目标、计划、实行、检馈、控制、调整六项基本职能，加之人力、组织、领导三项人的管理方面的职能，系统地将管理分为九大职能。总的来看，管理职能汇总起来大致有：计划、组织、指挥、协调、控制、激励、人事、调配资源、沟通、决策、创新等。目前，管理学界最为广泛接受的是将管理分为计划、组织、领导和控制四项基本职能。

1.计划职能

计划就是根据组织内外部环境的要求，来确定组织未来发展目标以及实现目标的方式。计划职能是指对未来的活动进行规定和安排，是管理的首要职能。在工作实施之前，预先拟定出具体内容和步骤，它包括预测分析环境、制定决策和编制行动方案，可以分为制订计划、执行计划和检查计划三个步骤。

2. 组织职能

组织是指为了实现既定的目标，按一定规则和程序而设置的多层次岗位及其有相应人员隶属关系的权责角色结构。组织职能是指为达到组织目标，对所必需的各种业务活动进行组合分类，授予各类业务主管人员必要职权，规定上下左右的协调关系。组织职能包括设置必要的机构，确定各种职能机构的职责范围，合理地选择和配备人员，规定各级领导的权力和责任，制定各项规章制度等。在组织职能中要处理好管理层次与管理宽度（直接管辖下属的人数）的关系，还应处理好正式组织与非正式组织的关系。

3. 领导职能

领导职能主要指在组织目标、结构确定的情况下，管理者如何引导组织成员去达到组织目标。领导职能主要包括激励下属；指导别人活动；选择沟通的渠道；解决成员的冲突等。

4. 控制职能

控制职能就是按既定的目标和标准，对组织的各种活动进行监督、检查，及时纠正执行偏差，使工作能按照计划进行，或适当调整计划以确保计划目标的实现。控制是重要的，因为任何组织、任何活动都需要控制，而控制是管理职能中最后的一环。

（四）管理的两重性

任何社会生产都是在一定的生产关系下进行的。管理，从最基本的意义来看，一是指挥劳动；二是监督劳动。生产过程具有两重性：既是物质资料的再生产过程，同时又是生产关系的再生产过程。因此，对生产过程进行的管理也就存在着两重性：一种是与生产力、社会化大生产相联系的管理的自然属性；另一种是与生产关系、社会制度相联系的管理的社会属性。这就是管理的二重性，也是管理的性质，它是马克思关于管理问题的基本观点。

1. 自然属性

自然属性是管理与生产力、社会化大生产相联系而体现出的性质。由共同劳动的性质所决定，是合理组织生产力的一般职能。这是社会主义和资本主义都相同的，与生产关系、社会制度无关，是我国改革开放后要引进和学习的部分，这部分体现在管理理论、方法与技术方面，是管理学的共性。

2. 社会属性

社会属性是管理与生产关系、社会制度相联系而体现出的性质。由生产关系的性质和社会制度所决定，是维护和完善生产关系的职能，也是社会主义与资本主义的本质区别，是管理学的个性。

研究管理的二重性，一是有助于我们正确吸收和借鉴国外先进管理理论和管理方法；二是有助于总结和吸收我国古代管理思想的精华；三是有助于对中国当前管理实践的考察与研究。

（五）管理的属性

管理的属性是指管理既是科学也是艺术。罗斯·韦伯说："没有管理艺术的管理科学是危险而无用的，没有管理科学的管理艺术则只是梦想"。现在，人们都已承认管理既是科学，又是艺术，一个成功的管理者必须具备这两方面的知识。管理的知识体系是一门科学，有明确的概念、范畴和普遍原理、原则等。管理作为实践活动是一种艺术，是管理者在认识客观规律的基础上灵活处理问题的一种创新能力和技巧。管理是科学性和艺术性的统一。

首先，管理是一门科学，它是以反映管理客观规律的管理理论和方法为指导，有一套分析问题、解决问题的科学方法论。管理科学利用严格的方法来收集数据，并对数据进行分类和测量，建立一些假设，然后通过验证这些假设来探索未知的东西，所以说管理科学是一门科学。管理是一门科学要求人们在社会实践中必须遵循客观规律，运用管理原理与原则，在理论的指导下进行管理工作。管理已形成了一套较为完整的知识体系，完全具备科学的特点，反映了管理过程的客观规律性。如果不承认管理是一门科学，不按照经济规律办事，违反管理的原理与原则，就会遭到规律的惩罚。

其次，管理是一门艺术。德鲁克说："管理是实践的艺术。"艺术没有统一模式，没有最佳模式，必须因人而异，因事而异。管理者要搞好管理工作，必须努力学习科学管理知识，并用以指导管理工作，在实践中不断提高管理水平。世界管理大师杰克·韦尔奇说过："管理，要靠好的理念来获胜，而不是靠鞭子和枷锁。要把重点放在整个组织的效能发展上，而不是个人权力的扩张和强化。管理是合理充分地运用一系列已有知识的一门艺术。管理是艺术的根本原因在于管理最终是管人，没有人就没有管理，但人不是标准统一的零件和机器，人是有思维和感情的，管理必须因人、因事、因时、因地，灵活多变、创造性地去运用管理的技术与方法。世界上没有两个同样的人，世界上也没有两个同样的企业。因此，管理永远具有艺术性。

三、经济与管理的区别与联系

在学习经济管理基础知识中，首先必须明确经济与管理之间的区别与联系，本书之前讲到的经济、管理等问题都是强调二者之间的区别，下面将介绍二者之间的联系；其次，在日常生活中，人们往往把管理与领导等同起来，把管理和经营混为一谈。其实，经济、经营、管理、领导这些概念之间有本质的区别，是与不同范畴相联系的，彼此之间既相互联系，又相互区分，在概念上有相互交叉处，更有显著的不同之处。下面将对经济与管理、管理与领导、管理与经营这三对概念进行分析，以便对经济、管理这两个概念有更深入的理解。

（一）经济与管理之间的联系

经济与管理是一对孪生兄弟，所有的经济活动中都含有管理活动，所有的管理活动都是在一定的经济规律指导下进行的。经济与管理都有自己的客观规律，与自然规律一样，在一定社会历史条件下的经济规律、管理规律，也具有自己的客观性。人们既不能消灭也不能创造与制定这些经济规律、管理规律，任何管理活动都必须遵循经济规律，按照经济规律的要求办事，否则我们的管理就要受到经济规律的惩罚。

1.经济规律指导下的管理活动

管理和经济在现实中是不可分割的，不讲经济的管理与不讲管理的经济都是令人难以置信的。在我国早期历史上，经济是经邦济世、经国济民的意思，是讲如何理财和如何管理的社会活动，而在西方语言学中，经济一词的出现则是从古希腊"家庭管理"这个词演变而来的，在当时就是管理的意思。

（1）经济活动中的管理活动

任何一种经济活动都需要有人去管理，没有管理的经济活动是不存在的。早期色诺芬根据自己亲自经营和管理庄园的经验写成了《经济论》一书，又名《家庭管理》，此书中体现了经济与管理的一致性。第一，该书首先提出经济管理的研究对象是如何让优秀的主人管理好自己的财产，这是确定管理者的问题；第二，该书明确提出了管理的中心任务，是使原来的财富不断得到增值，这是管理目标问题，也是经济研究的核心问题；第三，提出对驯服的奴隶给予较好的待遇，认识到管理要因人而异，可以说这是以人为本管理思想的雏形；第四，首次分析了社会分工的重要作用，这是后来管理学上有关组织问题的萌芽。到了二十世纪二三十年代，在管理理论大发展时期，管理理论广泛地吸收了经济学、人际关系学等方面的知识，从而产生了微观经济意义上的管理和宏观经济意义上的管理。

从某种意义上说，企业经营的状况和变化，都是经济规律制约下一定管理行为的结果。有什么样的管理，就会有什么样的经济状况；一定的经济状况，又反映了管理活动的相应水平，这是经济规律制约下管理活动的普遍规律。在社会主义市场经济条件下，微观经济意义上的厂商管理和家庭管理都是在追求利润或效用最大化，企业要按照自主经营、自负盈亏、依靠市场导向进行管理，这种管理水平则直接影响经济实体的经济效益、竞争力和兴衰存亡。宏观经济意义上的管理是指在自觉掌握和运用社会发展、经济发展客观规律的前提下，对整个社会以及国民经济的性质、任务、特点、条件等进行估量分析以及科学的预测，制定社会和国民经济的发展方针、计划、目标、政策和制度，确定其发展的根本原则和方法。宏观管理一般包括广义的社会管理、经济管理、信息与发展的管理以及对其各自领域的管理，对中观管理和微观管理起引导、指导和向导的作用。如果没有科学的宏观管理，整个经济环境不好，企业的经济活动也无法正常实施。宏观经济意义上的管理最主要体现在国民经济管理上，国民经济管理是广泛运用社会科学、自然科学、技术科学等多学科知识，研究宏观经济运行规律及其管理机制，它主要研究对国民经济进行科学的决策、规划、调控、监督和组织，以保证整个国民经济的有效运行，主要包括消费需求管理、投资需求管理、经济增长调控、产业结构转换与产业组织优化、区域经济管理、涉外经济管理、收入分配调控与社会保障等。

由此可见，在人类历史的长河中，管理活动和经济活动历来就像一对无法分离的亲兄弟，更明白地说，任何一种管理活动都是经济活动中的管理活动。

（2）管理活动中的经济规律

在现实经济生活中，任何管理活动都必须遵循客观的社会规律、经济规律和社会心理规律等，其中经济管理活动必须在经济规律指导下进行。经济规律是指在商品生产、服务和消费等过程中各种复杂的经济联系和现象的规律性。经济规律是经济现象和经济过程内在的、本质的、必然的联系和关系。比如供求规律，它就是指市场上的商品价格由商品供求状况来做出决定的规律，供求双方或其中任何一方的变动，都会引起商品价格的变动，这个规律是客观存在的。企业管理者在投资、生产、销售、定价等工作中，就必须掌握和应用经济规律，不能违背经济规律，因为经济规律是客观存在的，是不以人们的意志为转移的。尊重经济规律，是每一个管理工作者应有的科学态度，人们可以认识和利用经济规律，但不能无视经济规律，凡是不按照经济规律办事的做法，不管当时的动机如何，最终都不可避免地要受到经济规律的处罚。在我国管理史上这样的教训是屡见不鲜的，教训是十分深刻的。

2. 利润最大化（或效用最大化）目标下的管理活动

（1）利润最大化目标下的企业管理活动

企业是经济研究的对象，也是管理研究的对象，企业是营利性的经济组织，实现利润最大化是每一个企业最重要的经营目标。利润最大化表现为成本既定情况下的产量最大，或产量既定情况下的成本最小。企业追求利润最大化是在管理科学、规范的条件下实现的，企业管理规范、科学，才能获得较高的利润，才能为消费者提供更多更好的商品，才能有能力研制新的产品，才能向国家提供更多的税金，才能使员工得到更多的收入，企业才有可能获得更好的发展，它是企业生存和进步的必要条件。因此，在环境、技术、设备、资金、主业情况基本相同的条件下，管理科学化是实现利润最大化的最重要条件，为此，企业在管理上要尽量做到以下三点：首先，扩大产品的市场需求量，努力提高产品的竞争能力。有需求才能有效生产，有生产才能有效益。其次，加强经济核算，努力降低生产成本。利润是收益与成本之差，成本越低，利润就越高。最后，大力发展生产，努力扩大经济规模。产品的生产规模对生产成本有很大的影响，只有在一定的经济规模下进行生产，才能实现既定产量下的成本最小。

（2）效用最大化目标下的个人管理活动

消费者每天都涉及管理问题，如一天中时间的管理与分配，手中的钱如何管理才能够升值，消费者每天都要就如何配置稀缺的钱和时间做出无数个抉择。当消费者平衡各种各样的需求与欲望时，就是在做出决定自己生活方式的各种选择、决策。消费者是在效用最大化的条件下来做出管理决策的，效用最大化是经济学研究的主要问题，也就是说个人是在效用最大化目标下从事个人的理财、时间管理等活动的。

3. 不同体制下的管理活动

资源配置和资源利用的运行机制就是经济制度。从历史的角度看，解决资源配置与资源利用的经济制度先后有自给自足的自然经济制度、计划经济制度、市场经济制度和混合经济制度四种。任何一种社会经济制度都面临着如何把它既定的相对稀缺的生产资源有效率地分配使用于各种途径的问题，即"生产什么""如何生产"和"为谁生产"的问题。如何配置和利用资源，在不同的经济制度下，有不同的管理方式。从人类发展的历史来看，主要有分散型管理、团队型管理和混合型管理三种。

从经济发展的历史来看，任何经济活动最初始的决策者都是单个的人，这些单个人对自己物品的管理以及单个人所从事的活动，都可以称为分散型管理。分散型管理的优点是管理主体能够对自己的劳动资源进行很好的控制；独立的决策权可以使决策主体的动力得到根本保障。但分散型管理的缺点是由于个人能力的限制，决策失误的概率较大；分散型管理势必会加大交易费用，使决策成本增高。

团队型管理是对资源进行配置的另一种极端方式，即"生产什么""如何生产"和"为谁生产"的问题全部由团队讨论决定。相比分散型管理来说，团队型管理可以集思广益，汇总到个人无法比拟的丰富信息，使决策建立在信息准确和全面的基础上；团队型管理可以充分发扬民主，避免个人的主观片面性。但团队型管理的时效差，反复磋商讨论会延误决策时机；团队型管理的人员多，管理成本必然高；团队型管理往往会导致无人负责或推卸责任的情况发生。

在现实生活中，经常见到的是分散型管理与团队型管理相结合的混合型管理。在企业生产经营中，决策权、人权、财权、最终决定权往往要采取团队型管理，而一些执行权、业务权等往往采取分散型管理。

4. 管理与经济效益

经济利益是企业和员工发展的共同动力，经济效益又是检验企业管理绩效的重要指标，如何使两者得到兼顾与协调，是经济管理中一个重要问题。

（1）管理与利益驱动

经济利益是物质的统称，是指在一定社会经济形式下，人们为了满足需要所获得的社会劳动成果。经济利益是经济关系的表现，是人们从事生产和其他一切社会活动在物质方面的动因，从根本上说，人们为了获得自己生存需要的物质文化生活资料，即物质利益，必须进行管理活动，有效地管理才能实现社会经济利益。在追求自身的物质利益，实现个人利益的过程中，一个人的管理能力起到主要作用，而个人的素质、敬业也是首要条件。个人利益与社会利益在许多情况下是一致的，但有时又是不一致的。当需要人们的个人利益服从社会利益的时候，或者说需要管理者能够自觉地以社会利益去约束自己个人利益的时候，管理者的素质高低将起到关键作用。加强管理者素质教育与培养，并非无视人的个人利益，而是使管理者能够懂得利用人们的利益驱动来进行管理，实现个人利益和社会利益的统一。

（2）管理与经济效益

经济效益是指经济活动中劳动占用、劳动耗费与劳动成果之间的对比关系。经济效益的高低与管理有很大关系。企业中管理规范，就会在生产同等成果的条件下，减少生产中的劳动占用和劳动耗费；或在劳动占用和劳动耗费相同的条件下，多生产一些劳动成果。劳动占用或劳动耗费与经济效益两者之间成反比的关系，一定的劳动占用或劳动耗费所获得劳动成果越多，经济效益就越好；反之，经济效益则越差。经济效益的高低是管理水平的标志。经济效益是衡量企业管理水平高低的重要标志，凡是那些能从市场需求状况出发，并努力采用新技术，不断降低成本，不断完善企业管理和提高管理水平的企业，一般都会产生好的经济效益。

（二）管理与领导的联系与区别

在管理学界，对管理与领导关系的认识有所不同，存在着很大争议。

1. 领导与管理的联系

对于领导与管理之间的关系，目前管理学界普遍认为领导是管理的一项职能，领导是从管理中分化出来的相对独立的组织行为，各自具有不同的功能和特点。也有的观点认为管理是领导的一项职能，凡是领导都要管理，只不过是管理人还是管理物、信息等，即一个负责人既要从事领导工作，也要承担管理工作。一个组织的负责人管理人时，管理者就是领导；管理物时，负责人就是管理者。还有一种观点认为领导就是管理，而管理不一定是领导。从以上观点来看，不管哪种观点，都说明了领导与管理之间关系密切，说明领导和管理在社会活动的实践以及社会科学的理论方面，都具有较强的互补性、相容性和复合性。

2. 领导与管理的区别

领导与管理之间虽然联系紧密，但二者之间存在着本质的差别，而且随着社会化程度的提高，这种差别将会愈来愈突出。

（1）含义不同

领导是率领并引导某个组织朝一定方向前进，一般包括引导、导向、带领、率领和指挥等含义；管理是负责并促使某项工作顺利进行，一般包括管辖、处理、约束、运用和安排等含义。

（2）任务不同

领导的主要任务是给组织指引前进方向，为组织确定奋斗的目标；一个组织如果没有奋斗的目标和前进的方向，其一切行为就会成为无源之水、无本之木，都将失去意义；管理的任务在于贯彻落实领导提出的路线、方针和政策，促使目标的实现，推动组织向既定的方向迈进。一个组织如果缺乏强有力的管理，一切目标和指向都将成为空洞的口号。

（3）对象不同

管理的对象主要是事，虽也包括人，但多为物、财、信息及管理系统，通过制定各种规章制度、作业手册等来保证管理对象的正常运转；而领导的对象主要是人及其组织。通过调动部属的热情和积极性，激发下属的潜在需求、价值观和情感，实现组织的目标。

（4）作用不同

领导的作用主要是统帅和协调全局性的工作，为了有效地指挥一个部门、一个组织的全局活动，领导者要经常协调和解决下属各部门之间的分歧和摩擦，使整个组织和谐发展。管理的作用主要是做好领导安排的局部范围或某一方面工作，管理者经常要处理好具体部门的业务工作，如质量管理、生产过程控制、产品分析等。领导追求的是整个组织乃至整个社会效益，管理侧重于追求某项工作的效益。

（5）途径不同

领导通过决策为组织指明方向，并通过激励促使下属沿着正确方向前进，克服前进中的困难；管理则通过强制的办法将人们置于正确的方向并实现对其控制。领导通过满足人们的基本需要，激励他们实现问题的有效解决，管理则通过各种制度约束来促使问题的解决。

（6）工作重点不同

领导着重于分析研究和解决本部门与外界相关的重大、长期和广泛的问题；管理工作则注重于解决部门内的一些非重大、短期、策略性和技术性的具体问题。如省、市领导主要是落实中央、国务院制定的方针政策和省委的决定，考虑直属下级的机构设置和重大人事任免，处理影响全面工作的重大问题等。下属部门的日常工作，均属下级管理活动的范围，领导者不应过多干预。正如古罗马法典曾经指明的那样：行政长官不宜过问琐事。领导的效能是依靠权威而发挥引导、影响的作用来实现的，管理则要通过对具体资源的安排和配置来实现管理目标的。

（7）时空观不同

领导者着眼于长远，其所确定的目标多在3~5年甚至更长，因为领导者所研究的目标都是一个组织或部门的重要目标，没有足够的时间是无法完成的；管理者在计划和预算中只注重几个月多则一二年，因为管理者要通过完成一个又一个短期目标来支撑领导提出的中长期目标。同时由于领导要统率全局，因此更加注重系统性问题、宏观性问题和外部联系性问题，而管理则注重于微观问题和细节问题。

（8）风险意识不同

一般而言，领导者经常追求有风险甚至危险的工作，越是机会诱人，冒险工作的决心就越大，他希望通过有挑战性的努力获取更大的效益；管理者更加看重秩序，会本能地回避风险或想方设法排除风险。领导的职责不是维持现状而是推进组织变革，千百年来多少领袖人物概莫能外，有的轰轰烈烈，有的循序渐进，虽然方式不同，但任务都是要确定一个目标，然后带领一批人历尽千辛万苦向这一目标迈进；管理者则更加强调维持秩序，因而更习惯于限制，习惯于恪守长期形成的管理原则和制度，因为没有规矩就没有方圆，不积跬步无以至千里，因此他们总是小心地看待变革，谨慎地对待风险。

（9）用人方略不同

领导者择人的标准是适应，即适应确定岗位的各方面要求，要能统领他所要负责的部门或组织；管理者择人的标准是专业化，选择经过专业培训的人来担任各项工作，这样他的工作才能有条不紊，才能更加周密细致。在人员使用上，领导者注重目标激励，注重通过沟通和激励来调动人的积极性，对有问题的人员注重教育；管理者则注重执行政策，强调员工的服从性，强调通过组织的力量来完成目标，对有问题的员工则注重进行纪律处分。

（10）处理问题的方法不同

领导者主要处理变化性问题，通过开发未来前景而确定前进方向，然后把这种前景与组织中的其他员工进行交流，并通过授权、扩展的激励手段，不时创造一些惊喜来鼓舞他们克服困难达到既定目标；管理者主要处理复杂性问题，通过制订规划、设计规范的组织结构以及监督计划实施的结果达到有序的状态。对待长期性问题，领导者力图拓展新的思路启发人们新的选择空间；管理者总是习惯于限制性选择，难以给人们提供想象空间。

（11）情感表现不同

在与他人的关系中，领导者关心事情以及决策对参加者意味着什么，管理者关心事情该怎样进行下去，因而在工作中和与人交往中领导者与管理者的情感表现是不同的。领导者常常对工作、对人充满热情和感召力，使用的语言常富有感情色彩，会用极大的热情去描绘未来前景，以唤醒人们强烈的情感，自我超越的欲望推动着他们去不断争取心理和社会的变革。他会给组织带来紧张和不安分，因而常常产生意想不到的收获。管理者无论对待工作还是对待他人都较少情绪化，缺乏一种凭直觉感受他人情感和思想的能力，在与他人的相处中，一方面也努力寻求合作，另一方面却又不愿过多投入情感，从而显得缺乏热情和活力，对所处的环境有归属感，认为自己是现有秩序的维护者和监管者，社会赋予了他们指导组织以及平衡现有社会关系的管理能力。

（12）素质要求不同

有人把领导与管理者比喻为思想和行为，从某种程度上说明领导者和管理者的素质要求是不同的。如果说管理者是有效地把事情做好，那么领导者则要确定管理者所做的事情是否正确。管理行为的从业人员强调专业化，领导行为的从业人员注重于综合素质和整体能力。因此，领导者必须站得更高看得更远，必须能为组织指明前进的方向并告知奋斗目标，必须以敏锐的眼光和超常的智慧寻找到发展的机遇，判定风险所带来的效益。领导者必须投入极大的工作热情才能带动群众工作的热情。管理者是问题的解决者，管理不需要天才也不需要英雄主义，但是要有坚持不懈、持之以恒、勤奋工作的思想品质，有分析能力和忍耐力，特别是忍耐能力对一个优秀的管理者而言是十分重要的。

由此可见，领导与管理者的区别是深刻而广泛的，领导具有务虚性，注重目标和方向；管理者具有务实性，注重贯彻和落实。领导具有全局性，注重整个组织和社会的利益；管理者具有局部性，注重某一局部和某项工作的利益。领导具有超脱性，不管具体事务；管理者具有操作性，必须事无巨细。领导具有战略性，注重组织长期和宏观的目标；管理者具有战术性，注重短期内的和具体的任务的完成。领导的功能是推进变革，管理的功能维持秩序。领导善于激发下属创新，管理者习惯告诉下属按部就班。领导者具有较大的可变性，乐于追求风险和变革，管理者具有较强的预测性，往往回避风险。领导具有超前性，管理者具有当前性。领导者富于感情，管理者注重平衡。领导者善于授权和扩张，管理者乐于限定和控制。领导者善于思考并产生新的思想，管理者善于行动并进行新的验证性实践。

美国著名学者史蒂芬·柯维曾形象地做了这样一个比喻：一群工人在丛林里清除低矮灌木。他们是生产者，解决的是实际问题。管理者在他们的后面拟定政策，引进技术，确定工作进程和补贴计划。领导者则爬上最高的那棵树巡视全貌，然后大家嚷道："不是这块丛林。"

（三）管理与经营的关系

经营是商品经济所特有的范畴，是商品生产者的职能。企业经营是指在企业活动过程中，为实现企业目标所进行的一系列筹划活动。例如，企业对市场的选择，对产品的选择，对材料和设备的选择，以及对消费者、市场行情的研究，对竞争者的研究等，都属于经营活动。要把一个企业办好，除了要做好生产过程组织、质量管理、人力资源开发与管理、企业设备管理、管理信息系统等生产管理工作外，还要根据企业内部和外部的实际情况，对企业的发展方向、奋斗目标等做好企业战略环境分析、企业内部战略要素分析、企业经营战略分析、企业战略的选择与评估，把研究结果变成科学的决策和实际行动，尽量获得更大的经济效益，这些就是企业的经营。所以，经营是指个人或团体为了实现某些特定的目的，运用经营权使某些物质（有形和无形的）发生运动从而获得某种结果的人类最基本的活动。

经营与管理之间的联系是：经营和管理是企业的重要环节，一般将营销和生产称作经营，而其他部分的内容称为管理。企业运营都会包括经营和管理这两个主要环节，经营是指企业进行市场活动的行为，而管理是理顺工作流程、发现问题的行为。经营与管理是相互渗透的，经营中的科学决策过程便是管理的渗透，而管理中一些观念也是经营意识的体现。

经营与管理的主要区别在于：从它们的产生过程来看，管理是劳动社会化的产物，而经营则是商品经济的产物；从它们的应用范围来看，管理适用于一切组织，而经营则只适用于企业；从它们要达到的目的来看，管理旨在提高组织效率，要节流，要控制成本，而经营则以提高经济效益为目标，要开源，要赚钱；从二者的关注点来看，经营是对外的，追求从企业外部获取资源和建立影响；管理是对内的，强调对内部资源的整合和建立秩序；经营是扩张性的，要积极进取，抓住机会，胆子要大；管理是收敛性的，要谨慎稳妥，要评估和控制风险；从二者的地位来看，经营是龙头，管理是基础，管理必须为经营服务。企业要做大做强，必须先关注经营，研究市场和客户，并为目标客户提供有针对性的产品和服务；然后企业的各项管理必须跟上，只有管理跟上了，经营才可能有保障，才可能不断提高经营水平，经营水平提高后，又会对管理水平提出更高的要求。从两者的内容构成看，管理是经营的一部分。法约尔认为，企业经营包括以下几个方面：技术活动（生产、制造、加工）；商业活动（购买、销售、交换）；财务活动（筹集和最适当地利用资本）；安全活动（保护财产和人员）小会计活动（财产清点、资产负债表、成本、统计等）；管理活动（计划、组织、指挥、协调和控制）。从这里不难看出经营是企业为实现这一基本目的的全部经济活动。从企业的角度看，管理不包括经营，而经营包括管理。企业经营比企业管理范围更广、内容更复杂，层次也更高。

经营与管理是相互依赖，密不可分的。一方面，忽视管理的经营是不能持久，不能持续的，挣回来多少钱，又会浪费掉多少钱。另一方面，忽视经营的管理是没有活力的，是僵化的，为了管理而管理，为了控制而控制，只会把企业管死。

第二节 经济管理研究的内容

随着商品经济的发展和社会分工的深化，人类经济管理活动的内容越来越复杂、丰富，专业化程度越来越细密，部门分化越来越细；同时，各种经济管理活动之间、经济活动与其他社会活动之间也越来越相互依存、相互渗透。为了适应这种现实经济情况的发展，经济管理的研究范围也愈来愈扩展，研究的内容也越来越庞杂。

一、经济学研究的基本内容

在传统上，理论经济学通常称为一般经济理论，它分为宏观经济学与微观经济学两个分支。微观经济学研究市场经济中单个经济单位即生产者（厂商）、消费者（居民）的经济行为，而宏观经济学则以整个国民经济为对象，来研究考察国民收入、物价水平等总量的决定和变动。微观经济学和宏观经济学是密切相关的，微观经济学是宏观经济学的基础，二者是个体与整体之间的关系，是互相补充的，所以要理解宏观经济理论和政策，就必须了解微观经济理论和政策。

（一）微观经济学

1.微观经济学的含义

微观经济学是以资源利用为前提，以单个经济单位为研究对象，通过研究单个经济单位的经济行为和相应的经济变量单项数值的决定来说明价格机制如何解决社会的资源配置问题。

2.微观经济学的特点

微观经济学的核心问题是价格机制如何解决资源配置问题，在理解微观经济学时要注意以下四个特点。

（1）研究的对象是居民与厂商的经济行为

微观经济学研究的对象主体是居民与厂商。居民又称为居民户或家庭，是经济活动中的消费者，同时也是劳动力、资本等要素的提供者。在微观经济学中，假设居民户经济行为的目标是追求效用最大化，即研究居民户在收入既定的条件下，把有限的收入用于购买什么商品，购买多少商品才能实现满足程度的最大化。厂商又称企业，是经济活动中的生产者，同时也是劳动力、资本等要素的消费者。微观经济学中，假设厂商经济行为的目标是追求利润最大化，即研究厂商在成本费用既定的条件下，如何实现产量最大化，或在产量既定的条件下，如何实现成本最小化。

（2）解决的问题是资源配置

微观经济学以资源利用为前提条件，来研究居民户和厂商的资源配置问题，从而使资源配置达到最优化，给社会带来最大的福利。

（3）中心理论是价格理论

在市场经济中，价格是一只"看不见的手"，它始终在引导和支配着居民户和厂商的经济行为，生产什么，如何生产和为谁生产都由市场中的价格来决定。价格像一只看不见的手，调节着整个社会的资源配置，从而使社会资源的配置达到最优化。价格理论是微观经济学的核心内容，决定价格水平的是需求和供给两个因素，需求是消费者行为理论研究的，供给是厂商行为理论研究的，二者就像剪刀的两个刀片共同决定了支点，即均衡价格。

（4）研究方法是个量分析

微观经济学研究的都是某种商品的产量、价格等个量的决定、变动和相互间的关系，而不涉及总量的研究。

3. 微观经济学的三个基本假定

任何一个理论的成立都是有一定前提条件的。微观经济学理论也是以一定的假设作为前提条件的。在微观经济学理论的众多假设条件中，完全理性、市场出清和完全信息是最基本的假设条件。

（1）完全理性

微观经济学假设居民户和厂商的经济行为是理性的，消费者花费一定的收入进行消费，使自己获得最大的满足，即追求效用最大化；厂商追求利润最大化。在微观经济学中，居民户和厂商的个体最优化行为起着关键的作用，正因为每个消费者和厂商的行为都是最优的，所以价格的调节才能使整个社会的资源配置实现最优化，完全理性的价格调节是整个社会的资源配置实现最优化的前提。经济学认为，人都是自私的，首先要考虑自己的经济利益，在做出一项经济决策时，要对各种方案进行比较，选择一个花费最少，获利最多的方案。这样的人就是"经济人"，其行为是有理性的经济行为。理性的经济行为也可以表述为最优化的行为。

（2）市场出清

商品价格具有充分的灵活性，使市场的需求与供给迅速得到平衡，可以实现资源的充分利用，不存在资源闲置或浪费。也就是在价格可以自由而迅速地升降的条件下，市场一定会实现充分就业的供求平衡状态。

（3）完全信息

完全信息是指消费者和厂商可以免费、迅速、全面地获得各种市场信息，消费者和厂商只有具备完备而迅速的市场信息才能及时对价格信号做出反应，以实现其行为的最优化。比如对于消费者来说，完全信息是指消费者完全了解想购买商品的价格、性能、使用后自己的满足程度等。

假设在现实中并非完全符合实际，是不是说假设就没有意义呢？并非如此，经济分析作出假定，是为了在影响人们经济行为的众多因素中，抽出主要的、基本的因素，在此基础上，可以提出一些重要的理论来指导实践。假设是理论形成的前提和条件，但假设在大体上不违反实际情况。

4.微观经济学的内容

（1）价格理论

价格理论，也称为均衡价格理论，主要研究商品的价格是如何决定的以及价格如何调节整个经济的运行。

（2）消费者行为理论

研究消费者如何把有限的收入分配到各种物品和服务的消费上，以实现效用的最大化。解决生产什么和生产多少的问题。

（3）厂商行为理论

厂商行为理论，也叫生产者行为理论，研究厂商如何把有限的稀缺资源用于各种物品或服务的生产上，从而实现利润最大化。厂商行为理论包括生产理论（研究资源要素与产量之间关系）、成本收益理论（研究成本与收益之间关系）和市场结构理论（研究不同的市场结构条件下，厂商产量和利润的决定）。

（4）收入分配理论

研究生产出来的产品按照什么原则来分配，也就是研究生产要素的报酬是如何决定的，即工资、利息、地租和利润是如何决定的。解决为谁生产的问题。

（5）市场失灵与政府干预

市场机制不是万能的，主要研究市场失灵产生的原因、解决办法以及政府干预的必要性。

（二）宏观经济学

1.宏观经济学的含义

宏观经济学是以资源配置为前提，以整个国民经济为研究对象，通过研究经济中总体问题以及各有关经济总量的决定及其变化，来说明社会资源如何才能够得到充分利用。总体问题包括失业、通货膨胀、经济波动、经济增长等，经济总量包括国民收入、失业率、物价水平、经济增长率、利息率等的变动。

2. 宏观经济学的特点

在理解宏观经济学定义时，要注意以下各个特点。

（1）研究的对象是整个国民经济

宏观经济学研究的是整个国民经济的运行方式和规律，从总体上来分析经济问题。它不研究经济中的单个主体，即居民户和厂商的行为，而是研究由居民户和厂商组成的整体。

（2）解决的问题是资源利用

宏观经济学以资源配置为前提条件来研究资源是充分利用了还是闲置了、通货膨胀对购买力产生的影响、经济增长的途径等宏观经济问题。

（3）中心理论是国民收入理论

宏观经济学以国民收入的决定为中心来研究资源利用问题，从而分析整个国民经济的运行。宏观经济学就是运用国民收入理论来解释失业、通货膨胀、经济周期、经济增长和宏观经济政策等。

（4）研究方法是总量分析

宏观经济学研究个量的总和与平均量的决定、变动及其相互关系，并通过这些变动来分析说明国民经济的运行状况以及宏观经济政策的决定理由。

3. 宏观经济学的基本假定

（1）市场失灵

市场机制发挥作用的前提是完全竞争的市场结构，但在现实生活中由于公共物品、外部性、垄断和信息不对称等的存在导致市场机制无法达到最优的资源配置。这种假定是政府干预经济的前提。

（2）政府有能力调节经济，纠正市场经济的缺陷

市场失灵只是为政府干预经济提供了前提，但政府究竟能不能解决市场失灵问题，还得看政府有没有这个能力。宏观经济学假设政府有能力调节经济，有能力纠正市场经济的缺陷，并能达到最优化的资源配置。

4. 宏观经济学的内容

（1）国民收入理论

国民收入是衡量资源利用情况和整个国民经济运行情况的基本指标。国民收入理论就是从总供给和总需求的角度来分析国民收入的决定及其变动，它包括国民收入核算体系和国民收入决定理论，是宏观经济学的中心。

（2）失业和通货膨胀理论

宏观经济学从有效需求不足的角度来分析失业，并且把失业与通货膨胀理论联系起来，分析二者的原因、相互关系以及解决途径。

（3）经济周期与经济增长理论

经济周期理论是研究国民收入的短期波动，而经济增长理论则是研究国民收入的长期增长趋势。

（4）宏观经济政策理论

宏观经济政策是国家干预经济的具体措施，主要包括政策目标、政策工具和政策效应。

（三）微观经济学与宏观经济学的关系

微观经济学是研究经济中居民户和厂商的经济行为，宏观经济学是研究经济运行中的总量，二者之间在研究的对象、解决的问题、中心理论和研究方法上不同。尽管微观经济学与宏观经济学有以上不同，但作为经济学的两个组成部分，它们之间并不是互相割裂，而是相互关联、互为前提、彼此补充的两个分支学科。

第一，微观经济学与宏观经济学是互相补充的。经济学的目标是要实现社会经济福利的最大化，二者的最终目标都是通过对人们经济活动提供正确的指导，来实现资源的优化配置和有效利用，从而实现整个社会经济福利最大化。为了达到这一目的，既要实现资源的最优配置，又要实现资源的充分利用。微观经济学与宏观经济学分别解决资源配置与资源利用问题，正是从不同的角度来说明社会经济福利最大化的实现，所以，它们之间是相互补充的，而不是相互排斥或互不相关的。

第二，微观经济学与宏观经济学都采用了实证分析法，属于实证经济学。这就是说，它们都要说明经济现象本身的内在规律，即解决客观经济现象是什么的问题，而不涉及应该是什么的问题。经济学的科学化也就是经济学的实证化，努力使所研究的问题摆脱价值判断，只分析经济现象之间的联系，是微观经济学与宏观经济学共同的目的。所以，实证分析是微观经济学与宏观经济学的共同方法论。

第三，微观经济学与实证经济学都以市场经济制度为背景。不同的经济在不同的经济体制条件下运行，不同经济体制条件下的经济运行有不同的规律。经济学总是以一定的经济制度为背景的，经济学总离不开一定的经济制度。微观经济学与宏观经济学都是市场经济的经济学，分析市场经济条件下经济的运行规律与调控。市场经济体制是它们共同的背景，它们都是在假定市场经济为既定的前提下来分析经济问题的。所以，经济学并不适用于计划经济，也不完全适用于从计划经济体制向市场经济体制转化的转型经济。微观经济学与宏观经济学都以市场经济制度为背景，所以，在分析具体问题时，都把这一制度作为既定的条件。

第四，微观经济学是宏观经济学的基础，宏观经济学是微观经济学的自然扩展。整个经济状况是单个经济单位行为的总和，所以，分析单个经济单位（居民户和厂商）行为的微观经济学就是分析整体经济的宏观经济学的基础。这一点已为所有经济学家所承认。但对于如何把微观经济学作为宏观经济学的基础，不同流派的经济学家则有不同的解释，至今也没有一致的认识。目前在宏观经济学中影响较大的理性预期学派主张从微观经济学的市场出清与完全理性假设出发来把微观经济学与宏观经济学统一起来，但也并没有完全成功。

二、管理学研究的基本内容

（一）管理学的研究对象

管理学研究的对象包括生产力、生产关系、上层建筑等三个方面。管理学研究的对象是揭示管理的客观规律性，即如何按照客观自然规律和经济规律的要求，合理组织生产力，不断完善生产关系，适时调整上层建筑以适应生产力的发展，并从管理中总结、归纳、抽象和概括出来的科学原理，它着重研究管理的客观规律和具有共性的基本理论。具体要研究以下三个方面。

1. 合理组织生产力

主要研究如何配置组织中的人力、财力、物力等各种资源，使各要素充分发挥作用，以实现组织目标和社会目标的相互统一。因此，怎样计划安排、合理组织以及协调、控制这些资源的使用以促进生产力的发展，就是管理学研究的主要问题。

2. 完善生产关系

主要是研究如何处理组织中人与人之间的相互关系，尤其是管理者与被管理者之间的矛盾关系问题；研究如何建立和完善组织机构设立、人员安排以及各种管理体制问题；研究如何激发组织内部成员的积极性和创造性，为实现组织目标而服务。

3. 适时调整上层建筑

主要是研究如何使组织内部环境与其外部环境相适应的问题；研究如何使组织的规章制度与社会的政治、经济、法律、道德等上层建筑保持一致的问题，建立适应市场经济发展的新秩序和规章制度，从而维持正常的生产关系，促进生产力的发展。

（二）管理学研究的内容

根据管理的性质和管理学的研究对象，管理学研究的主要内容包括以下几个方面。

1. 管理理论的产生和发展

管理理论与方法是一个历史的发展和演化的过程。管理理论和管理思想的形成与发展，反映了管理学从实践到理论的发展过程，研究其产生和发展是为了继往开来，继承发展和建设现代的管理理论。通过对管理理论的产生和发展的研究，可以更好地理解管理学的发展历程，有助于掌握管理的基本原理。

2. 现代管理的一般原理与原则

任何一门科学都有其基本的原理，管理学也不例外。管理的基本原理是指带有普遍性的、最基本的管理规律，是对管理的实质及其基本运动规律的表述。诸如决策的制定、计划的编制、组织的设计、过程的控制等，这些活动都有一个基本的原理和原则，是人们进行管理活动都必须遵循的基本原则。

3. 管理过程以及相应的职能

主要研究管理活动的过程和环节、管理工作的程序等问题。此外，还要研究管理活动的效益和效率与管理的职能之间的密切联系。管理职能主要是计划、组织、领导与控制，这是管理最基本的职能。

4. 管理者及其行为

管理者是管理活动的主体。管理活动成功与否，与管理者有着密切关系。管理者的素质高低、领导方式、领导行为、领导艺术和领导能力，对管理活动的成功起着决定性的作用。

5. 管理方法

管理方法是实现管理目标所不可缺少的，因而它是管理学研究的重要内容。管理的方法很多，如行政方法、经济方法、法律方法等。一般而言，凡是有助于管理目标实现的各种程序、手段、技术都可以归于管理方法的范畴，所以管理方法包括各种管理技术和手段。管理功能的发挥，管理目标的达到，都要运用各种有效的管理方法去实现。

6. 分类管理学理论与方法

管理学一方面是一门应用多学科的理论、方法、技术而形成的综合性交叉科学，另一方面又与实践活动紧密相连，这就造成管理学的内容十分庞杂，甚至一些长期研究管理学的学者也很难理清管理学的内容体系。当研究某个部门的管理活动时，往往有企业管理、科技管理、教育管理、卫生事业管理、国际贸易管理、公共行政管理等。

三、经济管理基础知识研究的内容

作为一名当代大学生，为了适应市场经济的需要，应该了解很多经济管理方面的知识，以合理地处理日常生活中经常遇到的经济管理问题以及工作中所面临的问题。目前，我国大学里面很多专业的学生都缺乏现代的经济管理基础知识，不能很好解释和处理各种经济管理现象。作为一个非经济管理类专业的大学生，为了提高自身的文化素养，必须掌握以下最基本的经济管理基础知识。

一是市场经济理论，主要了解市场经济、市场机制、市场体系和现代企业制度四个方面的内容。二是宏观经济分析，主要掌握宏观经济分析的各种指标、就业与失业、总需求与总供给、宏观经济政策分析。三是企业管理基础知识，主要了解现代企业经营管理、现代企业生产管理和现代企业战略管理的基础知识。四是市场营销基础知识，主要掌握分析市场营销机会、市场营销管理、制定营销策略等方面的能力。五是货币银行基础知识，主要掌握货币与货币制度、利息与利息率、金融市场与金融工具、金融机构体系以及货币供求与均衡等方面的知识。六是会计基础知识，主要掌握会计科目与账户、复式记账原理及其应用、工业企业主要经营过程的核算和成本计算、会计凭证与会计账簿、财产清查与财务会计报告等内容和方法。七是统计基础知识，主要掌握统计设计、统计调查、统计整理的方法和综合指标、统计指数的计算以及相关分析与回归分析。

第三节 研究经济管理的方法

学习和研究一门科学，要掌握正确的方法，毛泽东曾指出："我们不但要提出任务，而且要解决完成任务的方法问题，我们的任务是过河，但是没有桥或没有船就不能过，不解决桥或船的问题，过河就是一句空话，不解决方法问题，任务也只是瞎说一顿"。因此，掌握一定的科学方法是研究和学习经济管理不可少的内容。

一、研究经济管理的一般方法

（一）研究经济管理的方法论基础

研究经济管理的方法论基础是指在研究经济和管理现象时是以辩证唯物主义和历史唯物主义为哲学基础，还是以唯心主义或机械唯物主义为哲学基础。唯心主义或机械唯物主义往往不能尊重客观事实和经济现象的本质联系，机械地套用某种原理和方法，对实际情况调查研究不深入，在认识上有主观片面性，往往违背经济管理规律和事物的客观规律来办事。辩证唯物主义和历史唯物主义尊重客观事实和经济现象的本质联系，能够实事求是地、从矛盾的发展变化中、从事物的相互联系中研究各种经济活动和各种经济关系，能够按照事物的客观规律来进行管理活动。这是研究经济管理问题的方法论基础，并不是把资产阶级和社会主义的经济管理对立起来。有些资产阶级经济管理的某些内容或经济管理规律、方法，由于尊重客观事实和经济现象的本质联系，也会不自觉地符合辩证唯物主义和历史唯物主义的方法论。而社会主义经济建设中某些经济管理内容和一些做法，由于对实际情况调查研究得不深入或认识上的主观片面，有时也会陷入教条主义，背离辩证唯物主义和历史唯物主义这一科学方法论。

（二）重视案例研究和分析

在研究经济管理现象中，要选择正反两方面的案例进行剖析、讨论。案例分析法是指通过对经济管理活动的典型案例进行全面分析，从而总结出理论、经验和规律。这一方法在西方国家的经济管理教学中广为采用，无论在理论上或实践上效果都很好。这不但能帮助我们理解经济管理的现象，启发学习经济管理的兴趣和智慧，而且有利于培养并提高自己分析和解决问题的能力。在研究经济管理案例时，要活学活用，不能不顾实践、地点和条件等因素的改变而死记硬背，生搬硬套，这样会给我们的经济管理工作造成巨大的损失。

（三）向经济工作者和管理者学习经济管理知识和能力

从事经济和管理工作是一项科学和艺术相统一的工作。成功的经济工作者和管理者都是活学活用经济学和管理学理论的艺术家。一切希望在经济管理实践中实现自身价值的人，都应该向第一线的经济工作者和管理者学习,包括他们成功的经验和失败的教训,从他们的智慧中汲取营养。

二、研究经济管理现象的具体方法

研究经济管理现象的具体方法是指在研究各种经济管理活动、各种经济关系、管理关系及其规律性时所采取的具体方法,如实证分析法和规范分析法、均衡分析法等,这些研究方法不同于现代经济管理中常用的经济方法、行政方法、法律方法和教育方法等。它们是研究经济现象和管理现象的方法,而不是经济管理实践中采用的方法,它们对于经济和管理的各门学科,也都具有普遍性。只是由于不同的学科在研究对象上有所差别,因而在运用这些研究方法时,也会有所侧重,有所不同。

(一)实证分析法和规范分析法

实证分析法和规范分析法之间的区别主要在于其方法论基础是感性认识论还是理性认识论。人们在研究经济和管理现象时,会有两种态度和方法:一种是只考察经济现象是什么,即经济现状如何,为何会如此,其发展趋势如何,至于这种经济管理现象好不好,该不该如此,则不做评价。这种研究方法称为实证分析法。另一种是对经济现状及变化做出好与不好的评价,或是该与不该的判断,这种研究方法被称为规范分析法。

1. 实证分析法

实证分析法撇开或回避一切价值判断(即判断某一经济事物是好是坏,对社会有无价值的判断,属于社会伦理学范畴,具有强烈的主观性与阶级性),在做出与经济管理行为有关的假定前提后,只研究现实经济管理事务运行的内在规律,并分析和预测这些内在规律下人们经济管理行为的效果。它力求说明"是什么"或"怎样"的问题,或回答如果做出某种选择,将会带来什么后果的问题,而不回答是否应该做出某种选择的问题。实证分析法研究的内容具有客观实在性,其结果可以用事实、证据或者从逻辑上加以证实或证伪,因此,实证分析的命题有正确和错误之分,其检验标准是客观事实,所以实证研究的目的是了解经济和管理如何运行。从原则上说,实证分析法不涉及价值判断,旨在回答"是什么""能不能做到"之类的实证问题。

2. 规范分析法

规范分析法是以一定的价值判断为出发点,提出某些伦理信条和公平标准等作为分析处理经济和管理问题的标准,并研究如何才能符合这些标准,它力求回答"应该是什么"或"应该怎样"的问题,它涉及是非善恶、应该与否、合理与否的问题。由于这类问题涉及伦理、价值是非,所以只能靠政治辩论和决策来解决,而不能仅仅依靠经济和管理活动来解决。

3. 实证分析法和规范分析法的区别

实证分析法和规范分析法作为两种不同的经济管理分析方法,具有三个方面的区别。

第一，有无价值判断。规范分析法是以一定的价值判断为基础的，而实证分析法则避开价值判断。第二，二者要解决的问题不同。规范分析法要解决"应该是什么"的问题，而实证分析法要解决"是什么"的问题。第三，内容是否具有客观性。规范分析法由于以一定价值判断为前提条件，不同的人得到的结论是不同的，而实证分析法的内容则具有客观性，可以用客观事实来检验其正误。

在分析经济管理现象时，实证分析法是主要的方法，当然规范分析法也是不可缺少的。二者是互相联系、互相补充的，规范分析要以实证分析为基础，而实证分析也离不开规范分析的指导。

（二）均衡分析法与边际分析法

均衡分析法与边际分析法是分析经济现象时最常采用的方法。

1. 均衡分析法

最早在经济学中使用均衡概念的是19世纪末的英国经济学家马歇尔。均衡分析法是分析各种经济变情之间的关系，说明均衡的实现及其变动，是经济理论研究的一种重要方法和必要抽象。均衡分析法可以分为局部均衡分析与一般均衡分析。局部均衡分析是指在假定其他条件不变的条件下，考察单一商品市场均衡的建立与变动。一般均衡分析是指在充分考虑所有市场的相互关系的情况下，考察各个市场之间均衡的建立与变动状况。

2. 边际分析法

边际分析法是经济学的基本研究方法之一。在经济学中，边际是指每单位投入所引起的产出的变化，是增量的意思。边际分析法在经济学中有较多的应用，主要涉及边际成本和边际收益两个重要概念。边际成本是指每增加一个单位的产品所引起的成本增量；边际收益是指每增加一个单位的产品所带来的收益增长。厂商在判断一项经济活动的利弊时，不是依据它的全部成本，而是依据它所引起的边际收益与边际成本的比较。若前者大于后者，这项活动就对厂商有利，反之则不利。边际收益等于边际成本时，厂商的经济活动处于最优状态。

（三）静态分析法、比较静态分析法与动态分析法

1. 静态分析法

静态分析法是指分析某一时点上的经济管理现象，是一种横断面分析，完全抽象掉了时间因素和具体的变化过程，不涉及时间因素所引起的变动。例如，研究均衡价格时，不考虑时间、地点等因素，并假定影响均衡价格的其他因素，如消费者偏好、收入及相关商品的价格等静止不变，单纯分析该商品的均衡产量和均衡价格的决定。

2. 动态分析法

动态分析法是考虑了时间因素，把经济管理现象当作一个变化的过程，对从原有的状态过渡到新的状态的实际变化过程进行分析的方法，是一种时间序列分析。

3. 比较静态分析法

这是经济学中经常采用的分析方法,是指对个别经济现象的一次变动后,不对转变时间和变动过程本身进行分析,而只是对两个和两个以上的均衡位置进行比较的一种均衡分析方法。

(四) 历史研究法和理论联系实际的方法

1. 历史研究法

就是对以往的经济、管理理论与方法以及实践进行研究,以便从中发现和概括出规律性的东西,做到"古为今用,洋为中用"。中华民族是一个具有悠久历史的伟大民族,我国历史上的经济思想、管理思想和一些经济管理经验为世界所瞩目。这些思想与经验有待于我们去总结和发扬。

2. 理论联系实际的方法

理论联系实际的方法有两个方面:一是把已有的经济管理理论与方法运用到实践中去,通过实践来检验这些理论与方法的正确性与可行性;二是通过经济和管理实践和试验,把实践经验加以概括和总结,使之上升为理论,去补充和修正原有的经济和管理理论。

(五) 调查研究法、试验研究法和比较研究法

1. 调查研究法

经济和管理的理论和方法来自实践。调查研究是市场经济条件下进行经济管理活动的一个最基本要求,是搜集第一手材料的好办法。通过调查才能掌握全面的真实材料,才能弄清经济和管理中的经验、问题、发展趋势,并从大量事实中概括出规律性的东西,作为理论的依据。

2. 试验研究法

这也是一种常用的研究方法,是在一定的环境条件下,经过严格的设计和组织,对研究对象进行某些试验考察,从而揭示出经济管理的规律、原则和方法。试验研究法是一种有目的、有约束条件的研究方法,应事先作好计划和安排,方能收到良好效果。

3. 比较研究方法

比较研究法是研究经济管理的一个重要方法,是当今比较经济体制学、比较管理学等学科产生与发展的一个基础。通过历史的纵向比较和各个国家的横向比较,寻其异同,权衡优劣,取长补短,以探索经济管理发展的规律。这一方法为当今世界经济管理科学的发展和先进的经济管理经验、方法、理论的传播发挥着巨大的作用,推动了经济管理科学和实践的迅速发展。

(六) 定性分析法和定量分析法

4. 定性分析法

定性分析法亦称非数量分析法,是一种在没有或不具备完整的历史资料和数据的情况下所采用的一种分析方法,主要依靠预测人员的丰富实践经验以及主观的判断和分析能力,

推断出事物的性质和发展趋势,属于预测分析的一种基本方法,如专家意见法、德尔菲法等。

5. 定量分析法

任何事物（包括经济现象和管理现象），不仅有其质的规定性，还有其量的规定性，量的变化突破了一定的临界点之后，就会引起质的变化。现代经济和管理离不开数量分析的方法，数量分析以及各种数学模型成为当今主要的分析方法。在研究经济管理问题时，应尽可能地进行定员分析。一门科学只有同数学相结合，才能成为较完善的精确科学。

第二章 市场经济理论

第一节 市场经济

市场经济又称为自由市场经济或自由企业经济,是一种建立在高度发达商品经济基础之上的,由个人和私人决定生产和消费的经济制度,在这种经济制度下企业生产什么、生产多少,如何生产和为谁生产完全由价格机制所引导,而不是像计划经济一般由国家指令性计划和指导性计划所引导。在市场经济里政府是"守夜人",并没有一个中央协调的体制来指引其运作,只是依靠市场中供给和需求产生复杂的相互作用来进行调节。

一、市场经济概念、特征及缺陷

(一)市场的定义和功能

1. 市场的定义

市场属于商品经济范畴,是随着商品经济的出现、发展而产生和发展的。哪里有商品生产,哪里就有市场。早期时,人们认为狭义的市场是人们进行商品和劳务交换的场所,广义的市场是指一定经济范围内商品交换中供给和需求的关系,即一定时间、地点条件下商品交换关系的总和。市场营销学认为市场是指某种产品的现实购买者与潜在购买者需求的总和。站在销售者市场营销的立场上,同行供给者即其他销售者都是竞争者,而不是市场。销售者构成行业,购买者构成市场。市场包含三个主要因素,即某种需要的人、为满足这种需要的购买能力和购买欲望。市场的这三个要素是相互制约、缺一不可的,只有三者结合起来才能构成现实的市场。

从经济学的角度看,市场是一个复合概念。市场是商品经济运行的载体或现实表现。此定义包含了四层相互联系的含义:一是商品交换场所和领域;二是商品生产者和商品消费者之间各种经济关系的汇合和总和;三是有购买力的需求;四是现实顾客和潜在顾客。劳动分工使人们各自的产品互相成为商品,互相成为等价物,使人们互相成为市场;社会分工越细,商品经济越发达,市场的范围和容量就越扩大。经济学家根据市场上商品生产者的多少以及所生产商品的相似性把市场分为完全竞争市场、完全垄断市场、寡头垄断市场和垄断竞争市场四种基本状态。

2. 市场的功能

市场是社会分工和商品经济发展的必然产物，市场在其产生和发展过程中发挥着巨大的功能和作用。市场的功能是指商品在生产领域转移到消费领域的过程中，市场作为一种配置资源的组织结构所发挥的功能。市场的一般功能主要有三个：一是交换的功能，主要是购销两个方面的功能。交换是市场的基本功能。在交换中，最主要的是实现商品所有权的转移。在商品所有权转移过程中，市场主要发挥着商品销售与商品购买两种功能。商品销售的目的，是设法创造其商品需求并寻找购买者，按照卖主所期望的价格将商品出售。商品购买的目的，是为了取得购买者所需要的商品种类、品质及数量，并在适当时间、空间以及适当的价格供应给消费者。二是供应的功能，主要是运输和储存两个方面的功能。在一般情况下，商品需要经过运输与储存才能由生产者或经营者手里转移到消费者和购买者手里。商品运输的功能，要求按照商品合理流向，选择最方便的运输工具，最短的路线，最适合的运输方式，及时地将商品运达消费地的供应市场。商品储存的功能，是将商品通过储存设施加以保管留存，不仅能使生产继续进行，且不损坏生产成果，以待销售最佳时机，而且能够调节供求在地点和季节上的矛盾，还可将暂时超需求的商品保存到需求增大时供应，起到商品"蓄水池"作用。运输和储存都是实现商品交换功能的必要条件。三是便利功能，包括资金融通、风险负担、市场情报、商品标准化等，它是为方便商品购销双方提供的各种便利条件。便利功能是市场营销活动中的辅助功能，是为商品交换服务的。市场的这些功能是通过各种市场主体的经济活动来实现的，是互相制约的。同时，由于市场的性质不同，这些功能所起作用的性质和范围是不同的。

（二）市场经济的概念及与商品经济的关系

1. 市场经济的概念

关于什么是市场经济，人们的看法不尽相同，不同的学者从不同的角度提出了各自不同的定义。

马克思在《资本论》手稿中认为人类社会的发展必须经历从自然经济到商品经济再到产品经济的三阶段历程。显然，市场经济属于商品经济。市场经济与市场自然有关，有市场经济必然有市场存在，但市场并不等于市场经济。与"市场"有几千年的历史相比，"市场经济"只有三百多年的历史，便是最好的说明。

"市场经济"概念的流行是从19世纪末开始的，当时以马歇尔、瓦尔拉、帕累托为代表的新古典经济学，开始转向了对消费和需求的研究，明确地把稀缺资源配置作为经济学研究的中心，并从理论上证明了以价格为中心的市场机制的完善性，使市场被看成经济运行的中枢，从而将商品经济或货币经济引向了市场经济，并使市场经济开始兴起。马克思则开创了与资本主义经济学相对立的经济学体系——马克思主义经济学，但马克思、恩格斯并没有使用"市场经济"的概念来表述他们称为"商品经济"或"货币经济"的经济形态，更没有回答"市场经济"的概念和含义。他们设想，未来的社会将实行计划经济，商品货币关系将要消失。列宁在1906年更为明确地指出："只要还存在着市场经济，只要还保持着货币权力和资本力量，世界上任何法律都无法消灭不平等和剥削。只有建立起大规模的社会化的计划经济，一切土地、工厂、工具都归工人阶级所有，才可能消灭剥削。"斯大林虽然承认社会主义时期存在着商品生产和商品交换，但又认为全民所有制企业生产的生产资料不是商品，计划经济是排斥商品和价值规律的。

我国在社会主义建设过程中，虽然不断探索自己的发展道路，但在一些方面仍然拘泥于经典作家的论述，把计划经济看作是社会主义的基本特征，把市场经济与资本主义等同起来，使中国在20世纪70年代出现了经济停滞，甚至到了面临危机的边缘。以邓小平同志为核心的中国共产党第二代领导集体开始了既继承前人又超越前人的伟大的社会主义市场经济探索。国内学者对什么是市场经济也发表了自己的看法。张建华在其所著《经济学——入门与创新》一书中，认为市场经济就是市场作为配置资源的基础手段的经济。熊德平认为市场经济是"以维护产权，促进平等和保护自由的市场制度为基础，以自由选择、自愿交换、自愿合作为前提，以分散决策、自发形成、自由竞争为特点，以市场机制导向社会资源配置的经济形态"。

综上所述，本书认为市场经济是指在社会化大生产的条件下，以市场机制作为资源配置基本方式，从而决定生产什么、生产多少，如何生产和为谁生产三大基本问题的经济制度。资源配置一般有两种方式：一种是市场方式；另一种是计划方式。在现代社会中，单一的、纯粹的市场方式或计划方式，一般来说是不存在的，往往是以某种方式为主，另一种方式为辅的混合式。如果某一社会经济中的资源配置方式是以计划方式为主，就叫作计划经济；如果以市场方式作为资源配置的主要方式，这种经济就称为市场经济，但当今世界各国，混合经济制度较多。

2. 市场经济与商品经济的关系

（1）市场经济与商品经济的联系

市场经济与商品经济联系紧密，市场经济是商品经济的发达形式，商品经济和市场的发展是市场经济形成的基础，商品经济的发展水平决定着市场经济的成熟程度。总之，市场经济是高度社会化的、高度发达的商品经济。从这个意义上说，市场经济也是商品经济。

（2）市场经济与商品经济的区别

首先，从历史的发展来看，商品经济形成在先，市场经济形成在后。商品经济早在原始社会末期就已经出现了，但是市场经济则是在商品经济高度发展的资本主义生产方式确立以后才形成的。其次，商品经济作为一种经济形式，主要表现在产品要作为商品来生产和交换，商品经济尽管离不开市场，但市场的地位和作用并不十分突出。而市场经济则主要侧重于经济的运行，主要体现在经济运行的机制是市场机制，市场机制成为组织和调节社会生产、流通以及资源配置的核心机制。

（三）市场经济的缺陷

市场的基础性调节作用不是万能的，在实际中会由于各种原因，导致市场功能失效，造成市场失灵，这就是市场经济的缺陷。

1. 自发性

自发性是指生产什么、生产多少，如何生产和为谁生产三大基本问题全部由市场经济中的价值规律来调节，政府不参与任何交易过程，全靠"看不见的手"在指挥着千千万万的厂商和个人自主参与交易形式。在交易过程中，经济主体会根据价格信号来调整自己的经济行为，当涨价时，卖方（生产者）会自发地加大生产投入；当降价时，卖方会自发地减少生产投入。市场经济的自发性只能反映现有的生产结构和需求结构，而不能有效反映国民经济发展的长远目标和结构。

2. 盲目性

信息的不对称性使任何市场交易主体都无法了解到全部的市场交易信息，使市场中大多数市场交易者都无法客观地去分析观察问题，市场交易主体大多数以价格的增幅程度来决定是否参与生产以及参与的程度，没有确定性。市场经济的盲目性使单纯的市场调节只能解决微观经济的平衡问题，而难以解决宏观经济的平衡问题。

3. 滞后性

滞后性表现为在市场经济中，市场交易主体是根据价格的变化信号来调整自己的生产和交易行为，这种价格信号是一种事后分析指标。生产者根据变化后的价格指标自发地组织生产，而生产是一个相对于价格变动耗时较长的一个过程，所以经常能看到一种商品降价后，它的供应量却在上升，这就是市场经济的滞后性。而市场经济对供需之间的调整也表现为在市场价格变动之后，即市场机制对经济活动的调节是事后的。

4. 局限性

市场经济中经济主体追求自身利益最大化，忽视长期利益和社会总体利益，经济主体的经济行为无力调节经济总量和外部经济行为，只是追求个体利益的最大化；对于大的宏观方面的经济结构调整，市场机制更是显得软弱无力；市场经济不能保证公平竞争，难以处理好公平和效率的关系；同时市场经济追求个别厂商成本的最小化，往往会带来环境污染等社会问题，加大社会成本。

二、计划经济体制的特征和优缺点

（一）计划经济与计划经济体制的概念和特征

1. 计划经济

计划是合理配置资源的基本形式。"计划经济"这个概念是由弗拉基米尔·伊里奇·列宁提出来的。计划经济又称指令型经济，是相对于市场经济而言的，是指一种建立在生产资料国家所有基础上的依靠国家指令性计划或指导性计划来决定生产什么，如何生产和为谁生产等重大决策的经济制度。计划经济简单地说就是国家有规划、有计划地发展经济。计划经济能够避免市场经济发展的盲目性、不确定性，从而能够减少给社会经济发展造成的危害，如重复建设、企业恶性竞争、工厂倒闭、工人失业、地域经济发展不平衡等问题。

任何一个国家都或多或少地有计划经济成分，如德国经济中计划的成分就要比美国多一些。计划经济是社会主义经济的一个基本特征。社会主义国家实行的计划经济是指在生产资料公有制的基础上，根据社会主义基本经济规律和国民经济有计划按比例发展规律的要求，由国家按照经济、社会建设与发展的统一计划来管理国民经济的社会经济制度。实行计划经济，必须从国民经济实际情况和自然资源特点出发，根据社会主义建设的需要，有计划地安排国民经济各部门之间的发展比例关系，合理地分布生产力，有效地利用人力、物力、财力，搞好生产与需要之间的平衡，促进国民经济协调发展，以满足国家建设和人民日益增长的物质和文化生活的需要。

2. 计划经济体制

计划经济与计划经济体制有本质区别。计划经济体制是指以指令性或指导性计划为运行机制来作为配置社会资源基本手段的一种经济体制，是计划经济条件下的产物。计划经济体制下解决生产什么，如何生产和为谁生产三个基本经济问题的主体是政府，政府拥有社会上的大部分资源，并且由政府按照指令性计划和指导性计划来分配资源，不受市场机制的影响。

3. 计划经济体制的特征

计划经济体制往往诞生在生产力和市场经济不发达的情况下，传统的计划经济体制的主要特征是：

①生产资料所有制结构单一化。在传统的计划经济体制下，生产资料实行单一的公有制，主要是全民所有制和集体所有制。

②组织结构行政化，主要表现在工商企业的管理者都具有一定的行政级别，实行政企合一的行政化管理。

③经济调节机制和手段指令化，主要表现在依靠指令性计划或指导性计划来解决生产什么，如何生产和为谁生产三个基本经济问题。

④国有企业制度高度集权化，主要表现在大、中、小型国有企业实行高度的集权化管理，企业没有经营自主权。

⑤资源分配和产品流通调拨化，主要表现在资源要素在生产领域以及产品在流通领域都是实行无偿的调拨，没有实行等价交换。

⑥个人收入分配方式平均化，主要表现在劳动成果的分配实行平均主义，吃大锅饭。

⑦激励机制伦理化，主要表现在不是依靠物质和精神激励，而是依靠社会伦理实现个体道德的升华和从他律到自律的管理。

（二）计划经济体制的优缺点

计划经济体制在苏联和中国取得了巨大的成功，说明计划经济体制有其自身的优点，但与世界上大多数国家实施的市场经济体制相比，计划经济体制也有自身的缺点。

1. 计划经济体制的优点

第一，能够在全社会范围内高度有效地集中必要的人力、物力、财力进行重点建设，集中有限的资金发展重点产业。第二，对经济进行预测和规划，制定国民经济发展战略和长远规划，有利于在宏观上优化资源配置，对国民经济重大结构进行调整和生产力合理布局。第三，计划经济体制实行集权领导，容易贯彻执行，易于保证按预期计划目标实现国民经济发展的总体战略，建立比较合理的国民经济体系。第四，有利于实现国民经济重大比例关系合理化，尤其是通过有计划的收入分配来保证总供求的平衡，避免经济发展中的剧烈波动所导致的资源浪费，有利于宏观经济效益的提高和推动经济持续增长。第五，通过有计划的分配，能够保证国计民生必需品的生产和供应，有利于解决人民最紧迫的生活需要，能够合理调节收入分配，兼顾效率与公平，实现收入均等化，稳定经济和社会，保证经济和社会协调发展。

2. 计划经济体制存在的弊端

传统的计划经济体制在建立初期虽然对促进社会生产力的发展起了一定的作用，但随着时间的推移，逐渐变成一种缺乏生机与活力的僵化体制，在实践中造成了严重的消极后果。从宏观来看，计划经济在宏观仍起到主要作用，但由于制定或实施计划的主观性，使计划与微观市场相悖，就会产生计划经济失效，同时计划经济体制本身也存在着严重的弊端，主要是：第一，对微观经济活动与复杂多变的社会需求之间的矛盾难以发挥有效的调节作用，容易产生生产与需求之间的相互脱节。同时由于否定商品货币关系，忽视商品生产、价值规律和市场机制的作用，单纯依靠计划调节，缺少有效配置资源的协调机制，社会资源的配置效率低下。第二，计划经济体制下政企不分，束缚了企业的手脚，使企业缺乏经营自主权，忽视了企业和劳动者个人的利益，严重压抑了企业和职工的积极性和主动性。同时计划经济体制不能合理地调节经济主体之间的经济利益关系，容易造成动力不足、效率低下、缺乏活力等现象。第三，计划容易脱离实际，造成不必要的巨大浪费等缺陷，同时计划经济体制下的集权体制领导虽然易贯彻执行，但往往是决策成本较高，而一旦出现问题，往往无人负责，容易滋生主观主义和官僚主义。第四，计划经济体制下收入分配中的平均主义以及对风险的认识，使劳动者对资产的关切度低，资产使用效率低下；安于现状，不利于推动技术进步和革新；同时封闭式管理，妨碍全国统一市场的形成，造成市场信息不完全，容易导致供求脱节及宏观经济比例重大失调；影响国内经济与国际经济接轨，妨碍了国际最新科技成果和管理经验的引进和学习。

三、市场经济体制

（一）市场经济体制的内涵

市场经济是指市场对资源配置起基础性调节作用的经济，市场经济也可以说是以市场机制的作用为基础来配置经济资源的经济。市场经济体制是市场运行的具体制度安排或运行方式，是指以市场机制作为配置社会资源基本手段的一种经济体制。

市场经济体制是高度发达的、与社会化大生产相联系的商品经济，其最基本的特征是经济资源商品化、经济关系货币化、市场价格自由化和经济系统开放化。市场经济体制建立在高度发达的商品经济基础上，市场起主导作用，政府只能作为经济运行的调节者，对经济运行所起的作用只是宏观调控。在市场经济体制下，资源分配受消费者主权的约束，生产什么取决于消费者的需求（市场需求），生产多少取决于消费者的支付能力；经济决策是分散的，作为决策主体的消费者和生产者在经济和法律上的地位是平等的，不存在人身依附和超经济强制关系；信息是按照买者和卖者之间的横向渠道传递的。经济动力来自对物质利益的追求，分散的决策主体在谋求各自的利益中彼此展开竞争，决策的协调主要是在事后通过市场来进行的，整个资源配置过程都是以市场机制为基础的。

（二）市场经济体制的特征

凡是较为完善的市场经济体制，从宏观上讲都具有以下共同特征：一是多种所有制形式并存；二是市场机制、法制监督、社会保障有机统一；三是分散决策与集中决策相互依存；四是实行政府宏观调控。从微观上讲，市场经济体制具有以下特征：

①一切经济活动都直接或间接地处于市场关系之中，市场机制是推动生产要素流动和促进资源优化配置的基本运行机制。

②所有企业都具有进行商品生产经营所应拥有的全部权力，自觉地面向市场。

③政府部门不直接干预企业生产和经营的具体事务，而是通过各项经济政策、法规等调节和规范企业的经营活动。

④所有生产、经营活动都按照完整的法规体系来进行，整个经济运行有一个比较健全的法制基础。

四、社会主义市场经济理论

社会主义市场经济体制实质上就是社会主义基本经济制度与市场经济体制的结合，是一个经济制度和经济体制相结合的问题。经济制度强调经济利益关系，揭示人与人之间的深层次的所有制关系。经济体制强调经济组织关系，反映社会经济中较为浅层次的行为关系。经济制度是相对稳定的，它的变革取决于生产力与生产关系基本矛盾的状况。而同一种经济制度可以选择不同的经济体制，经济体制是可以多种多样的。

（一）社会主义市场经济体制的含义和表现

市场经济不是一种特定的社会制度，只是社会资源配置的手段和经济运行的方式，它可以存在于不同的社会制度下。所谓社会主义市场经济体制，是在社会主义国家宏观调控下使市场在资源配置中发挥基础性作用的经济体制。它与社会主义基本制度紧密结合在一起，因而除具有市场经济体制共性外，还具有自己的特征。其主要表现是：

①在所有制结构上，以公有制为主体，多种所有制经济共同发展。在社会主义条件下，公有制经济不仅包括国有经济和集体经济，还包括混合所有制经济中的国有成分和集体成分，而且公有制形式可以多样化，一切反映社会化大生产规律的经营方式都可以大胆利用。

②在分配制度上，实行以按劳分配为主体，多种分配方式并存的制度。把按劳分配和按生产要素分配结合起来，坚持效率优先，兼顾公平，有利于优化资源配置，促进经济发展，保持社会稳定。在社会主义条件下，通过运用包括市场在内的各种调节手段，既可以鼓励先进，合理拉开收入差距，兼顾公平与效率，又可以对过高的收入进行调节，防止两极分化，逐步实现共同富裕。

③在宏观调控上，把人民的眼前利益与长远利益、局部利益和全局利益结合起来，更好地发挥计划和市场两种手段的长处。

（二）社会主义市场经济存在的原因

1. 从生产力角度看

商品经济的历史表明，不论什么社会形态，商品生产的存在和发展，都是以社会分工为前提的。社会主义社会虽然可以消除旧式分工所造成的种种对抗性矛盾，但不可能消灭社会分工，因此，不同部门之间、经济单位之间以及劳动者个人之间，必然要求相互交换各自的劳动产品。

2. 从生产关系角度看

从社会经济关系的角度考察，市场经济是指在存在社会分工和生产者具有自身物质利益的条件下，直接以交换为目的的经济形式。社会分工决定了经济主体之间进行商品交换的必要性；物质利益差别则决定了经济主体之间的商品交换必须按照等价补偿和等价交换的原则进行。前者是市场经济存在的一般条件，后者是社会主义市场经济存在的根本原因。

（三）我国社会主义市场经济的发展历程

1. 1979—1982年以"计划经济为主，市场调节为辅"的阶段

1979年4月中央工作会议提出，国民经济要"以计划经济为主，同时充分重视市场调节辅助作用"。由此开始，计划经济和市场调节（市场经济）不再被视为两个截然对立的东西了。党和政府认识到两者必须结合，但在结合中不是平等地结合，而是有主与次的问题，即计划经济和市场经济之间有个"排座次"的问题。

1981年11月，第五届全国人民代表大会第四次会议通过的政府工作报告吸收和采纳了上述思想，并上升到相当高度，认识到"正确认识和处理计划经济和市场调节关系，是

改革中的一个关键问题"。指出我国经济体制改革的基本方向应当是：在坚持实行社会主义计划经济的前提下，发挥市场调节的辅助作用，国家在制订计划时要充分考虑和运用价值规律。

1982年9月，党的"十二大"报告中进一步明确了"计划经济为主、市场调节为辅"的经济管理原则，指出："正确贯彻计划经济为主、市场调节为辅的原则，是经济体制改革中的一个根本性的问题。我们要正确划分指令性计划、指导性计划和市场调节各自的范围和界限。"通过这一阶段的改革，市场主体开始形成，市场机制逐渐发生作用，市场开始成为配置资源的重要补充手段。

"计划经济为主、市场调节为辅"原则在当时是有积极意义的。在此原则下，中国沿着放权让利、双轨并行，计划与市场结合的方向进行改革。在所有制结构方面，坚持公有制为主体，允许个体、私人和"三资"企业的存在和发展，在公有制经济的经营形式方面，农村集体经济实行家庭联产承包责任制，国有小企业实行租赁制，国有大中型企业普遍实行承包制和若干企业的股份制试点，减少了国家指令性生产和物资分配计划的种类；在中央和地方的关系方面，权力下放特别是推行财政大包干制度，大大增强了地方的财政和财力。

但是，总的来看，"计划经济为主，市场调节为辅"的原则还是传统计划经济的派生物。直接的指令性计划仍被看作是社会主义制度的本质和整个经济运行的基础，市场调节只是从属的、次要的；计划与市场的关系是一种不平等的"板块"式拼凑关系，在这种关系中，"市场"是被恩准在计划经济的总框架内运行的。

2.1983—1986年的"有计划的商品经济"阶段

1984年10月，党的十二届三中全会通过《中共中央关于经济体制改革的决定》，第一次明确提出社会主义有计划商品经济理论，突破了把计划经济和商品经济对立起来的传统观念，明确认识社会主义计划经济必须自觉依据和利用价值规律，是在公有制基础上的有计划的商品经济。确定了中国经济体制的四个基本点：第一，就总体说，我国实行的是计划经济，即有计划的商品经济，而不是那种完全由市场调节的市场经济；第二，完全由市场调节的生产和交换，主要是农副产品、日用小商品和服务修理行业的劳务活动，它们在国民经济中起辅助但不可缺少的作用；第三，实行计划经济不等于指令性计划为主，指令性计划和指导性计划都是计划经济的具体形式；第四，指导性计划主要运用经济杠杆的作用来实现，指令性计划则是必须执行的，但也必须运用价值规律。

按照这一基本原则，1985年9月，《中共中央关于制定国民经济和社会发展第七个五年计划的建议》进一步勾画出中国经济体制改革的基本轮廓，即"建立新型的社会主义市场经济体制，主要是抓好互相联系的三个方面：第一，进一步增强企业特别是全民所有制大中型企业的活力，使它们真正成为相对独立的，自主经营、自负盈亏的商品生产者和经营者；第二，进一步发展社会主义的有计划的商品市场，逐步完善市场体系；第三，国家对企业的管理逐步由直接控制为主转向间接控制为主，主要运用经济手段和法律手段，并采取必要的行政手段,来控制和调节经济运行。"

"有计划商品经济"较之"计划经济"而言,在理论上突破了把社会主义和商品经济对立起来的传统观念,第一次提出了与社会主义相联系的"商品经济"的概念(传统的提法是商品生产或商品交换而不是商品经济),但这种突破不是根本性的和总体性的,突破不到位:第一,仍在"商品经济"之前冠上"有计划的"前置限制词。商品经济的前提仍是计划和计划经济,是计划控制下的商品经济,这里,计划经济是主要的,商品经济是从属的;第二,有计划商品经济的"商品化"范围有限,土地、矿山和劳力等不是商品;第三,十二届三中全会继续保留了"社会主义计划经济"这一提法,在观念上仍认为有计划商品经济根本区别于市场经济。在这里,"市场经济"姓"资"姓"社"的问题并未根本解决,"有计划商品经济"实际上并没有跳出"计划经济"的旧框架,没有从根本上承认企业和经营者作为经济主体的独立自主地位。

3.1987—1992年的"国家调节市场,市场引导企业"阶段

1987年10月,党的"十三大"报告在有计划商品经济理论基础上对社会主义市场机制问题进行了新的理论概括,指出:"社会主义有计划商品经济的体制,应该是计划与市场内在统一的体制"。在这个问题上,需要明确这样几个基本观念:第一,在于所有制基础不同。第二,必须把计划工作建立在商品交换和价值规律的基础上。以指令性计划为主的直接管理方式,不能适应社会主义商品经济发展的要求。第三,计划和市场的作用范围都是覆盖全社会的。新的经济运行机制,总体上说应当是国家调节市场,市场引导企业的机制。

党的"十三大"报告提出的"国家调节市场,市场引导企业"的模式,是对有计划商品经济理论的一次重大发展。表现在:第一,报告中不仅不再提"计划经济为主",而且没有再提计划经济,完全突破了改革初期计划与市场各分一块的老框架。第二,"社会主义商品经济"的概念从内容上把制度与体制区别开来,明确提出社会主义商品经济与资本主义商品经济的区别不在于市场与计划的多少,而在于所有制的不同。第三,在"国家调节市场,市场引导企业"的模式中,市场的地位大大增加了,而且明确了社会主义市场体系包括生产要素市场。

4.1992年以后至今,确立和建设"社会主义市场经济体制"阶段

1988年9月,针对经济过热、通货膨胀等经济发展中出现的问题,党的十三届三中全会决定按照"治理经济环境,整顿经济秩序,全面深化改革"的方针进行治理整顿。在此期间改革有所停滞,政府加强对经济的行政控制,直接计划调节的作用有所突出。

治理整顿是必要的。在治理整顿期间,当然可以采取应急情况下的具体措施和方法。但《中共中央关于制定国民经济社会发展十年规划和"八五"计划的建议》强调"计划经济与市场调节相结合","计划的调节重于市场调节"。实际上是重新又强调和突出计划和计划经济,因此,市场作用下降,市场调节只能管"企业日常的生产经营、一般性技术改造和小型建设等经济活动"。

在此形势下，1992年1—2月邓小平同志南行武昌、深圳、珠海、上海等地，在南行讲话中针对社会上否定社会主义市场经济的思潮以及"双轨制"格局下计划经济体制因素的重新抬头，邓小平同志做了大量的理论阐述，其理论思想的结晶就是邓小平理论。邓小平同志"南方谈话"的中心就是坚定不移地贯彻执行党的"一个中心、两个基本点"的基本路线，坚持走中国特色社会主义道路，抓住当前有利时机，加快改革开放的步伐，集中精力把经济建设搞上去。

（四）我国社会主义市场经济体制改革的基本框架

1. 所有制结构改革

我国社会主义市场经济体制在所有制结构上是以公有制经济为主体、多种所有制经济共同发展的所有制结构。公有制经济不仅包括国有经济和集体经济，还包括混合所有制经济中的国有成分和集体成分。

2. 分配制度改革

我国社会主义市场经济体制在分配制度上是以按劳分配为主体、多种分配方式并存的分配制度。按劳分配与按生产要素分配相结合，坚持效率优先、兼顾公平的原则。

3. 现代企业制度改革

我国社会主义市场经济体制是以现代企业制度为市场经济体制的微观基础。转换国有企业的经营机制，按照产权清晰、权责明确、政企分开、管理科学的现代企业制度的要求，对国有大中型企业实行规范的公司制改革。

4. 社会主义市场体系的建立

我国社会主义市场经济体制要建立统一、开放、竞争、有序的市场体系。建立和发展资本市场、劳动力市场、技术市场、土地市场、信息市场和产权市场等生产要素市场，形成完善的市场体系。同时，健全市场规则，加强市场管理，规范市场运行。

5. 国家宏观调控体系的完善

我国社会主义市场经济体制要完善以间接调控为特征的国家宏观调控体系。转变政府职能，实行政企分开，建立和健全以经济手段和法律手段为主的间接调控体系，保证国民经济的健康运行。

6. 建立和健全社会保障体系

我国社会主义市场经济体制要建立和健全多层次的社会保障体系。实行社会统筹与个人账户相结合的养老、医疗保险制度，完善失业保险和社会救济制度。

上述6个方面是相互联系、相互制约的有机整体，共同构成我国市场经济体制改革的基本框架。

第二节 市场机制

市场机制是通过市场价格的波动、市场主体对利益的追求、市场供求的变化，来调节经济运行的机制，是市场经济系统内的供求、竞争、价格等要素之间的有机联系及其功能。市场运行机制是市场经济的总体功能，是经济成长过程中最重要的驱动因素。工业革命的发动是建立在市场运行机制基础之上的，或者说以工业化为核心的现代生产力的成长过程是在市场运行机制的驱动下进行的。市场运行机制是经济社会化乃至经济全球化发展不可缺少的重要方面。

一、市场机制的含义和构成

（一）市场机制的含义

市场机制是市场经济运行的基本调节机能，是通过市场竞争配置资源的方式，即资源在市场上通过自由竞争与自由交换来实现配置的机制，也是价值规律的实现形式。具体来说，它是指市场机制体内的供求、价格、竞争、风险等要素之间互相联系及作用的机理。市场机制具有相对独立性、内在自发性和普遍运动性，其作用的条件是培育市场主体、完善市场体系、健全市场法制和转变政府职能。市场机制有一般运行的市场机制和特殊运行的市场机制之分。一般市场机制是指在任何市场都存在并发生作用的市场机制，主要包括价格机制、供求机制、竞争机制、风险机制和激励机制。具体市场机制是指各类市场上特定的并起独特作用的市场机制，主要包括金融市场上的利率机制、外汇市场上的汇率机制、劳动力市场上的工资机制等。

（二）市场机制的构成

市场机制是一个有机的整体，它的构成要素主要有市场价格机制、供求机制、竞争机制、风险机制和激励机制等。

从价格机制与其他机制的关系来看，虽然各种机制在市场机制中均处于不同的地位，但价格机制对其他机制都起着推动作用，在市场机制中居于核心地位。供求机制是市场机制的保证机制。在市场机制中，首先必须有供求机制，才能反映价格与供求关系的内在联系，才能保证价格机制的形成，保证市场机制的正常运行。但价格机制对供求机制起着推动作用，价格涨落推动着生产经营者增加或减少供给量，推动消费需求者减少或增加需要量，不断调节供求关系。竞争机制是市场机制的关键机制。在市场经济中，有竞争，才会促进社会进步和经济发展。价格机制又对竞争机制起着推动作用，价格涨落能够促进生产经营者开展各种竞争，推进产品创新、技术创新、管理创新，以取得更大利润。风险机制是市场机制的基础机制。在市场经营中，任何企业在从事生产经营中都会面临着盈利、亏损和破产的风险。价格机制能影响风险机制，价格涨落能推动企业敢冒风险，去追逐利润。激励机制是市场机制的动力机制。企业生产经营要以利益为激励，推动企业开展竞争，讲求经济效益。价格机制能影响激励机制，价格变动发出信号，激励企业决定生产经营什么，不生产经营什么。

1. 价格机制

（1）价格机制的定义

价格机制是市场机制中的基本机制。所谓价格机制是指在竞争过程中，与供求相互联系、相互制约的市场价格的形成和运行机制。价格机制包括价格形成机制和价格调节机制，价格机制是在市场竞争过程中，市场上某种商品市场价格的变动与市场上该商品供求关系变动之间的有机联系的运动，是价格变动与供求变动之间相互制约的联系和作用。价格机制通过市场价格信息来反映供求关系，并通过这种市场价格信息来调节生产和流通，从而达到资源配置的目的。另外，价格机制还可以促进竞争和激励，决定和调节收入分配等。价格机制是市场机制中最敏感、最有效的调节机制，价格的变动对整个社会经济活动有十分重要的影响。商品价格的变动，会引起商品供求关系变化，而供求关系的变化，又反过来会引起价格的变动。

（2）价格机制的功能

①传递信息。价格机制在市场经济中以价格的波动为信号来传递供求信息，价格变动的方向和幅度有利于调整市场的供求关系，提高生产者和消费者决策的效率。

②调节资源配置。价格机制通过价格高低来影响供求，引导生产与消费，因而能够有效地调节资源的合理配置。

③调节收入分配。价格机制通过价格高低来决定生产者、消费者的经济利益，是调节收入分配的尺度。

④是竞争的有力工具。市场经济中，在商品同质的条件下，价格是最有力的竞争武器。

（3）价格机制的作用

在社会主义市场经济条件下，价格机制对社会主义市场经济运行和发展的作用是多方面的。

第一，价格机制能够解决社会生产什么、生产多少，如何生产，为谁生产这三大基本问题。价格机制能够根据消费者的需求来决定生产什么，根据社会资源的多少以及消费者需求来决定生产多少，调节资源在社会各个生产部门之间的分配，协调社会各生产部门按比例发展，提高了商品的劳动生产率。

首先，企业生产什么，生产多少，必须以市场供求状况为导向，而市场供求状况，又必须看市场价格情况。如市场上某种产品相对于其用途过于稀缺，其价格过高，说明供不应求，生产经营者就有多生产经营该产品的动机，而消费者就有少用或不用该产品的动机，这将引起价格下跌，直到其稀缺程度符合其用途为止。如果某种产品相对于其用途过于丰裕，说明供过于求，其价格又过低，消费者就具有多使用该产品的动机，而生产经营者则具有少生产或不生产该种产品的动机。这将带来价格上涨，直至其稀缺程度符合其用途为止。因此，生产经营者决定生产什么，生产多少，是以市场价格信号为根据做出决策的。

其次，企业解决如何生产问题，也就是企业在配置资源时必须以生产要素的价格高低为导向来决定如何使用生产要素。是多用劳动力，还是多用资本（包括机器设备）；是用普通材料，还是用高档材料；是用一般技术，还是采用较高技术，关键是要看其成本价格是高还是低。如果使用资本比使用劳动力成本低，那就采取多用资本少用劳动力的资本密集型；如果采用一般技术比采用较高技术成本高，那就采用较高技术。企业在决定如何生产问题时，必须通过成本核算，选择成本最低的方案进行生产。通过竞争，促使提高效率，降低成本，以提高市场占有率，取得更多利润。

最后，产品生产出来之后，如何在人们之间进行分配，也就是为谁生产问题。企业最关心的问题，是谁能买得起他们所生产的产品，它决定于市场上各种集团、家庭、个人的收入情况。产品价格的变动和作为收入的生产要素价格的变动，将决定人们对产品愿意支付的价格水平及支付结构，使产品在资源所有者之间进行分配。那些拥有资源较多，或昂贵资源的人，将是富裕的，并能购买大笔数量的产品；那些拥有资源较少的人，将是不富裕的，只能购买较少的产品。所以，价格能将产品的产量在资源所有者之间进行分配。

第二，价格机制能够调节多次收入分配。主要表现在价格能够决定和调节产业之间、行业之间、企业之间和企业内部的收入分配状况。

首先，市场价格能够决定各个产业之间的收入。例如，过去第一产业的产品价格相对较低，而第二产业的产品价格相对较高，则第一产业获得的收入比第二产业要少。以后经过价格机制的不断调整，第一产业产品的价格会逐渐提高，第二产业产品的价格相对稳定，或有些产品随着生产技术水平的不断提高还可能逐渐下降，第一产业收入增加，第二产业收入有所下降。这是价格机制对产业部门之间的收入分配，是第一次分配。

其次，价格机制能够决定行业之间、企业之间的收入。例如，在第二产业中，电子产品价格高、利润大，行业、企业收入较多，而其他有些行业、企业产品价格相对较低，其收入也较少，这是价格机制对行业之间、企业之间收入分配的调整，这是第二次分配。

最后，价格机制也可以对分给企业的那部分收入进行调整，主要是通过工资、利息和利润进行再分配，这是第三次分配。

第三，价格机制能够直接影响消费者购买行为。市场中某种商品价格的上升或下降都会影响到消费者的需求量，而价格总水平的上升或下降也能够调节市场的消费需求规模；市场中商品比价体系的变动，能够调节市场的消费需求方向和需求结构。

消费者在收入不变的情况下，某种产品价格上涨，而替代品价格稳定或下跌，将促使消费者多购买替代品，少购买或不购买某种产品。某种产品价格下跌，而替代品价格上涨，将促使消费者多购买某种产品，而减少买或不购买替代品。消费者收入增加，价格相对稳定，将促使消费者增加消费量。消费者收入增幅低于价格涨幅，则消费者实际收入减少，会影响消费水平，相应降低消费，但生存资料不会减少，而享受资料和发展资料会相应减少；消费者收入增幅高于价格涨幅，消费者实际收入增加，会相应提高消费水平，增加消费量。除了增加一些生存资料消费外，还会增加享受资料和发展资料的消费。

生存资料价格稳定，享受资料和发展资料价格下跌，将促使消费者提高消费结构，增加享受资料和发展资料的消费。生存资料价格上涨或下跌，由于生存资料的需求弹性较小，购买消费生存资料不会发生很大变化。如享受资料和发展资料价格上涨或下跌，由于其需求弹性较大，其需求量将会相应减少或增加。

第四，价格机制是宏观经济的重要调控手段。主要表现在两个方面：一方面，价格总水平的变动是国家进行宏观经济调控的根据；另一方面，价格机制推动社会总供给与总需求的平衡。

（4）价格机制与市场机制的关系

①价格机制与市场机制是市场经济的调节机制。市场机制包含了价格机制，价格机制在市场机制中居于核心地位，所以市场机制要发挥调节作用，必须通过价格机制才能顺利实现。这是因为：首先，价格是经济信息的传播者。价格在社会生产的一切领域，社会生活的各个方面都提供和传递着各种经济信息，价格变动情况是反映社会经济活动状况的一面"镜子"，是市场经济运行的"晴雨表"。其次，价格是人们经济交往的纽带。社会产品在各个经济单位、个人之间的不停流转，必须通过价格才能实现。最后，价格是人们经济利益关系的调节者。在市场经济中，任何价格的变动，都会引起不同部门、地区、单位、个人之间经济利益的重新分配和组合。

②价格机制的综合反映。有市场就必然有价格，如商品价格、劳务价格、资本价格、信息价格、技术价格、房地产价格等。同时，各种价值形式，如财政、税收、货币、利润、工资等，都从不同方面和不同程度上与价格发生一定的相互制约和依赖关系。财政的收支状况直接影响着价格水平，收大于支时可以稳定价格，支大于收时将促使价格上涨。价格变动又会影响到财政收支。税收、利润、利息和工资是价格的组成部分，它们的变动直接影响着价格水平，而且在一定的价格水平下，价格又制约着税收、利息、利润、工资的变动，价格的变动直接取决于货币价值的变动，如人民币贬值会促使价格上涨，反之则促使价格下跌，价格相对的稳定，又会制约着货币的发行量。所以价格的变动，不仅直接影响其他价值形式的变动，而且也是其他价值形式变动的综合反映。

2. 供求机制

（1）供求机制的定义

供求机制是通过商品、劳务和各种社会资源的供给和需求的矛盾运动来影响各种商品和劳务的均衡以及生产要素组合，使之趋于均衡的机制。供求机制通过供给与需求之间在不平衡状态时所形成的各种商品的市场价格，并借助于价格、市场供给量和需求量等市场信号来调节社会生产和需求，最终实现供求之间的基本平衡。所以，供求机制是在商品的供求关系与价格、竞争等因素之间相互制约和联系中发挥作用的，而在完全竞争市场和不完全竞争市场中供求机制发挥作用的方式是不同的。

供求机制是市场机制的主体,供求联结着生产、交换、分配、消费等环节,是生产者与消费者关系的反映与表现。市场中的供求关系受价格和竞争等因素的影响,而供求关系的变动,又能引起价格的变动和竞争的开展。供求运动是市场内部矛盾运动的核心,其他要素(如价格、竞争、货币流通等)的变化都围绕着供求变动而展开。企业的成长与发展往往受到供求机制影响,其既是产品市场的供应者,又是生产资料市场的需求者,可以充分利用市场需求来调整自身的经营方向、战略、产品、技术、营销等,是企业抓住机遇、避开威胁的重要内容。

(2)供求机制的功能和作用

①供求机制的功能。供求机制对社会经济的运行和发展具有重要功能,主要是调节功能。供求机制可以调节商品的价格,调节商品的生产与消费的总量和方向;供求结构的变化能够调节生产结构和消费结构的变化。

②供求机制的作用。供求机制起作用的条件是,供求关系能够灵活地变动,供给与需求背离的时间、方向、程度应当是灵活而适当的,不能将供求关系固定化。供求关系在不断的变动中取得相对的平衡,是供求机制作用的实现形式。

供求机制的直接作用表现为以下四个方面:

第一,调节总量平衡。供不应求时,价格上涨,从而吸引更多企业增加供给;供过于求时,一部分商品的价值得不到实现,迫使部分滞销企业压缩或退出生产。

第二,调节结构平衡。供求机制通过"看不见的手"使生产资料和劳动力在不同部门之间合理转移,追求更高的效益,从而导致经济结构的平衡运动。

第三,调节地区之间的平衡。供求机制促使各个地区调剂余缺,互通有无,使地区之间的商品、劳务得以平衡。

第四,调节时间上的平衡。供求机制促使部分劳动者从事跨季节、跨时令的生产经营活动(如温室种植、跨季节仓储等),在一定程度上满足了市场需求,缓解了供求在时间上的矛盾。

(3)供给、供给量和影响因素

①供给。供给与供给员是两个不同的概念。供给是指生产者(厂商)在一定市场上在某一特定时期内,在一定价格水平上愿意并且能够提供的商品数量。供给强调的是在价格不变的条件下,非价格因素对供给量的影响,作为供给必须是供给欲望(出售商品的欲望)和供给能力(有供应商品的能力)的统一,缺少任何一个条件都不能成为供给。供给指既有供给欲望又有供给能力的有效供给,缺少这两个条件中任何一个都不能算作供给。供给是商品或服务的供给,它取决于生产。在供给曲线图中,供给是指整个供给曲线。

②供给量。供给量是指厂商(生产者)在一定时期内,当非价格因素不变时,在不同价格水平上愿意并且能够提供的商品数量。供给量强调的是在收入等非价格因素不变的条件下,价格因素对供给量的影响。供给量通常指厂商愿意并且能够提供的商品数量,而不是指他实际上销售的数量,供给量是需求曲线上的一点。

③影响供给的因素。一种商品的供给数量是由许多因素决定的，它们对商品供给数量的影响如下：

第一，商品的自身价格。一般说来，一种商品的价格越高，供给量就越大。相反，商品的价格越低，供给量就越小。

第二，相关商品的价格。相关商品是指互补品和替代品。当一种商品的价格提高，其互补品的供给量就会增加；相反，价格降低，其互补品的供给量就会减少。当一种商品的价格提高，其替代品的供给量就会减少。相反，价格降低，其替代品的供给量就会增加。例如，当玉米的价格不变而小麦的价格上升时，小麦的耕种面积就会增加，而玉米的耕种面积就会随之减少。

第三，生产要素的价格。在商品自身价格不变的条件下，生产成本增加会减少利润，从而使商品的供给量减少。相反，生产成本下降会增加利润，从而使商品的供给量增加。

第四，生产的技术水平。在一般情况下，生产技术水平提高可以降低生产成本，会增加利润，从而使商品的供给量增加。相反，生产技术水平降低，会使商品的供给量减少。

第五，政府的政策。例如，赋税政策、价格政策、分配政策、产业政策、货币政策等都会影响到厂商的生产，从而影响到商品的供给。

第六，厂商的预期。当生产者预期某种商品的价格在下一期会上升时，就会在制订生产计划时增加对该商品的供给量。当生产者预期某商品的价格在下一期会下降时，就会在制订生产计划时减少对该商品的供给量。

在现实中，影响供给的因素比影响需求的因素复杂得多，主要是因为在不同的时期、不同的市场、不同的地点（或区位）多种因素都影响着生产。影响供给的各种因素，既影响供给又影响供给量。

（4）需求、需求量和影响因素

除了供给外，需求是供求机制的另一个关键因素。

①需求。需求是指消费者在一定时期内和一定市场上，在一定价格水平上愿意并能够购买的商品或服务的数量。需求这个概念涉及两个变员，即该商品的销售价格和与该价格相应的人们愿意并且有能力购买的数量。需求强调的是在价格不变的条件下，非价格因素对需求量的影响，作为需求必须是购买欲望和支付能力的统一，缺少任何一个条件都不能成为需求。所以需求是指既有购买欲望又有购买能力的有效需求。缺少这两个条件中任何一个都不能算作需求，而只是潜在需求。所以，经济学所关心的需求不仅是消费者所想要的，而且是在他们的预算约束所限定的支出和各种商品价格已知的条件下所选择购买的。在需求曲线图中，需求是指整个需求曲线。

②需求量。需求量与需求是两个不同的概念。需求量是指居民在一定时期内，在不同价格水平上愿意并且能够购买的商品数量。需求量强调的是在收入等非价格因素不变的条件下，价格因素对需求量的影响。需求量通常指消费者愿意或打算购买的数量，而不是指消费者实际上购买的数量，需求量是需求曲线上的一点。

③影响需求的因素。一种商品的需求数量是由许多因素决定的,它们对商品需求数量的影响如下:

第一,商品的本身价格。一般说来,一种商品的价格越高,该商品的需求量就会越小。相反,价格越低,需求量就会越大。

第二,相关商品的价格。当一种商品本身的价格保持不变,而和它相关的其他商品的价格发生变化时,这种商品本身的需求量也会发生变化。当一种商品的价格提高,其互补品的需求量就会减少。相反,价格降低,其互补品的需求量就会增加,如钢笔和墨水。当一种商品的价格提高,其替代品的需求量就会增加。相反,价格降低,其替代品的需求量就会减少。如当大米的价格不变而面粉的价格上升时,面粉的需求量会减少,而其替代品大米的需求量就会增加。

第三,消费者的收入水平。对于多数正常商品来说,当消费者的收入水平提高时,就会增加对商品的需求量。相反,当消费者的收入水平下降时,就会减少对商品的需求量。

第四,消费偏好。由于广告宣传、新产品出现等原因,消费者的偏好可能发生变化,从而影响商品的需求量。当消费者对某种商品的偏好程度增强时,该商品的需求量就会增加。相反,偏好程度减弱,需求量就会减少。

第五,政府的政策。政府是鼓励消费还是抑制消费也会影响需求量。在目前全球金融危机的条件下,各国政府都采取了刺激消费需求的政策。

第六,消费者对商品的价格预期。当消费者预期某种商品的价格在下一期会上升时,就会增加对该商品的现期需求量。当消费者预期某商品的价格在下一期会下降时,就会减少对该商品的现期需求量。

在现实中,影响需求的各种因素既影响需求又影响需求量。

(5)供求关系的两种情况:供求平衡和供求失衡

把需求和供给结合在一起分析,就可以研究完全竞争条件下供求关系的两种情况:供求平衡和供求失衡。

①供求平衡,也叫作供求均衡。均衡的概念引自物理或机械学,表示两种不同方向的力在某点相交并在该点实现平衡。在经济学中,均衡是指经济中各种对立的、变动着的力量处于一种力量相当、相对静止、不再变动的状态。当人们把某种商品的供给曲线和需求曲线置于同一坐标系内时,就会出现均衡点。

在同一坐标系内,需求曲线和供给曲线相交时,表示生产者愿意供给的数量和消费者愿意买进的数量恰好相等,且生产者愿意出卖的价格和消费者愿意支付的价格恰好相等,这时价格将在这个高度固定下来,不再有变动的趋势,市场达到均衡状态,称为市场均衡。达到均衡时的市场也称为出清市场。在需求状况和供给状况为已知和确定条件不变的前提下,能够得出均衡价格和均衡产(销)量。均衡价格是指生产者愿意出卖的价格和消费者愿意支付的价格相等,且生产者愿意供给的数量和消费者愿意买进的数量也同时恰好相等时的价格。均衡价格也称为市场出清价格,意味着所有供给和需求的订单都已经完成,账面上已经出清，需求者和供给者都得到了满足。在平面坐标图（图2-1）上表现为需求曲线和供给曲线相交时所对应的价格。均衡价格时所对应的产（销）量，或在平面坐标图上需求曲线和供给曲线相交时所对应的产（销）量，叫均衡产（销）量。均衡产（销）量意味着市场上不存在短缺和过剩。

②供求失衡是指供给大于需求，或供给小于需求两种情况。在供给大于需求时，往往会导致商品价格下跌，生产者减少产量或退出该商品生产；在供给小于需求时，商品的价格会上升，会吸引其他生产者加入或使原有的厂商增加产量。

在理解供求平衡和供求失衡时一定要注意以下四点：

第一，供给价格等于需求价格时的供给量和需求量不一定相等，如图2-2所示。

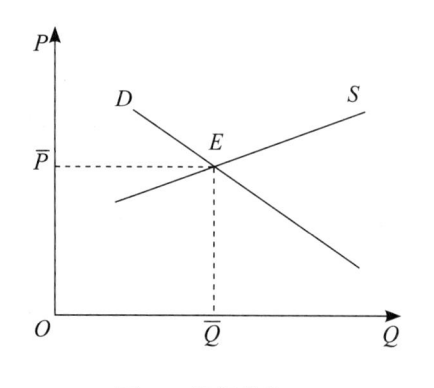

图2-1 均衡价格

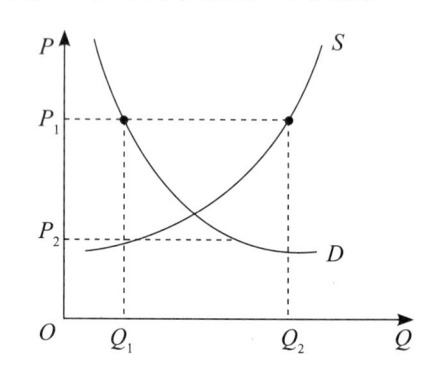

图2-2 供给价格等于需求的价格时的供求失衡

在图2-2中，供给价格和需求价格都是P_1的情况下，需求量为Q_1，而供给量为Q_2，供给量大于需求量，即$Q_2 > Q_1$。两者不相等，出现了供求失衡。

第二，供求平衡是指经济中各种对立的、变动着的力量相当，相对静止、不再变动的状态。这种状态只是暂时的，如果有其他的力量使之偏离均衡状态，则会有其他的力量使之恢复到均衡，这种运动状态是经常的。

第三，决定供求平衡的是需求与供给。在完全竞争的市场条件下，供求平衡完全是由需求与供给决定的，而且二者的作用不分主次，任何一方的变动都会影响到供求平衡。

第四，市场上各种商品的供求平衡是最后的结果，其形成过程是在市场的背后自发地进行的。

3. 竞争机制

（1）竞争与完全竞争

①竞争。经济学上的竞争是指经济主体在市场上为实现自身的经济利益和既定目标而不断进行的角逐过程。竞争法中的竞争是指市场经济活动主体为了自己的最大利益而以其他竞争者为竞争对手所进行的争取交易机会和市场的行为。

②竞争的类型。竞争包括买者和卖者双方之间的竞争，也包括买者之间和卖者之间的竞争。经济学家以该行业所包含的厂商数目的多寡和一个行业的各厂商所生产产品之间相

互替代程度的大小为标准，把市场分为完全竞争、垄断竞争、寡头垄断和完全垄断四种类型。完全竞争和完全垄断是两个极端，从完全竞争到完全垄断，竞争的成分越来越少，垄断的成分越来越多。垄断竞争和寡头垄断是介于这两个极端之间的状态，是竞争与垄断不同程度的结合，又称不完全竞争或不完全垄断市场。

③完全竞争的特点。完全竞争又称纯粹竞争，是指一种竞争不受任何阻碍、干扰和控制的市场结构。这种不受任何阻碍和干扰的含义是不存在垄断现象和不受政府影响。

完全竞争市场是研究其他类型市场结构的参照点，它具有以下严格的条件。

第一，大量的买者和卖者。市场上有许多生产者与消费者，并且每个生产者和消费者的规模都很小，即任何一个市场主体所占的市场份额都极小，都无法通过自己的行为来影响市场价格和市场的供求关系。他们在决策时都不考虑行业中其他厂商的行为或反映，都认为市场价格与他们自己的产址不相关，因而每个主体都是既定市场价格的接受者，而不是决定者。一方面，任何将产品价格提升到市场价格以上的厂商都会立刻发现他的产品卖不出去；另一方面，厂商没有动力将价格定在市场价格以下，因为在当前价格下厂商就可以卖出所有他想卖掉的产品。

第二，同质品。市场的产品是同质的，即不存在产品差别。产品差别是指同种产品在质量、包装、牌号或销售条件等方面的差别，不是指不同种类产品之间的差别。例如，创维彩电与长虹彩电的差别，而不是彩电与空调的差别，因此，厂商不能凭借产品差别对市场实行垄断。完全竞争市场上产品的同质性在于消费者无法区分厂商之间的产品，厂商对供给者也是漠不关心的。

第三，自由进入和退出。不断变化的市场状况的调整要求各种资源都可以完全自由流动而不受任何限制。任何一个厂商可以按照自己的意愿自由地扩大或缩小生产规模，进入或退出某一完全竞争的行业，这种调整的发生不需要厂商承担特别的成本。

第四，完全信息。市场信息是畅通的，厂商与居民双方都可以获得做经济决策时所需要的完备的市场供求信息，双方不存在相互欺骗。消费者知道每个厂商的产品价格和产量，厂商知道生产函数和所有投入及产出的价格。

第五，无交易成本。交易成本就是运用市场的成本，如合同的谈判和监督成本。在完全竞争市场中，对买者或卖者来说交易成本都是零。

具备上述条件的市场叫完全竞争市场。在现实中很少存在这样的市场结构，比较符合条件的有农产品市场和没有大户操纵的证券市场。但是，分析完全竞争市场的厂商行为具有十分重要的理论意义，它是一个重要的参照点，是研究其他市场结构的基础。

（2）竞争机制的定义

竞争机制是市场机制的重要内容之一，是商品经济活动中优胜劣汰的手段和方法。竞争机制是指在市场经济中，各个经济行为主体之间为了自身的利益而通过价格竞争或非价格竞争，按照优胜劣汰的法则来调节市场运行，并由此形成经济内部的必然联系和影响。竞争机制反映了竞争与供求关系、价格变动、资金和劳动力流动等市场活动之间的有机联系，它是企业形成活力和发展的动力，能够促进生产和使消费者获得更大的实惠。

竞争机制同价格机制和信贷利率机制等紧密结合，共同发生作用。竞争的主要手段表现为：在同一生产部门内部，主要是价格竞争，以较低廉的价格战胜对手；在部门之间，主要是资金的流入或流出，资金由利润率低的部门流向利润率高的部门。

（3）竞争机制发挥作用的前提条件

竞争机制发挥作用是有一定前提条件的，一般来说主要有三点。

第一，商品的生产者和经营者是独立的经济实体，而不是行政机关的附属物。只有在生产者和经营者有权根据市场状况去决定自己生产方向的变动、生产规模的扩大和缩小、投资规模和方向的情况下，竞争才能展开。

第二，承认商品生产者和经营者在竞争中所获得的相应利益。只有承认经济利益，才能使竞争者具有主动性和积极性，才具有竞争的内在动力。

第三，要有竞争所必需的环境，关键是要有一个结构配套、功能齐全的市场体系。只有在这样的环境中，商品和资金流通才不会受阻，竞争才能正常展开。

（4）竞争机制的作用

竞争机制对市场经济的运行和发展具有重要作用，体现在以下几个方面：

第一，使商品的个别价值转化为社会价值，商品的价值表现为价格，从而使价值规律的要求和作用得以贯彻和实现。

第二，可以促使生产者改进技术，改善经营管理，提高劳动生产率。

第三，可以促使生产者根据市场需求来组织和安排生产，使生产与需求相适应。完善的竞争机制，实行优胜劣汰，这是竞争机制充分发挥作用的标志。

4. 风险机制

（1）风险的定义与种类

①风险的定义。风险是从事某项事业时可能对目标的实现产生影响的事情发生的不确定性，包括正面效应和负面效应的不确定性。从经济角度而言，前者为收益，后者为损失。在经济社会中，风险是普遍存在的。在生产中，由于供求关系难以预料的变动，自然灾害、政治动乱以及其他偶然事件的影响，不但会使生产存在着风险，而且并不是所有的风险都可以用保险的方法加以弥补。一项决策既可能带来超额利润，也可能出现亏损，承担风险就需要获得报酬。

风险是客观存在的，是不以人的意志为转移的，它的存在与客观环境及一定的时空条件有关，并伴随着人类活动的开展而存在，没有人类的活动，也就不存在风险。社会中既充满了不确定性，许多具有风险的生产或事业也是社会所需要的。这些风险都需要有人承担，因此由承担风险而产生的超额利润也是合理的，可以作为社会保险的一种形式。

风险是由风险因素、风险事故和损失三个基本要素构成的。风险因素是指引起或增加风险事故发生的机会或扩大损失幅度的原因和条件。风险是事故发生的潜在原因，是造成损失的内在的或间接的原因，通常根据性质可分为实质风险因素、道德风险因素和心理风险因素三种类型。风险事故是造成生命财产损失的偶发事件,又称风险事件,是损失的媒介,是造成损失的直接的或外在的原因,即风险只有通过风险事故的发生,才能导致损失。损失是指故意的、非预期的和非计划的经济价值的减少,包括直接损失和间接损失,前者是实质的、直接的损失;后者包括额外费用损失、收入损失和责任损失。

②风险的种类。风险的分类方法有很多,可以按照不同的标志加以分类。

第一,按风险损害的对象分类。

财产风险:是导致财产发生毁损、灭失和贬值的风险。如房屋有遭受火灾、地震的风险,机动车有发生车祸的风险,财产价值因经济因素有贬值的风险。

人身风险:是指因生、老、病、死、残等原因而导致经济损失的风险。例如,因为年老而丧失劳动能力或由于疾病、伤残、死亡、失业等导致个人、家庭经济收入减少,导致家庭经济困难。生、老、病、死虽然是人生的必然现象,但在何时发生并不确定,一旦发生,将给其本人或家属在精神和经济生活上造成困难。

责任风险:是指因侵权或违约,依法对他人遭受的人身伤亡或财产损失应负有赔偿责任的风险。例如,汽车撞伤了行人,如果属于驾驶员的过失,那么按照法律责任规定,就须对受害人或家属给付赔偿金。又如,根据合同、法律规定,雇主对其雇员在从事工作范围内的活动中造成的身体伤害所应承担的经济给付责任。

信用风险:是指在经济交往中,权利人与义务人之间,由于一方违约或犯罪而造成对方经济损失的风险。

第二,按风险的性质分类。

纯粹风险:是指只有损失可能而无获利机会的风险,即造成损害可能性的风险。其所致结果有两种,即损失和无损失。例如,交通事故只有可能给人民的生命财产带来危害,而决不会有利益可得。在现实生活中,纯粹风险是普遍存在的,如水灾、火灾、疾病、意外事故等都可能导致巨大损害。但是,这种灾害事故何时发生,损害后果多大,往往无法事先确定,于是,它就成为保险的主要对象。人们通常所称的"危险",也就是指这种纯粹风险。

投机风险:是指既可能造成损害,也可能产生收益的风险,其所致结果有三种:损失、无损失和盈利。例如,有价证券,证券价格的下跌可使投资者蒙受损失,证券价格不变无损失,但是证券价格的上涨却可使投资者获得利益。赌博、市场风险等风险都带有一定的诱惑性,可以促使某些人为了获利而甘冒这种损失的风险。在保险业务中,投机风险一般是不能列入可保风险之列的。

收益风险:是指只会产生收益而不会导致损失的风险,例如,接受教育虽然可使人终身受益,但教育对受教育者的得益程度是无法进行精确计算的,而且,这也与不同的个人因素、客观条件和机遇有密切关系。对不同的个人来说,虽然付出的代价是相同的,但其收益可能是大相径庭的,这也可以说是一种风险,有人称之为收益风险,这种风险当然也不能成为保险的对象。

第三，按损失的原因分类。

自然风险：是指由于自然现象或物理现象所导致的风险，如洪水、地震、风暴、火灾、泥石流等所致的人身伤亡或财产损失的风险。

社会风险：是由于个人行为反常或不可预测的团体的过失、疏忽、侥幸、恶意等不当行为所致的损害风险，如盗窃、抢劫、罢工、暴动等。

经济风险：是指在产销过程中，由于有关因素变动或估计错误而导致的产量减少或价格涨跌的风险等，如市场预期失误、经营管理不善、消费需求变化、通货膨胀、汇率变动等所致经济损失的风险等。

技术风险：是指伴随着科学技术的发展、生产方式的改变而发生的风险，如核辐射、空气污染、噪声等风险。

政治风险：是指由于政治原因，如政局的变化、政权的更替、政府法令和决定的颁布实施，以及种族和宗教冲突、叛乱、战争等引起社会动荡而造成损害的风险。

法律风险：是指由于颁布新的法律和对原有法律进行修改等原因而导致经济损失的风险。

第四，按风险涉及的范围分类。

特定风险：是指与特定的人有因果关系的风险。即由特定的人所引起，且损失仅涉及个人的风险。例如，盗窃、火灾等都属于特定风险。

基本风险：是指其损害波及社会的风险。基本风险的起因及影响都不与特定的人有关，至少是个人所不能阻止的风险。例如，与社会或政治有关的风险，与自然灾害有关的风险，都属于基本风险。

特定风险和基本风险的界限，对某些风险来说，会因时代背景和人们观念的改变而有所不同。如失业，过去被认为是特定风险，而现在被认为是基本风险。

（2）风险机制的定义

风险机制是市场机制的基础机制，是市场活动中同企业盈利、亏损和破产之间相互联系和作用的机制。风险机制是指利用风险、竞争及供求共同作用的原理，以获得利益为动力和以破产为压力，作为一种外在压力与竞争机制同时作用于市场主体，以调节市场供求的机制。风险机制在产权清晰的条件下，对经济发展发挥着至关重要的作用。

风险机制是市场运行的约束机制。风险机制以竞争可能带来的亏损乃至破产的巨大压力，鞭策市场主体努力改善经营管理，增强市场竞争实力，提高自身对经营风险的调节能力和适应能力。风险与竞争密不可分，没有竞争就不会有风险，没有风险也不需要竞争。竞争存在着风险，风险预示着竞争，两者密不可分，以至于有时人们把它们合在一起，统称为风险竞争机制。

（3）风险机制的要素构成

在市场经济中，风险机制主要是指经济风险机制，经济风险机制的构成要素主要有风险成本、风险选择和风险障碍。风险成本是指投入冒险的成本。任何经济风险都同风险成本联系在一起，没有风险成本的经济风险是不存在的。风险选择是指人们所选择的经济行为在目标、手段和行为方式上存在的风险威胁。在实际经济生活中，人们往往选择经济风险小的经济活动。但风险的大小与收益是成正比的，因此，为获得更大的利益，必须选择风险大的经济活动。风险障碍是指人们做出风险选择时以某种形式给人们的社会利益造成的威胁和伤害的因素，风险选择必须有风险障碍。

（4）风险机制的作用条件

在实际经济生活中，风险机制起作用的条件有两个：一是企业承担投资风险和经营风险；二是实行破产制度。破产制度是风险机制的最高作用形式，因而是风险机制运行最关键的条件。破产的正效应是使亏损企业停止生产，将这些企业使用的资源释放出来，投入效率更高的其他生产中去；同时，破产对人们具有教育作用，它迫使市场主体相互监督，从而提高整个经济体系利用资源的效率。破产的负效应是使一些劳动者失业，使债权人只能收回部分款项。

5. 激励机制

（1）激励的概念、特点和要素

①激励的概念。激励是创新的动力机制。激励的原意是指人在外部条件刺激下出现的心理紧张状态。管理中的激励，是指管理者运用各种管理手段，刺激被管理者的需要，激发其动机，使其朝向所期望的目标前进的心理过程。激励的最主要作用是通过动机的激发，调动被管理者工作的积极性和创造性，自觉自愿地为实现组织目标而努力，即其核心作用是调动人的积极性。

②激励的特点。激励具有内在驱动性和自觉自愿性的特点。由于激励起源于人的需要，是被管理者追求个人需要满足的过程，因此，这种实现组织目标的过程，不带有强制性，而是完全靠被管理者内在动力驱使的、自觉自愿的过程。

③激励要素。构成激励的要素主要包括动机、需要、外部刺激和行为。

（2）激励理论的类型

激励理论主要研究人动机激发的因素、机制与途径等问题。心理学家和管理学家进行了大量研究，形成了一些著名的激励理论。这些理论大致可划分为三类。

第一，内容型激励理论。该理论重点研究激发动机的诱因，主要包括马斯洛的"需求层次理论"、赫茨伯格的"双因素论"、麦克莱兰的"成就需要激励理论"等。

第二，过程型激励理论。该理论重点研究从动机的产生到采取行动的心理过程，主要包括弗鲁姆的"期望理论"、波特和劳勒的"期望模式"、亚当斯的"公平理论"等。

第三，行为改造理论。该理论重点研究激励的目的（即改造、修正行为），主要包括斯金纳的"操作条件反射论"、海利的"归因理论"等。

（3）激励方式与手段

有效的激励，必须通过适当的激励方式与手段来实现。按照激励中诱因的内容和性质，可将激励的方式与手段大致划分为三类：物质利益激励、社会心理激励和工作激励。

①物质利益激励。物质利益激励是指以物质利益为诱因，通过调节被管理者物质利益来刺激其物质需要，以激发其努力实现组织目标的方式与手段。对我国相当一部分收入水平较低的人来说，工资、奖金仍是重要的激励因素。主要包括以下具体形式。

奖酬激励。奖酬包括工资、奖金、各种形式的津贴及实物奖励等，在使用时要注意以下几个问题：设计奖酬机制与体系要为实现工作目标服务，这是奖酬能否发挥激励作用及其作用大小最重要的问题；要确定适当的刺激条件；奖酬要同思想政治工作有机结合。

照顾。管理者对下级在生活上给予关心照顾，是激励的有效形式。照顾不但使下级获得物质上的利益和帮助，而且能让其获得受尊重和归属感上的满足，从而可以产生巨大的激励作用。

处罚。在经济上对员工进行处罚，是一种管理上的负强化，属于一种特殊形式的激励。运用这种方式时要注意：必须有可靠的事实根据和政策依据，令其心服口服；处罚的方式与刺激量要适当，既要起到必要的教育与震慑作用，又不要激化矛盾；也要同深入细致的思想工作结合，注意疏导，化消极为积极，从而让处罚真正起到激励作用。

②社会心理激励。社会心理激励是指管理者运用各种社会心理学方法，刺激被管理者的社会心理需要，以激发其动机的方式与手段。这类激励方式是以人的社会心理因素作为激励的诱因。主要包括以下一些具体形式。

目标激励。即以目标为诱因，通过设置适当的目标，激发动机，调动积极性的方式。可用以激励的目标主要有三类：工作目标、个人成长目标和个人生活目标，其具体做法是：首先，尽可能增大目标的效价。一是要选择下级感兴趣、高度重视的内容，使所选择的目标尽可能多地满足下级的需要。二要使目标的实现与奖酬或名誉、晋升挂钩，加大目标实现的效价。三要做好说明、宣传工作，使下级能真正认识到目标的社会心理价值及其实现所带来的各种利益。其次，增加目标的可行性。只有通过努力能够实现的目标，才能真正起激励作用。

教育激励。这是通过教育方式与手段，激发动机，调动下级积极性的形式，具体包括政治教育和思想工作两种方式。

表扬与批评。表扬与批评是管理者经常运用的激励手段。要讲究表扬与批评的艺术，因为它将直接关系到表扬与批评的效果。表扬与批评主要应注意以下几点：坚持以表扬为主、批评为辅；必须以事实为依据；要讲究表扬与批评的方式、时机、地点，注重实际效果；批评要对事不对人；要限制批评的频次，尽量减少批评的次数，否则，就会冲淡教育效果；批评与表扬适当结合。

感情激励。感情激励即以感情作为激励的诱因，调动人的积极性。现代人对社会交往和感情的需要是强烈的，感情激励已成为现代管理中极为重要的调动人的积极性的手段。感情激励主要包括以下几方面内容：在上下级之间建立融洽和谐的关系；促进下级之间关系的协调与融合；营造健康、愉悦的团体氛围，满足组织成员的归属感。

尊重激励。随着人类文明的发展，人们越来越重视被尊重的需要。管理者应利用各种机会信任、鼓励、支持下级，努力满足其尊重的需要，以激励其工作积极性。一是要尊重下级的人格。二是要尽力满足下级的成就感。三是支持下级自我管理，自我控制。

参与激励。参与激励即以让下级参与管理为诱因，调动下级的积极性和创造性。注意以下几点：一是增强民主管理意识，建立参与的机制。二是真正授权于下级，使下级实实在在地参与决策和管理过程。三是有效利用多种参与形式，鼓励全员参与。

榜样激励。榜样激励主要包括以下两方面：一是先进典型的榜样激励。二是管理者自身的模范作用。

竞赛（竞争）激励。人们普遍存在着争强好胜的心理，这是由于人谋求实现自我价值、重视自我实现需要所决定的。要注意以下几方面：一是要有明确的目标和要求，并加以正确的引导。二是竞争必须是公平的。三是竞赛与竞争的结果要有明确的评价和相应的奖励，并尽可能增加竞争结果评价或奖励的效价，以加大激励作用。

③工作激励。按照赫茨伯格的双因素论，对人最有效的激励因素来自工作本身，即满意自己的工作是最大的激励。因此，管理者必须善于调整和调动各种工作因素，搞好工作设计，千方百计地使下级满意自己的工作，以实现最有效的激励。实践中，一般有以下几种途径。

工作适应性。工作的性质和特点与从事工作的员工的条件与特长相吻合，能充分发挥其优势，引起其工作兴趣，从而使员工高度满意于工作。

工作的意义与工作的挑战性。员工怎样看待自己所从事的工作，直接关系到其对工作的兴趣与热情，进而决定其工作积极性的高低。

工作的完整性。人们愿意在工作实践中承担完整的工作。从一项工作的开始到结束，都是由自己完成的，工作的成果就是自己努力与贡献的结晶，从而可获得一种强烈的成就感。

工作的自主性。人们出于自尊和自我实现的需要心理，期望独立自主地完成工作，而自觉不自觉地排斥外来干预，不愿意在别人的指使或强制下被迫工作。

工作扩大化。工作扩大化的具体形式包括以下几种：兼职作业，即同时承担几种工作或几个工种的任务；工作延伸，即前向、后向地接管其他环节的工作；工作轮换，即在不同工种或工作岗位上进行轮换。

工作丰富化。工作丰富化指让员工参与一些具有较高技术或管理含量的工作，即提高其工作的层次，从而使职工获得一种成就感，使其渴望得到尊重的需要得到满足。具体形式包括以下内容：将部分管理工作交给员工，使员工也成为管理者；吸收员工参与决策和计划，提升其工作层次；对员工进行业务培训，全面提高其技能；让员工承担一些较高技术的工作，提高其工作的技术含量等。工作扩大化是指从横向上增加工作的种类，而工作丰富化则是指从纵向上提高工作的层次，两者的作用都在于克服工作的单调乏味，拓展工作的内涵或外延，增加职工的工作兴趣。

及时获得工作成果反馈。人们对于那种工作周期长、长时间看不到或根本看不到工作成果的工作很难有大的兴趣。而对只要有投入，就能看到产出的工作则兴趣较浓。这也是人们成就感的一种反映。在工作过程中，管理者应注意及时测量并评定、公布员工的工作成果，尽可能早地使员工得到工作的反馈。员工如果及时看到他们的工作成果，就会有效地激发其工作积极性，从而促其努力扩大战果。例如，在生产竞赛中及时公布各组的生产进度，会对所有员工产生明显的激励作用。

二、市场机制的功能

要发展市场经济，就必须充分发挥市场机制的功能，使市场机制在资源配置中起基础性作用，市场机制有六大功能。

1. 形成市场价格的功能

商品价值是生产过程中形成的，通过流通实现的。在生产过程中形成的价值，要在市场上通过供求机制和竞争机制的作用，使价值转化为价格，最终形成市场价格。

2. 优化资源配置的功能

市场是以市场价格为信号来配置资源的。市场价格既是市场主体配置资源的基本依据，也是资源配置状况的尺度。市场价格通过不断的变动来实现资源的变动，使资源提高效率，实现资源优化配置。

3. 平衡供求的功能

供求是波动的，供求实际上从来不会一致。市场机制的作用是通过价格、供求和竞争机制的相互作用，调整供求和价格的数量，实现供求和价格在动态中的均衡。

4. 实现经济利益的功能

在市场经济中，商品生产者和经营者虽然是从自身经济利益出发从事生产经营活动的。但商品生产者个人的经济利益是通过市场来实现的。市场主体获得经济利益的多寡，不仅取决于生产，而且取决于市场。不管生产什么、生产多少，都要通过市场来实现。

5. 评价经济效益的功能

市场经济中的各市场经济主体从事经济活动的效果如何，不取决于市场主体本身的主观评价，而取决于市场的客观评价。市场是天生的平等派，只有通过市场机制的检验，才能证明产品是否为社会所需要、是否真有效益，因此，市场是各种社会经济活动的客观评价者。

6. 实现优胜劣汰的功能

市场机制作用的结果，既会使个别成本低于社会成本的商品生产者获得超额利润，从而在竞争中处于优势地位，形成更大发展的内在冲动，又会使生产商品的个别成本大于社会成本的商品生产者产生亏损甚至破产，在竞争中处于劣势，形成被淘汰的压力，从而在整个社会产生优胜劣汰的效应，推动社会经济的发展和水平的提高。

在现代经济中，为了克服市场机制的缺陷，市场机制往往与政府宏观调控结合在一起。

政府对市场机制的宏观调控主要在于弥补市场机制的不足，主要是政府运用宏观调控手段对市场机制的功能进行引导和调节，或政府运用计划等手段配置某些关系国计民生和国家安全的主要资源。

第三节 市场体系

市场经济是以市场机制对经济运行和资源配置起基础作用的经济体制。但是，要使市场机制成为经济运行和资源配置的基础机制，一方面要求各经济主体成为自主经营、自负盈亏的经济实体，能自主地从事生产、销售和收入分配等经济活动；另一方面要求全部经济资源包括人力资源都商品化，以商品的形式进入市场，形成完善的市场体系，通过市场交易实现流动和配置。

一、市场体系的概念和特征

（一）市场体系的含义

市场机制功能的发挥，要以完善的市场体系为基础。所谓市场体系是指以商品市场为主体，包括消费品市场、生产资料市场、金融市场、劳动力市场、房地产市场和技术信息市场等各类市场在内的有机统一体，即以商品市场和生产要素市场组成的相互影响、相互作用的各类型市场的总和。这些要素相互联系、相互制约，是各类市场相互联系的一个有机统一体，共同推动整个社会经济的发展。培育和发展统一、开放、竞争、有序的市场体系，是建立社会主义市场经济体制的必要条件。

（二）市场体系的特征

1. 整体性

市场体系的整体性是指市场体系无论是从构成上，还是空间上均是完整统一的。从市场客体即交换对象角度来看，完整的市场体系既包括各种商品市场，也包括全部生产要素市场；既包括实物商品市场，也包括精神商品（或称知识产品）市场和服务市场；既包括发达的现货交易市场，也包括各种期货市场。从空间角度来看，完整的市场体系是指各种类型的市场在国内地域间是一个整体，不应存在行政分割与封闭状态，全国市场不是彼此分割、封闭的地方市场，而是一个统一的市场，是一个具有广阔空间和复杂结构的整体。部门或地区对市场的分割，会缩小市场的规模，限制资源自由流动，从而大大降低市场的效率。

2. 有机联系性

市场体系不是各种市场的简单组合，而是一个存在着内部分工的有机整体。市场体系中的各个子市场分别承担着不同的经济功能，各自为国民经济的正常运转发挥着作用。各个子市场之间互相联系、相互制约，一个市场上的供求状况会通过价格、工资和利息之间的联系传导到另一个市场。各个市场之间的这种有机联系，使国民经济成为一个有机的统一体。

3. 开放性

市场体系的开放性是指各类市场不仅要对国内开放，而且要对国外开放，把国内市场与国外市场联系起来，尽可能地参与国际分工和国际竞争，并按国际市场提供的价格信号来配置资源，决定资本流动的方向，以达到更合理地配置国内资源和利用国际资源的目的。市场体系不是一种地域性的封闭体系，封闭的市场体系不仅会限制市场的发育，还会影响对外开放和对国际资源的利用。因此，任何分割和封锁市场的做法都是与市场经济的本性不相容的。

4. 动态性

市场体系会随着市场的发展而不断发展和完善，包括市场体系的结构和市场体系的每个构成要素的发展和完善。随着商品经济的不断发展，进入市场交换的生产要素越来越多，由于市场经济中生产要素已经商品化，在商品市场中又派生出各种特殊的市场，如技术市场、信息市场、房地产市场、产权市场等，形成了市场体系。所以，现代意义上的市场体系是不断变化的。

5. 竞争性

市场体系的竞争性是鼓励和保护各种经济主体的平等竞争。公平竞争能创造一个良好的市场环境，以促进生产要素的合理流动和优化配置，提高经济效益。一切行政封闭、行业垄断、不正当竞争等行为都有损市场效率。

6. 有序性

市场体系的有序性是指市场经济作为发达的商品经济，其市场必须形成健全的网络、合理的结构，各类市场都必须在国家法令和政策规范要求下有序、规范地运行。市场无序、规则紊乱是市场经济正常运行的严重阻碍，它会损害整个社会经济运行的效率，容易导致社会经济发展的无序状态。

二、市场体系的构成

市场体系的结构可以从不同的角度来划分。从市场交换的对象来看，它主要包括商品市场和生产要素市场以及其他类型的特殊市场。商品市场是以生产出的产品或服务为交易对象的市场，主要包括消费品市场和生产资料市场。生产要素市场是以生产要素为交易对象的市场，主要包括金融市场（资本市场）、劳动力市场、技术市场、信息市场、房地产市场，其中，生产资料市场兼有生产要素市场的特征，房地产市场兼有商品市场的特征。此外，还有一些不属于上述两类市场的其他类型市场，如旅游市场、娱乐市场、文化市场、运输市场、邮电市场、教育市场等。在整个市场体系中，商品市场是决定和影响其他市场的主体和基础，其他市场都是在商品市场的基础上发展起来的，整个市场体系的运转是以商品市场为中心的。生产要素市场和其他市场对商品市场也有重要的反作用，随着商品经济的不断发展，各种要素市场和其他市场日益活跃，并形成独立的市场分支，对商品市场的发展起着越来越大的作用。

（一）消费品市场

1. 定义

消费品市场是交换用于满足消费者个人生活消费需要以及社会消费需要的商品市场，如食品、服装、日用品等。消费品市场是整个市场体系的基础，所有其他类型的市场都是由它派生出来的。所以，消费品市场是社会再生产中最后的市场实现过程，它体现了社会最终供给与最终需求之间的对立统一关系。

2. 特点

消费品市场具有以下特点。

①广泛性。消费品市场涉及千家万户和社会的所有成员，全社会中的每一个人都是消费者。

②多样性和多变性。消费品市场因社会需求结构、形式的多样性、多变性而呈现出多样性和多变性的特点。

③批量小而频率高。市场交易量不一定很大，但交易次数可能会有很多。

④基础性和反馈性。消费品市场的变化，最终必然会引起初级产品市场和中间产品市场的相应变化。

3. 作用

消费品市场与人们的日常生活息息相关，它体现了社会再生产过程最终的市场实现，反映了消费者最终需求的变化。作为最终产品市场，消费品市场与其他商品市场密切相关，集中反映着整个国民经济的发展状况等。消费品市场的作用包括以下内容。

①资金市场的发展始终受消费品市场的制约，当消费品市场景气时，供给和需求会拉动社会投资增加，进而活跃资金市场。

②消费需求增加和市场交易对象扩大，会进一步刺激供给增加，使生产规模扩大，这也将导致劳动力市场上对劳动力需求的增加。而消费品供给的满足程度，又直接决定了劳动力的质量。

（二）生产资料市场

1. 定义

生产资料市场是交换人们在物质资料生产过程中所需要使用的劳动工具、劳动对象等商品的市场。例如，生产所需的原材料、机械设备、仪表仪器等，都是生产资料市场的客体。

2. 特点

与消费品市场相比，生产资料市场的特点包括以下内容。

①在生产资料市场上所交换的商品大部分是初级产品和中间产品，而不是最终产品。这些商品主要用于生产过程，交换主要是在生产企业之间进行，其流通广度比消费品要小。

②市场交易的参与者是单纯的生产部门，属生产性消费，购买数量大、价值高、专业性强，交易方式多是大宗交易或订货交易，供销关系比较固定。

③生产资料市场需求属于派生性、引致性需求。由于生产资料不是最终产品，而只是为消费品生产提供条件，因此对生产资料需求的规模、种类和数量，取决于社会对于消费品需求的状况。

3. 作用

从生产资料市场的作用看，它集中反映了中间产品和初级产品的供求关系，为各企业生产过程提供物质条件，在社会再生产过程中起着中介作用。生产资料的供求状况集中代表了社会物质资源配置的效率和比例情况。因此，生产资料市场运作得愈是有效率，社会再生产的运行便愈是通畅，作为联结生产资料生产过程和生产资料消费过程的桥梁，其发展意味着社会再生产的扩大。

（三）金融市场

1. 定义

金融市场是资金的供应者与需求者进行资金融通和有价证券买卖的场所，是货币资金借贷和融通等关系的总和。在现实中，金融市场既可以有固定地点和相应的工作措施，也可以没有固定场所，由参加交易者利用电信等手段进行联系洽谈来完成交易。按交易期限划分，通常把经营一年期以内货币融通业务的金融市场称为货币市场，把经营一年期以上中长期资金的借贷和证券业务的金融市场称为资本市场。按照交易标的物不同划分，可分为票据市场、证券市场和黄金市场；按照证券的新旧标准不同进行划分，可分为证券发行市场（一级市场）和证券转让市场（二级市场）；按成交后是否立即交割，可分为现货市场和期货市场。

2. 作用

金融市场作为价值形态与各要素市场构成相互依存、相互制约的有机整体，它的作用主要包括以下几方面。一是通过各种金融资产的买卖交易，为资金供给方和资金需求方提供双方直接接触和多种选择的机会，因而能对资金进行高效率的筹集和分配；二是通过金融市场可以提高金融证券的流动性，使社会融资规模和范围更大，并降低融资成本；三是金融市场的发展，为中央银行运用存款准备金率、再贴现率、公开市场业务等手段进行宏观调控，创造了作用空间和操作条件。中央银行可根据金融市场灵敏反映市场资金供求的经济金融信息，制定正确的货币政策，以确定货币供应量和信贷规模，保证重点建设资金需要，促进经济结构的调整。

（四）劳动力市场

1. 定义

劳动力市场是交换劳动力的场所，即具有劳动能力的劳动者与生产经营中使用劳动力的经济主体之间进行交换的场所，是通过市场配置劳动力的经济关系的总和。劳动力市场交换关系表现为劳动力和货币的交换。

2. 特点

劳动力市场与一般商品市场相比具有以下特点。一是以区域性市场为主。劳动力市场和其他商品市场一样，也应是全国统一的市场。但是，由于社会生产力在各地区发展水平不平衡，原始手工业、传统的大机器和现代技术产业并存，劳动力的素质相差悬殊，职业偏见的存在，再加上地区分割等，阻碍了劳动力在全国范围流动，大多数只能在区域内运转，只有少数高科技人才可在全国范围内流通，从而形成的主要是区域性市场。二是进入劳动力市场的劳动力范围是广泛的，一切具有劳动能力并愿意就业的人都可以进入劳动力市场。我国由于劳动力资源丰富，随着科技进步、劳动生产率不断提高，以及经济体制改革的进行，农村出现剩余劳动力，加上国有企业和国家机关的富余人员，因而在一个相当长的时间里，我国劳动力供大于求，形成买方市场。三是劳动力的合理配置主要是通过市场流动和交换实现的，市场供求关系调节着社会劳动力在各地区、各部门和各企业之间的流动；劳动报酬受劳动力市场供求和竞争的影响，劳动力在供求双方自愿的基础上实现就业。劳动力的市场配置行为，不可避免地会出现劳动者由于原有的劳动技能不能适应新的经济结构的变化而产生的结构性失业现象。

3. 作用

第一，对劳动力质量进行评价。劳动力的质量可以通过劳动力价格反映出来，综合反映了供求双方的意愿，是客观的、公平的。第二，实现劳动力资源的合理配置。建立劳动力市场是市场经济条件下实现人力资源优化配置的有效手段。劳动力市场的作用是调节劳动力的供求关系，使劳动力与生产资料的比例相适应，实现劳动力合理配置，使企业提高劳动生产率和经济效益，保证社会再生产的正常进行。第三，促使劳动者不断提高自身的业务素质。劳动者能否在有限的工作岗位的竞争中获胜以及取得报酬的多少，主要取决于本人的业务素质的高低。

（五）房地产市场

1. 定义

房地产市场是从事地产和房产交易活动的市场，具体分为地产市场与房产市场。地产市场主要是进行土地使用权的交易和转让，房产市场主要是进行房屋的交易和转让。

2. 特点

房地产市场的特点包括以下几个内容。一是经营对象具有地域性，并且是非流动性商品。二是房地产价格具有上浮性。随着经济的发展，建筑地段级差地租不断上涨，从而促进土地使用权价格上升，房屋价格也随之上升。三是具有垄断性。因为土地是有限的，优等地更有限，这就导致土地使用权的垄断。

3. 作用

发展房地产市场有利于促进住宅商品化和土地有偿使用，有利于缓解需求大于供给的矛盾，提高土地利用率，防止国有资产价值流失，并可为建筑技术、建材工业及其他相关行业的发展提供广阔前景。

（六）技术市场

1. 定义

技术市场所交换的商品是以知识形态出现的。技术商品是一种特殊的商品，有多种表现形式，如软件形式（程序、工艺、配方、设计图等）、咨询、培训等服务形式，以及买方需要的某种战略思想、预测分析、规划意见、知识传授等都可构成技术商品。

2. 特点

技术市场的特点包括以下内容。

①技术商品是知识商品，它以图纸、数据、技术资料、工艺流程、操作技巧、配方等形式出现。

②技术商品交易实质是使用权的转让。

③技术商品转让形式特殊，往往通过转让、咨询、交流、鉴定等形式，直到买方掌握了这项技术，交换过程才完成。

④技术商品价格确定比较困难，价格往往由买卖双方协商规定。

3. 作用

技术市场在我国经济发展中具有重要作用。技术市场同科技经济发展之间存在着良性循环的关系；能促进科技成果迅速转化为现实的生产力；有利于科研与生产的密切结合；能促进科技人员合理流动，优化科技人才的合理配置，有利于减少人才资源的浪费。

（七）信息市场

1. 定义

信息是事物的内容、形式、事物之间的联系及其发展变化的反映，它一般表现为信号、消息、情报、科研成果、资料等。信息市场是指信息商品交换、流通的场所或领域及信息交换关系的总和。信息市场上流通的信息具有商品属性，这不仅限于经济信息，还包括其他各种信息。只要以商品的形式存在，就可以进入信息市场进行交换。

2. 特点

信息商品的特殊性决定了信息市场的特点，表现为以下几种特点。一是交易活动具有多次性。由于信息交易并不是让渡所有权而是使用权，因此，同一信息商品可以在其有效时间内多次、反复出卖。二是交换具有间接性。需求者不一定通过直接交换方式获得信息，而是可以通过广播、电视、报刊等获得信息。三是交易具有很强的时效性，随时间的推移和条件的变化，其使用价值会失效。

3. 作用

信息市场的发展、信息的商品化，对社会经济的发展起着明显而重要的作用。一是为社会生产和流通提供大量有效的信息资源，有利于促进经济发展。二是为企业提供必要的市场需求信息，有利于提高企业的竞争能力和应变能力。三是为消费者提供有关商品供应信息，是促进销售的有力手段。信息市场发挥着中介作用，是沟通产、供、销的桥梁，信息是企业经营管理的重要资源。

第四节 现代企业制度

一、企业的概念、特征和类型

（一）企业的概念

所谓企业，是指从事商品生产、商品流通或服务性经济活动，实行独立核算，以盈利为目的，依法成立的经济组织。

（二）企业的一般特征

不同类型的企业，都有反映其各自特殊性的某些特征。但凡企业，都具有反映其共性的一般特征。

1. 经济性

企业是经济组织，它在社会中所从事的是经济活动，以谋求利润为目的。企业的经济性是它区别于从事非经济活动的政府机关、政治组织、事业单位、群众组织和学术团体等非经济组织的最本质的特征。

2. 社会性

企业是一个社会组织。从商品生产角度看，企业所从事的生产经营活动是社会化大生产的一个组成部分，企业是社会经济系统中的一个子系统，它与其他子系统发生着广泛的经济联系；从企业与社会其他各部门、各单位的非经济关系看，它既依赖于社会的进步和所在国家的富强，也依赖于政府对社会的管理，它从属于一定的政治、经济和社会体系，必然要承担一定的社会责任。

3. 独立自主性

企业是独立自主从事生产经营活动的经济组织，在国家法律、政策允许的范围内，企业的生产经营活动不受其他主体的干预。法人企业的独立自主性在法律上表现为财产独立、核算独立、经营自主，并以自己独立的财产享有民事权利和承担民事责任。

4. 竞争性

企业既是市场中的经营主体，也是竞争主体。竞争是市场经济的基本规律。企业是需要在竞争中求得生存的，市场竞争的结果是优胜劣汰，企业要生存，要发展，就必须在竞争中取胜。

（三）企业的类型

从不同的角度，按照不同的标准可将企业划分成不同的类型。

1. 按企业资产的所有制性质分类

这是我国过去常用的一种分类方法。按照企业资产的所有制性质可将企业分成以下几种类型。

①国有企业，也称全民所有制企业。国有企业的全部生产资料和劳动成果归全体劳动者所有，或归代表全体劳动者利益的国家所有。在计划经济体制下，我国的国有企业全部由国家直接经营。

②集体所有制企业，简称集体企业。在集体企业里，企业的全部生产资料和劳动成果归一定范围内的劳动者共同所有。

③私营企业，这是指企业的全部资产属私人所有的企业。我国《私营企业暂行条例》规定："私营企业是指企业资产属于私人所有，雇工8人以上的营利性经济组织。"

④混合所有制企业，这是指具有两种或两种以上所有制经济成分的企业，如中外合资经营企业、中外合作经营企业，以及国内具有多种经济成分的股份制企业等。

中外合资经营企业是由外国企业、个人或其他经济组织与我国企业共同投资开办、共同管理、共担风险、共负盈亏的企业。中外合作经营企业是由外国企业、个人或其他经济组织与我国企业或其他经济组织共同投资或提供合作条件在中国境内共同举办，以合同形式规定双方权利和义务关系的企业。

2，根据企业制度的形态构成分类

这是国际上对企业进行分类的一种常用方法。按此方法可将企业分成业主制企业、合伙制企业和公司制企业。

（1）业主制

这一企业制度的物质载体是小规模的企业组织，即通常所说的独资企业。在业主制企业中，出资人既是财产的唯一所有者，又是经营者。企业主可以按照自己的意志经营，并独自获得全部经营收益。这种企业形式一般规模小，经营灵活。正是这些优点，使业主制这一古老的企业制度一直延续至今。但业主制也有其缺陷，如资本来源有限，企业发展受限制；企业主要对企业的全部债务承担无限责任，经营风险大；企业的存在与解散完全取决于企业主，企业存续期限短等。因此，业主制难以适应社会化商品经济的发展和企业规模不断扩大的要求。

（2）合伙制

这是一种由两个或两个以上的人共同投资，并分享剩余、共同监督和管理的企业制度。合伙企业的资本由合伙人共同筹集，扩大了资金来源；合伙人共同对企业承担无限责任，可以分散投资风险；合伙人共同管理企业，有助于提高决策能力。但是合伙人在经营决策上也容易产生意见分歧，合伙人之间可能出现道德风险。所以，合伙制企业一般都局限于较小的合伙范围，以小规模企业居多。

（3）公司制

现代公司制企业的主要形式是有限责任公司和股份有限公司。公司制的特点是公司的资本来源广泛，使大规模生产成为可能；出资人对公司只负有限责任，投资风险相对降低；公司拥有独立的法人财产权，保证了企业决策的独立性、连续性和完整性；所有权与经营权相分离，为科学管理奠定了基础。

对公司制企业可以按照公司的法定分类进一步划分为以下四类。

无限责任公司是指由两个以上的股东组成，其全体股东对公司的债务承担连带无限清偿责任的公司。

有限责任公司是指由法定数量的股东出资设立，各股东仅以出资额或以出资额以外另加的担保额为限对公司债务负清偿责任的公司。有限责任公司不能对外发行股票，股东只有一份表示股份份额的股权证书。

两合公司是指由两类股东组成，其中一类股东对公司的债务承担有限责任，另一类股东对公司债务承担无限责任的公司。

股份有限公司是指由一定数量（我国公司法规定为最少为2个）的股东出资设立，全部资本分为均等股份，股东以其所认购股份为限对公司债务承担责任的公司。股份有限公司的财务公开，股份在法律和公司章程规定的范围内可以自由转让。

有限责任公司和股份有限公司是现代企业制度的主要形式，有限责任公司与股份有限公司的相似点表现在：第一，都具有独立的企业法人资格。公司享有由股东投资形成的全部法人财产权，依法享有民事权利，承担民事责任。公司以其全部法人财产，依法自主经营，自负盈亏。第二，股东都对公司承担有限责任。无论是在有限责任公司中，还是在股份有限公司中，股东都对公司承担有限责任，即以股东对公司的投资额为限。第三，股东财产与公司财产是分离的。股东将财产投资公司后，该财产即构成公司的财产，股东不再直接控制和支配这部分财产。同时，公司财产与股东没有投资到公司的其他财产是分离的，即使公司出现资不抵债情况，股东也只对其在公司的投资额承担责任，不再承担其他责任。第四，对外均以公司的全部资产承担责任。也就是说，公司对外也是承担有限的责任。"有限责任"的范围，就是公司的全部资产。除此之外，公司不再承担其他的财产责任。

有限责任公司与股份有限公司的不同点表现在：第一，两种公司在成立条件和募集资金方面有所不同。有限责任公司的成立条件比较宽松，股份有限公司的成立条件比较严格。有限责任公司只能由发起人集资，不能向社会公开募集资金，股份有限公司可以向社会公开募集资金；有限责任公司的股东人数，有最高和最低的限制，股份有限公司的股东人数，只有最低限制，没有最高限制。第二，两种公司的股份转让难易程度不同。在有限责任公司中，股东转让自己的出资有严格的限制，比较困难；在股份有限公司中，股东转让自己的股份比较自由，一般不受限制。第三，两种公司的股权证明形式不同。在有限责任公司中，股东的股权证明是出资证明书，出资证明书不能转让、流通；在股份有限公司中，股东的股权证是股票，即股东所持有的股票。股东是以股票的形式来体现的，股票是股份有限公司签发的证明股东所持股份的凭证，股票可以上市转让、流通。第四，两种公司的股东大会、董事会权限大小和两权分离程度不同。在有限责任公司中，由于股东人数有上限，人数相对来讲比较少，召开股东大会也比较方便，因此，股东大会的权限较大，董事常常是由股东自己兼任，在所有权和经营权的分离上程度较低；在股份有限公司中，由于股东人数没有上限，人数较多且分散，召开股东大会比较困难，股东大会的议事程序也比较复杂，所以，股东大会的权限有所限制，董事会的权限较大，在所有权和经营权的分离上程度也比较高。第五，两种公司财务状况的公开程度不同。在有限责任公司中，由于公司的股东人数有限，会计报告既可以不经过注册会计师的审计，也不公告，只要按照规定期限送交给各股东即可；在股份有限公司中，由于股东人数众多，很难分送，所以会计报告必须要经过注册会计师的审计并出具报告，还要存档以便股东查阅，其中，以募集资金设立方式成立的股份有限公司，还必须公告其财务会计报告。股份有限公司是开放型的公司，有限责任公司是封闭型的公司。第六，两种公司的组织结构有所不同。有限责任公司的组织结构比较简单，规模比较小、股东人数比较少的有限公司，可以不设董事会，只设一名执行董事，执行董事可以兼任经理；也可以不设监事会，只设一两名监事。股份有限公司的组织结构比较复杂。

二、国有企业

国际惯例中，国有企业仅指一个国家的中央政府或联邦政府投资或参与控制的企业；而在中国，国有企业还包括由地方政府投资参与控制的企业。政府的意志和利益决定了国有企业的行为。

国有企业的类型主要有国有独资公司、国有控股公司和国有参股公司。国有企业具有企业的基本特征，从事生产经营活动；是由多数人组成的组织体；依法设立，法律确认其一定权利和义务。但国有企业是一种特殊企业，其特殊性还表现在国有企业从事生产经营活动虽然也有盈利目的，但也有非盈利性目的，或者说它不以盈利为唯一目的；国有企业虽然是一个组织体，但它只有或主要是国家这一个出资人；国有企业同所有其他企业一样都必须依法设立，但其所依据和适用的法律有所不同。

（一）传统国有企业的内在缺陷

1. 产权不清

虽然计划经济体制条件下国有企业的所有权在宪法中明确界定为归全体人民所有，采取国家所有制的形式，但在实际经济运行中，具体由谁来承担责任是不具体、不确定的。由于在这个基本层次上的产权主体不确定、没有得到具体落实，因而，国有企业既不具备作为市场经济微观基础的企业那样的投资主体责任,也不能形成有效的委托代理关系,从而更不能形成有效地克服代理问题的激励约束机制。

2. 政企不分

市场经济中的企业应是自主经营的,但在计划经济体制下,国有企业缺乏基本的经营自主权。企业的基本权利分散地集中在与企业发生直接和间接关系的各级政府部门手中。企业运营的行政化体现在各个方面。

①要素供给的行政配给制。企业所需的各种生产资料由物资部门调拨;企业的用工指标需由主管的劳动部门决定;企业的资金由财政或行政性的银行拨付等。

②经营管理者的行政任命制。企业的经营管理者往往由上级主管部门任命享受一定的行政级别待遇。

③企业产品的调拨制。企业的产品一般不直接面向市场,而是由物资部门统一调拨。

④企业利润的统收统支制。企业利润由财政部门统收统支,企业没有收益的处置权。

3. 责权利不明

市场经济中的企业不论是与政府之间,还是企业与企业之间,尤其是企业内部的相关利益者之间,不仅责、权、利应该分明,而且对每一主体,责、权、利既要具有统一性,又要具有对称性,这样才能保证企业具有竞争动力和约束力。而计划经济体制条件下的国有企业在各个方面的主体之间,不仅责、权、利的界区不明确,而且不统一、不对称。普遍存在有权无责、有责无权或者有责有权而无利等情况。同时,在分配中存在严重的平均主义,企业吃国家的"大锅饭",职工吃企业的"大锅饭"。

4. 管理不科学

市场经济中的企业在利润动力和市场竞争压力的双重驱动下,不断地进行制度创新,并加强管理。而计划经济体制条件下的国有企业由于产权不清、政企不分和权责利不明,行政管理替代企业管理,尤其是企业缺乏进行制度创新和加强管理的动力,因此,不可能形成科学的管理制度。

(二)中国的国有企业改革历程

中国国有企业改革的历程大致分为两个阶段,分界点是1993年中共中央下发《中共中央关于建立社会主义市场经济体制若干问题的决定》明确提出,国有企业改革的方向是建立现代企业制度(产权清晰、权责分明、政企分开、管理科学)为分界点,第一阶段是以1978年改革开放到1993年,主要是国有企业改革,改革的内容是放权让利,两权分离。第二阶段是从1993年到现在,国有企业改革是以现代企业制度为方向,进一步深化改革。

1. 放权让利,两权分离阶段(1979—1993年)

国有企业的放权让利,两权分离改革大体经历了以下三个时期。

(1)放权让利阶段(1979—1983年)

针对计划经济体制下政企不分,政府对企业统得过死过多、致使企业缺乏应有的活力的弊端，国有企业首先是从放权让利的改革开始的。1978年，四川省宁江机床厂等6个企业首次进行了大胆的尝试——扩大企业自主权的试点。所谓"放权"，就是主管政府部门向所管企业下放部分权力，扩大企业自主权；所谓"让利"，就是提高企业利润留成比例，以扩大企业自主支配的财力，从而增强企业的动力。

（2）税利改革和进一步扩大企业自主权阶段（1983—1985年）

从1983年开始，企业向政府上缴利润由利润所得税替代。改革的主要内容是调整和规范国有企业与政府间的利益关系，重点是"利改税"，就是国有企业将原来的以上缴利润的形式改为上缴税赋的形式；所谓"拨改贷"，就是企业资金来源由原来的财政无偿拨付改为向银行借贷。

（3）推行承包经营责任制阶段（1985—1992年）

1984年10月召开党的十二届三中全会做出了关于经济体制改革的决定，确认社会主义经济是有计划的商品经济。1986年，国务院开始推行多种形式的经营承包责任制，给经营者以充分的经营自主权，拉开了承包制度的序幕。1987年，大中型企业普遍推行企业承包经营责任制。到1990年，大中型工业企业基本已经实现了承包制度。但是由于承包制不能促进国有企业适应市场经济的发展，还带来国有资产的流失，使许多国有企业包括大中型企业陷入困境。

2. 建立现代企业制度阶段（1993年至现在）

1992年10月，党的"十四大"明确提出，我国经济体制改革的目标是建立社会主义市场经济体制。1993年11月，党的十四届三中全会通过《关于建立社会主义市场经济体制若干问题的决定》提出，国有企业改革的目标是建立现代企业制度，并把现代企业制度概括为适应市场经济和社会化大生产要求的，产权清晰、权责明确、政企分开、管理科学的企业制度，要求通过建立现代企业制度，使企业成为自主经营、自负盈亏、自我发展、自我约束的法人实体和市场竞争主体。1997年党和政府提出，帮助国有企业脱困的任务，用三年的时间，使大多数国有企业脱困。在帮助国有大中型企业脱困的同时，进行了现代企业制度试点，努力使国有企业成为适应社会主义市场经济发展的市场主体和法人实体。到2005年底，国有中小企业的改制已经达到了八成，国有中央企业也参照《公司法》转制，开展了公司组织设置，改善法人治理结构，股份分置改革取得了重大进展。到2006年，98%国有控股上市公司已经完成或启动股改程序。

经过多年的改革，调整国有经济布局和结构的任务已取得实质性进展。国有经济和国有资本逐步向关系国民经济命脉的重要行业和关键领域集中，并向大企业集中，而从一般竞争性行业中逐步退出，开始改变国有企业量多面广和过于分散的状况。

（三）国有企业改革深化面临的主要难点

国有企业改革是一个艰巨的、不断深化的过程，不仅要设计出一种可行的目标模式，而且要解决旧体制留下的一系列的难题。

1. 改革面临的体制性、制度性障碍较大

①现有体制和制度安排在一定程度上滋生并助长了企业不愿破产或拖延破产的倾向。对无法经营的特困企业来说，如果不实施破产，政府为下岗职工缴纳保险费，发放最低生活费，一旦企业破产，职工上岗就无望，职工处境未必比维持现状好。按照政策规定，企业破产对职工的一次性安置费是按照破产企业所在城市企业职工上年平均工资收入的3倍发放的，对特困企业来说破产越早，职工拿到的经济补偿金越少，在现有制度安排下，推迟破产对濒临破产企业的职工来说是最优选择。

②现有机构设置和管理体制阻碍了国有企业改革的顺利推进。国有企业改革涉及财政、银行、国土、人事、社保、就业等职能部门，这些部门所处地位和利益不同，对待国有企业改革的态度就不同，出台的配套政策差异很大，导致企业无所适从。一些职能部门对中央政策的理解不一致、步调不协调，导致一些政策难以落实；地市级的国资委刚刚成立，统筹和协调国有企业改革的权限和能力不够。

2. 引进战略投资者、促进产权多元化难

老工业基地国有企业众多，多数国有企业处于亏损状态，设备陈旧老化，技术开发能力弱，产品缺乏竞争力，经营前景不佳；企业资产负债率高，资本结构不合理，"企业给银行打工"现象严重；企业之间相互担保，形成债务链和风险链；老工业基地政治气氛浓厚、改革意识不强，非公有制经济的发展环境较差，以上几方面原因导致企业很难吸引外资或引进战略投资者，国有企业改革不得不以"本地"甚至"内部"消化为主。本地民营企业深知收购兼并国有企业后，不仅要支付职工安置费、欠发工资等费用，还可能遭受来自企业相互担保引起的法律纠纷，因此参与国有企业改革的积极性不高。

3. 下岗职工安置难，社会不稳定隐患大

国有企业众多的区域大都是老工业基地，市属国有企业众多，改制涉及职工重新安置就业困难。主要原因是：民营经济发展缓慢，可以创造的就业岗位有限，再就业机会少，再就业渠道狭窄；国有企业职工或者由于观念转变慢，或者由于不少民营企业还没有被纳入社会保障体系，不愿意到民营企业就业；部分民营企业不愿使用国有企业下岗职工，下岗职工在再就业过程中甚至竞争不过农民工。大量职工集体下岗后安置任务繁重，重新上岗就业困难，既严重制约了国有企业改革的顺利推进，也增加了社会不稳定因素。如果不解决国有企业的冗员问题，企业资源配置就难以实现。

4. 社会配套服务和社会化管理滞后

目前，我国社会配套服务和社会化管理滞后，国有企业的离退休人员、职工医疗费用、职工住房等支出是由企业负担，由此导致难以提升企业的市场竞争力，阻碍国有企业改革尤其是特困企业实施破产。当前，一些地区社会配套服务和社会化管理滞后，一方面，社会保障制度不健全，社会保障覆盖范围窄、统筹层次低、保障能力不足、资金来源不可靠、个人账户亏空等问题突出；另一方面，作为连接政府与公民中间纽带的社区建设滞后，社区服务意识薄弱、服务功能不全，不能有效发挥服务居民、稳定社会的功能。社会配套服务和社会化管理滞后，造成一些改制企业的社会职能剥离出现反复现象，引起实施破产企业的职工没有归属感和安全感，因而职工坚决反对破产。

5. 国有产权代理难，现行干部制度与法人治理结构相冲突

建立有效的公司治理结构，是公司改制的核心。但首要条件是股东必须在位，统筹全局。国有成分在大公司资本总额中占相当大的比重，因此，国有股权由谁代表就成为一个重要的问题。在国有产权与企业经营之间，关键是解决政府与企业的"界面"问题。组织持股公司并没有最终解决这个问题。因为在一级持股公司—二级持股公司—运作公司的"嵌套关系"中，持股公司的建立虽然解决了运作公司的"业主在位"问题，但是，持股公司作为一个法人制组织，也有一个所有者是否在位的问题。在国家控股和持股的公司解决了主要股东即国家股的产权代理问题之后，公司法人治理结构的建立本来是明确的：召开股东会，选举董事组成董事会，由董事会决定公司高层经理人员聘任，由高层经理人员负责公司的日常经营。但是，这一惯习做法，导致同现行的干部人事制度存在矛盾，不少公司制企业的主要领导甚至中层领导，仍然由组织部门任命。如果不改变这种组织人事制度，整个公司治理结构就无法正常运转。

（四）深化国有企业改革的方向

1. 推进股份制改革

除极少数必须由国家垄断经营的企业外，继续推动效益好的国有大中型企业尤其是国家重点企业进行股份制改革。改革必须坚持先重组改制、后上市的原则。中小型企业可以采取多种形式放开搞活，资不抵债、扭亏无望的要实施破产。在企业重组、改制过程中，要切实防止国有资产流失和逃废银行债务。

2. 继续做好债转股企业的转机建制工作

对已经注册成立的新公司要帮助它们做好分离企业办社会职能和分流富余人员的工作，切实转换经营机制；对新办企业，要按照现代企业制度的要求，组建新公司。

3. 加强和改善企业管理制度

一方面，坚持不懈地推进人事、劳动、分配三项制度改革；另一方面，要大力推进企业管理信息化，鼓励企业在资源计划、供应链管理、客户关系管理等方面采用先进信息化管理技术，努力实现企业人力、物力、财力和信息资源的优化和管理创新。

4. 推进分配制度改革

在中央直接管理的大型企业集团中，选择一批监管到位、内部管理规范、资产经营责任制度健全的企业集团进行分配制度改革试点，重点探索企业经营者分配制度和工资总额管理制度改革，建立起与市场经济相适应的激励和约束机制。

三、现代企业制度

（一）现代企业制度的定义

现代企业制度是指以完善的企业法人制度为基础，以有限责任制度为保证，以公司企业为主要形成，以产权清晰、权责明确、政企分开、管理科学为条件的新型企业制度，其主要内容包括企业法人制度、企业自负盈亏制度、出资者有限责任制度、科学的领导体制与组织管理制度。

（二）现代企业制度的特征

1. 现代企业制度是产权关系明晰的企业制度

企业的设立必须要有明确的出资者，必须要有法定的资本金。出资者享有企业的产权，企业拥有企业法人财产权。企业除设立时有资本金外，在经营活动中借贷构成企业法人财产。但借贷行为既不形成产权，也不改变原有的产权关系。产权制度的建立使国有企业改革向前推进了一大步。国有资产的终极所有权与企业法人财产权的明晰化不但是我国在走向市场经济过程中的一大突破，而且是现代企业制度的一个重要特征。

2. 现代企业制度是法人权责健全的企业制度

现代企业制度的一个很重要的特征就是使企业法人有权有责。出资者的财产一旦投资于企业，就成为企业法人财产，企业法人财产权也随之确立。这部分法人财产归企业运用，企业以其全部法人财产，依法自主经营，自负盈亏，照章纳税；同时企业要对出资者负责，承担资产保值增值的责任，形成法人权责的统一。

3. 现代企业制度是有限责任的企业制度

企业的资产是企业经营的基础，出资者的投资不能抽回，只能转让。出资者以其投资比例参与企业利益的分配，并以其投资比例对企业积累所形成的新增资产拥有所有权。当企业亏损以至破产时，出资者最多以其全部投入的资产额来承担责任，即只负有限责任。

4. 现代企业制度是政企职责分开的企业制度

政府和企业的关系体现为法律关系。政府依法管理企业，企业依法经营，不受政府部门直接干预。政府调控企业主要用财政金融手段或法律手段，而不用行政手段干预。

5. 现代企业制度是一种组织管理科学的企业制度

科学的组织管理体制由两部分构成：一是科学的组织制度。现代企业制度有一套科学、完整的组织机构，它通过规范的组织制度，使企业的权力机构、监督机构、决策和执行机构之间职责明确，并形成制约关系；二是现代企业管理制度。包括企业的机构设置、用工制度、工资制度和财务会计制度等。

四、社会主义现代企业制度

（一）我国现代企业制度的基本特征

从企业制度演变的过程看，现代企业制度是指适应现代社会化大生产和市场经济体制要求的一种企业制度，也是具有中国特色的一种企业制度。十四届三中全会把现代企业制度的基本特征概括为"产权清晰、权责明确、政企分开、管理科学"十六个字。1999年9月党的十五届四中全会再次强调，要建立和完善现代企业制度，并重申了对现代企业制度基本特征"十六字"的总体要求。

1. 产权清晰

"产权清晰"是建立现代企业制度的前提。所谓"产权清晰"，主要有两层含义：一是有具体的部门和机构代表国家对某些国有资产行使占有、使用、处置和收益等权利。二是国有资产的边界要"清晰"，我们必须明确哪些产权属于国家、哪些产权属非国有；国家应该经营哪些产业、对哪些产业应该参股或控股。党的十五届四中全会进一步明确，国有经济只需控制涉及国家安全的行业、自然垄断的行业、提供重要公共产品与服务的行业、支柱产业和高新技术产业中的主要骨干产业，而对大多数国有企业，则鼓励大力发展股份制，形成多元投资主体，这有利于我国国有企业的产权明晰。

2. 权责明确

"责权明确"是建立现代企业制度的核心。所谓"责权明确"是指合理区分和确定企业所有者、经营者和劳动者各自的权利和责任，不仅要明白谁负什么责、谁有什么权，而且应看责权是否对称。所有者、经营者、劳动者在企业中的地位和作用是不同的，因此，其权利和责任也是不同的。传统的国有企业机制中，要么是政府拥有太多的权，一管到底，要么是让企业拥有较多的权而不负任何责任，不靠制度约束，只靠自我约束。因此，一放就乱，在政府与企业之间始终没找到一个责权平衡的结合点。

3. 政企分开

"政企分开"是建立现代企业制度的关键。如果政企不分，产权就不明晰，责权就不会明确，然而政企一旦完全分开，政府作为所有人拥有最终收益权，企业管理者则仅拥有经营权，全面主持企业的日常生产经营活动，这样就涉及一个重大问题，即如何建立约束机制。政府不参与经营，而拥有企业重大事项的决策权，这种决策不仅会因手续繁杂而贻误商机，而且会因为政府对企业的生产经营了解不全面而发生偏颇。

4. 管理科学

"管理科学"是建立现代企业制度的基础，竞争的日趋激烈使国有企业必须拥有一套健全的科学管理制度，包括能保障企业整体利益，有利于实现企业经营决策科学化、民主化、专业化的企业领导制度；能够客观准确地反映企业经营状况和促进企业提高经济效益的财务会计制度；能够建立有效的企业内部激励、约束机制和竞争机制的人事、劳动、分配制度等。科学管理制度的建立，是控制风险、减少失误、增强把握机遇能力的重要保障。

（二）现代企业制度的主要内容

现代企业制度不仅要调整和规范企业内部的各种关系，而且要调整和规范企业与出资人、企业与债权人、企业与政府、企业与社会、企业与市场、企业与企业之间等一系列外部关系。从这个意义上说，建立现代企业制度是包括企业内部和外部，涵盖企业全部经营活动的一项复杂工程，大体可包括以下内容。

1. 进行股份制企业改革，推进投资主体多元化

社会主义市场经济体制要求企业成为独立的市场主体，建立现代企业制度，必须进一步建造市场主体，使所有的企业特别是国有大中型企业具有独立自主性、自主经营、自负盈亏、自我发展、自我约束。股份制的特点和要求，使其能对国有企业进行有效的改造，使企业真正面向市场、进入市场、适应和驾驭市场。今后国有大中型企业在进行公司制改革时，需积极探索通过股份制等形式吸引和组织更多的民间资本，形成多元投资主体。以往的现代企业制度改革不那么成功，最重要一点，在于没有形成多元投资主体，80%的企业转为国有独资公司，因此，"翻牌"现象很严重。要认识到，即使是国有经济控制的关系国民经济命脉的重要行业和关键领域，也并不都要求国家独资，大部分可以实行国家控股，有的还可以实行国有资本参股。这样，可以放大国有资本的功能，增强国有经济的控制力。这种股权结构比一家独资有其优势，如通过不同股东对自己利益的关心，抵制某些行政干预；通过股东间的相互制约，避免重大决策失误；有利于多渠道筹措资本，有利于形成公司法人治理结构。

2. 建立规范有效的公司法人治理结构

现代公司制度是现代企业制度的基本形式，其核心是建立公司法人治理结构。公司法人治理结构是一组联结并规范公司法人中相应的所有者、经营者和公司法人之间相互权利、责任、利益的制度安排，其实质是从公司法人资产的权利—责任的结构性制衡上来规范所有者与资产受托者、受托者与代理者相互间的利益关系，从某种意义上讲，可以说是公司法人产权制度的组织形式。这种制度安排的根本目的，在于通过一定的治理结构，使得有关各方在相互分离的状态中能保持有效的约束与监督，使诸方面资产权利的掌握及运用尽可能严格地受到相应资产责任的制约，从而实现诸方面利益的均衡和目标的和谐，以保证效率的提高。

建立公司法人治理结构，不仅是成立代表不同利益群体的股东会、董事会、监事会这几套班子，而且要规范这些机构，使它们之间形成合理的制约关系，确保内部制约机制发挥作用。关键要做好以下几个方面的工作。

①健全董事会制度。董事会应代表出资人和其他利害相关者的利益，并对股东会负责。董事会要对企业的重大生产经营活动和发展战略做出决策，聘任经营者实施。董事会要与经营者签订经营协议，对经营业绩进行审计、考核和评价。为了确保董事会代表出资人利益，避免"内部人控制"，董事会除了有内部董事，还必须有相当数量的独立董事。由股

东大会聘任的独立求事应与公司经理层没有紧密关联关系，以免发生合谋行为。内部董事主要致力于搞好公司的生产经营，独立前事主要是参与决策和监督。由股东大会确定独立董事的报酬，并对内部董事和独立董事分别制定相应的奖励和责任追究规定。

②经理人员应当实行由董事会公开聘任竞争上岗的办法，不再由政府部门任命。董事长与总经理只有分别设立，才有利于权力制衡，集中精力各行其职。

③加强监事会的监督作用。鉴于目前国有企业"内部人控制"的情况比较普遍，多数公司监事会形同虚设，导致公司决策层权力过度集中而缺乏相应的监督制约，因此必须落实监事会的监督作用。一方面，应该改革监事会的选举办法，控股股东不参加监事的选举，监事候选人的提名可由若干个较大的非控股股东分别提出，而由广大中小股民选举产生；另一方面，监事的报酬应由股东大会确定，并且视其职能发挥情况予以奖惩。只有这样，才能使监事会成员真正代表公司中小投资者的利益，严格履行其监督职责。

3. 探索合理的考核评价和选拔任用制度

在传统国有企业中，用人机制假化，领导早已确定好，选举只是走形式，职工能进不能出，管理人员能上不能下，这种用人制度不仅导致员工工作压力不足，缺乏经营管理使命感，而且也容易埋没人才，不利于企业发挥出最大的人力资源潜能。企业的成败，最根本的影响因素是人。因此，建立合理的考核评价和选拔任用制度，对吸引人才、任人唯贤尤为重要，特别是有助于建立一支优秀的企业经营管理队伍，这是建立现代企业制度的前提和保障。

4. 深化分配制度改革，建立有效的激励和约束机制

目前，国有企业的分配制度还沿袭传统的模式，既单一又僵化，未能体现收入与绩效挂钩、按劳分配和多劳多得的原则。为了调动广大经营管理人员的积极性，必须深化分配制度改革，建立有效的激励和约束机制，可重点从以下几个方面考虑。

①土地、资本、知识产权等生产要素按有关规定参与分配。土地、资本等生产要素参与分配，有利于充分挖掘多种资源，促进资本运作；而知识产权参与分配，则可为科技人员致力于技术创新提供原动力，从而调动他们的工作积极性。

②有条件的企业特别是上市企业可以实行年薪制。在考虑年薪时，工资和奖金的比例随岗位不同应相应变化。如对车间工人等基层工作者，主要是要求其完成定额工作，因此以工资为主、奖金为辅；而对中高层经营管理人员，除要求完成规定工作外，还要求其发挥主观能动性、创造更多的绩效，其年薪的安排应以工资为辅、奖金为主。

③实行股份和期权奖励。对主要经营管理人员奖励股份和股票期权，使其因持有公司的股票而抱有较高的未来收益期望，使公司的长远发展和自己的未来收益紧密地联系在一起。

④通过减少薪水或股权等形式，实行责任追究制度。对经营管理人员，仅靠激励是不够的，为了约束他们的行为，使他们在经营管理的整个过程中不但树立起高度的责任心，还应该予以约束，实行责任追究制度，通过减少薪水或股权等形式实行经济处罚。

5.加快社会保障制度配套改革，完善社会保障体系

国有企业的富余人员需要分流，办社会的职能需要分解，这有待于社会保障体系的进一步完善，为国有企业深化改革并维护社会经济稳定大局提供保障。加快养老、失业、医疗保险制度改革，形成社会保险、社会救济、社会福利、优抚安置和社会互助、个人储蓄积累保障相结合的多层次社会保障制度。在大力发展社会保险的同时，积极发展商业保险，发挥对社会保障的补充作用。建立城市最低生活保障制度，制定相应政策切实保护妇女、未成年人、老年人、残疾人等社会群体和优抚对象的合法权益。这些都会为国有企业建立和完善现代企业制度提供重要保障。

（三）国有企业建立现代企业制度的途径

1.改革企业产权制度

产权制度改革是国有企业建立现代企业制度的关键。

①理顺国有企业产权关系，处理好国家所有权与企业法人财产权的关系。国有企业的产权关系应该是国家是国有企业财产所有权的唯主体，虽然拥有对企业财产的最终支配权，但政府和监督机构不得直接经营或支配企业的法人财产。企业拥有独自行使的法人财产权，并以其全部法人财产承担民事责任。

②建立经营者的所有权制约机制。两权分离后，国有资产所有者的利益仍要在企业经营者那里得到实现。为此，必须建立一套能保证国有资产在真正具有经营才能人的手上经营、能明晰企业应负的国有资产保值与增值的责任、能对经营者"用脚投票"等所有权相制约的机制。

③明确产权关系上的自负盈亏责任。目前，国有企业的自负盈亏主要限于收入分配上，而在产权关系上，仍有许多亏损企业把债务包袱推给国家或者拖欠其他企业的债务，国家实际上为企业承担着无限责任。产权制度改革是要在产权关系上明确企业承担的债务责任和破产责任。当企业破产时，国家只以投入企业的资本额为限承担有限责任。

④在明晰企业产权关系的基础上，建立和完善产权市场。国有企业进入产权市场可以使一定量的国有资产吸收和组织更多的社会资本，放大国有资产的产权功能，提高其控制力、影响力和带动力。另外，还能使国有企业经营受到更多国有产权的制约，以保证国有资产营运效益的提高。

此外，国有企业还可以通过产权市场实现产权转让和流动，推动国有资产存量流向经济效益好的企业，流向国民经济需要重点发展的部门，实现国有资产存量的优化配置。

2.改革企业组织制度

①要改革政府管理职能和管理体制，真正做到政企分开。政府作为国有资产所有者，可以建立一套科学有效的国有资产管理制度，对国有资产实行国家所有、分级管理、授权经营、分工监督。政府作为社会管理者，可以依据法律制定各种必要的规章制度，培育和促进市场体系的发展，形成比较完善的市场规则和社会秩序。政府作为宏观经济的调控者

可以合理确定经济发展战略目标，制定和运用相应的政策来引导和协调整个社会经济的发展。但政府不能再用行政管理的方法使国有企业运行行政化，否则国有企业组织制度的改革将流于形式。

②国有企业组织制度改革的重点是建立公司制企业。首先，必须建立符合市场经济规律和我国国情的企业领导体制与组织管理制度。即建立包括股东会、董事会、监事会和经理层在内的公司法人治理结构，处理好党委会、职代会和工会。股东会、董事会、监事会的关系；其次，建立由国务院向大型国有企业派驻稽查特派员制度，地方政府向所属大中型企业派财务总监制度。最后，对国有企业进行战略性调整。即通过国有资产的流动和重组，改变国有资产过度分散的状况，集中力量发展和加强国家重点产业和重点企业，扩大企业组织规模。

3，加强和改善企业的经营管理

①要更新企业经营管理上旧的思想观念，确立以市场为中心和依托的现代化管理观念。

②要实现管理组织现代化，建立市场适应性能力强的组织命令系统，健全和完善各项规章制度，彻底改变无章可循、有章不循、违章不究的现象。

③要建立高水平的科研开发机构和高效率的决策机构，加强企业发展的战略研究制定和实施明确的企业发展战略、技术创新战略和市场营销战略，并根据市场变化适时调整。

④要广泛采用现代管理技术方法和手段，包括用于决策与预测的、用于生产组织和计划的、用于技术和设计的现代管理方法，以及采取包括电子计算机在内的各种先进管理手段。

国有企业建立现代企业制度除了要对企业制度本身这三方面进行改革，还需要其他方面的配套改革。这些改革措施包括转变政府职能，建立健全的宏观经济调控体系，进行金融、财政、税收、投资、计划等方面的改革，为企业进入市场自主经营创造良好的宏观经济环境；大力培育市场体系、建立市场中介组织和加强市场经济法律规章制度的建设，为企业走向市场创造市场条件；加快社会保障制度改革和福利分配社会化、市场化步伐等。

第三章 经济管理的宏观视角

我国宏观经济管理的任务复杂而艰巨。我们既要学习借鉴西方现代宏观经济管理的理论经验，又要立足中国的国情，研究适合中国实际情况的宏观经济管理的理论和方法。本章基于经济管理创新的宏观视角，详尽阐述了宏观经济管理、经济发展模式与宏观管理目标、宏观经济管理中的市场环境。

第一节 宏观经济管理

一、宏观经济管理的必要性

（一）加强宏观经济管理，可以弥补市场调节缺陷

市场机制不是万能的，具有其自身内在的缺陷，如市场机制调节的盲目性、滞后性、短暂性、分化性和市场调节在某些领域的无效性，这就需要通过国家宏观经济管理来弥补市场缺陷。

（二）加强宏观经济管理，可以维护市场秩序

市场经济条件下，保证市场竞争的公平是发挥市场配置资源优越性的条件之一。仅仅靠市场自发调节，容易形成市场垄断和过度投机，不仅不能确保市场竞争的公平，还会破坏公平竞争机制，导致市场秩序混乱。政府通过建立、维护和保障市场经济有序运行和公平竞争的制度规范，进行严格的市场监管.保障市场公平交易。

宏观经济管理的必然性在于生产的社会化所导致的社会分工和协作关系的发展。社会化大生产条件下，社会分工越专业化、越细密和越广泛，所要求的协作和相互依赖关系就越密切、越不可分割。这就需要对社会经济活动的各个方面、各个部门、各个地区以及社会生产的各个环节进行计划、组织、指挥和协调，因而客观上要求对国民经济进行统一的管理，要求协助宏观管理系统来调节社会生产的各个方面和各个环节，以保持整个国民经济活动协调一致地运行。特别是随着分工和协作关系的不断深化，国民经济活动就更加离不开宏观经济管理。

二、宏观经济管理的目标

宏观经济管理目标是指在一定时期内国家对一定范围的经济总体进行管理所要达到的预期结果。宏观经济管理目标既是宏观经济管理的出发点和归宿，也是宏观经济决策的首要内容。

在有利于发挥市场基础调节作用和企业自主经营、增强活力的情况下．通过正确发挥政府宏观经济管理职能，保证整个国民经济持续、快速、健康地发展，以达到取得较好宏观效益、提高人们物质和文化生活水平的目的，是我国宏观经济管理目标的总概括。

第二节 经济发展模式与宏观管理目标

一、传统经济发展模式的基本特征及其运行轨迹

与经济体制模式相联系，我国的经济发展模式也经历了一个从传统模式向新模式的转变。为了把握新发展模式的基本内容和特征，我们需要从历史演变的角度，回顾传统经济发展模式及其转变。

（一）传统经济发展模式的基本特征

从新中国成立至党的十一届二中全会，这一时期的传统经济发展模式是利用超经济的强制力量，优先发展重加工业，以数量扩张为主的内向型经济发展模式。

在将近三十年的实践中，这种经济发展模式主要表现出以下几个基本特征。

1. 以高速度增长为主要目标

在这样一个发展模式中，经济增长速度一直是处于最重要的中心地位，然而，这是以赶超先进国家为中心而展开的。在这样一种以高速度增长为主要目标的赶超发展方针指引下，追求产量、产值的增长成为宏观经济管理的首要任务。

2. 以超经济的强制力量为手段

从战略指导思想来说，主张从建立和优先发展重工业入手，用重工业生产的生产资料逐步装备农业、轻工业和其他产业部门，随后逐步建立独立、完整的工业体系和国民经济体系，并逐步改善人们的生活。在这一战略思想的引导下，我们一直把重工业，特别是重加工业作为固定的经济建设重心，

实行倾斜的超前发展。然而，在一个基本上是封闭自守的经济系统中，这种倾斜的超前发展基本上或者完全依靠国内积累的建设资金。由于重工业的优先发展需要大量资金，国家只好采取超经济的强制力量，以保证这种倾斜的超前发展，因此，这种倾斜的超前发展实质上是以农业、轻工业等产业的相对停滞为代价的。

3. 以高积累、高投入为背景

为了通过倾斜的超前发展，迅速建立和形成一个独立、完整的工业体系和国民经济体系，就需要有高积累、高投入，以便大批地建设新的项目。因此，经济发展是以外延扩大作为基本方式的。在这样的发展模式下，大铺摊子、拉长基建战线、一哄而上、竞相扩展等现象，已成为必然的反映。

4. 一种封闭式的内向型经济发展模式

虽然在这一发展模式下也存在着一定的对外经济技术交流关系，但通过出口一部分初级产品和轻工业产品换回发展重工业所需的生产资料，最终是为了实现经济上自给自足的目标，并且这种对外经济关系被限制在一个极小的范围内。因此，从本质上说，这是一种封闭式的内向型经济发展模式。在这一发展模式下，经济的自给自足程度就成为衡量经济发展程度的主要标志。这种传统的经济发展模式是在一定历史条件下的特定产物，有其深刻的历史背景，传统经济发展模式受其历史局限性和主观判断错误的影响，存在着其自身固有的缺陷。

（二）传统发展模式下经济的超常规发展轨迹

为了全面考察传统发展模式，并对其做出科学的评价，我们需要进一步分析传统发展模式下经济发展的轨迹。从总体上说，在传统发展模式下，我国的经济发展经历了一个偏离世界性标准的阶段，留下了超常规的发展轨迹，其主要表现在以下几个方面。

1. 总量增长与结构转换不同步

我国的结构转换严重滞后于总量增长。近年来，短缺与过剩并存已成为普遍现象，这种滞后严重制约了总量的均衡与增长。

2. 产业配置顺序超前发展

我国在产业配置顺序上的超前发展，比一般后发展国家更为显著。重加工工业的超前发展，导致了农业、轻工业和基础工业先天发育不足以及产业之间产生的严重矛盾。因为，重加工工业的超前发展是基于超经济强制地约束农业经济的发展。农业劳动生产率在增长缓慢的同时，重加工业的超前发展严重损害了轻工业的发展。轻工业发展不足，使积累的主要来源的转换没有顺利实现，这不仅直接带来了农业承担积累主要来源的重大压力，而且未能完成满足资金密集型基础工业发展需要的历史任务。在资金积累不足的情况下，基础工业发展严重滞后，成为国民经济发展的关键性限制因素。

3. 高积累、高投入与低效益、低产出相联系

在我国工业化体系初步建立以后，那些曾经塑造了我国工业化体系的条件，如低收入、高积累和重型产品结构等，却反过来成为束缚自身继续发展的因素，从而造成高积累、高投入与高效益、高产出的错位，使国民经济难以走上良性循环的轨道。

4. 农、轻、重之间的互相制约超乎寻常

在我国经济结构变动中，出现了农、轻、重之间形成强大的相互制约力，三者产值平分天下的僵持局面。不仅农业与工业之间的结构变动呈拉锯状,而且轻工业与重工业之间的结构变动也是反反复复。这种农、轻、重大结构的势均力敌状态,导致产生了较多的摩擦,使各种经济关系难以协调。

除上述几个主要方面外,我国经济发展的超常规轨迹还表现在许多方面,如产业组织结构失衡、区域经济发展结构失衡、资源与生产能力错位、技术结构发展迟缓等。这些都从不同的侧面反映了传统发展模式下我国经济发展非同寻常的特殊性。

二、新的经济发展模式的选择

传统的经济发展模式虽然在特定的历史条件下起着积极的作用,但由于其本身的缺陷以及条件的变化,已出现了不少严重问题,因此,要对经济发展模式做出新的选择。新的经济发展模式的选择,既要遵循经济发展的一般规律,又要充分考虑到我国经济发展进程中的基本特征,同时,还要正视我们正面临的压力和挑战。

(一)我国经济发展进程的基本特征

从传统经济向现代经济转化,是一个世界性的历史过程,任何一个国家的经济发展都会受到支配这个进程的共同规律的影响,从而表现出具有统计意义的经济高速增长和变动的状态。但是,由于各国经济发展的历史背景和内外条件不同,在其经济发展进程中会出现差异,有时甚至是极大的偏差。因此,在把握经济发展共同规律的基础上,我们必须研究各国从传统经济向现代经济转化中的特殊性。

与其他国家相比,我国经济发展的历史背景和内外条件更为特殊,不仅与发达国家有明显的差别,而且与一般发展中国家也不相同。我们认为,我国经济发展进程的基本特征可以归纳为"三超",即超后发展国家,超大国经济和超多劳动就业人口。

这一个基本特征,不仅构造了我国经济发展的基本性状,而且界定了我们选择经济发展战略的可能性空间,还决定了我国经济发展非同一般的超常规轨迹。

(二)我国经济发展新阶段及其面临的挑战

除了考虑到我国经济发展进程的基本特征,我们还应该看到,经过四十多年的努力,我们已基本实现了经济建设的第一步任务,解决了人们的温饱问题,我国的经济发展开始进入一个新阶段。

如果说过去的经济发展主要是以低层次消费的满足来推动的话,那么在这个新阶段,国民经济的增长就是以非必需品的增长为主要动因。这是经济发展过程中的一个重大的质的变化。

但是,我国进入这个新成长阶段,与先行的发达国家不同,不是单靠自身获得的科学、技术和文化的进步来推动的,而是像许多发展中国家一样,不得不借助外来的技术和知识,并受到外部消费模式的强烈影响。因此,在经济发展新阶段,我国将面临一系列新的问题和困难。

1. 非必需品的选择

非必需品在消费方面具有很大的选择空间和替代弹性，而在生产方面，其不同的选择对资源约束、产业带动效应、就业弹性以及国民收入的增长有非常不同的影响。因此，我们一方面必须依靠非必需品的需求来推动经济的增长，另一方面要避免这种需求完全脱离本国的资源条件与供给能力，对本国的产业发展与结构转换产生不利的影响。

2. 供给结构的调整

在这一阶段，以非必需品为主的消费结构的变动比较迅速，面对供给结构的长期趋稳态却难以适应，从而形成严重的滞后发展，因此，国内结构性矛盾可能会升级。这样，我们就面临着大规模调整供给结构的艰巨任务，这种结构调整已经使产业结构合理化与高级化。

3. 劳动力市场的就业压力

在满足非必需品需求的结构变动中，还要考虑如何在严重的资源约束的情况下，实现众多劳动力的充分就业。因为，在这一新阶段，将有大批农业剩余劳动力转移出来要求加入其他产业部门，但同时又不可能特别加大制造业在国民经济结构中的比重。

4. 国际竞争的压力

随着对外开放的深入发展，外汇需求加速递增将成为必然现象，为缩小国际收支逆差，扩大出口创汇能力成为重要问题。然而，我国以初级产品为主的出口结构正面临着世界市场初级产品需求减少、价格下降的严重挑战、出口竞争加剧、创汇能力削弱的局面。

5. 新技术革命的冲突

正在蓬勃兴起的世界新技术革命日益强化着技术在经济发展中的作用，使发展中国家的劳动力资源优势逐步丧失。如果无视新技术革命对产业结构的冲击和对国民经济的影响，那么我国与世界的经济、技术差距将会进一步拉大。

（三）向新的经济发展模式转变

尽管新的经济发展模式不是对传统经济发展模式的彻底否定，而是对其的扬弃，但两者之间存在着本质的区别。

1. 经济模式转变

传统经济发展模式向新经济发展模式的转变，是一种革命性的转变，历史性的转变。具体来说，有以下几个方面的本质性转变：①发展目标的转变。即由以单纯赶超发达国家生产力水平为目标转变为以不断改善人们的生活，由温饱型向小康型过渡为目标。②发展重心的转变。即由追求产值产量的增长转变为注重经济效益，增长要服从经济效益的提高。③发展策略的转变。即由超前的倾斜发展转变为有重点的协调发展，在理顺关系的基础上突出重点。④发展手段的转变。即由以外延型生产为主转变为以内涵型生产为主，提高产品质量，讲究产品适销对路。⑤发展方式的转变。即由波动性增长转变为稳定增长，稳中求进，尽量避免大起大落、反复无常。

2. 经济体制改革

这种经济发展模式转变的实现，从根本上说，有赖于经济体制改革的成功。传统的经济体制不能保证新的经济发展模式的实现，所以经济体制模式的转变是实现新经济发展模式的根本保证。在此基础上，建立新的经济发展模式要着力于以下几个方面：①对国民经济进行较大的调整。②要确立新的经济理论、思想观念和政策主张。③要端正政府和企业的经济行为。

三、新经济发展模式下的宏观管理目标

从一般意义上说，宏观管理目标是由充分就业、经济增长、经济稳定、国际收支平衡、资源合理配置、收入公平分配等目标构成的完整体系。但在不同的经济发展模式下，宏观管理目标的组合、重点以及协调方式是不同的。因此，随着传统经济发展模式向新的发展模式的转变，宏观管理目标的性质也会发生重大变化。

（一）宏观管理目标之间的交替关系

宏观管理目标之间存在着固定的关联。这种关联有两种类型：一种是互补关系，即一种目标的实现能促进另一种目标的实现；另一种是交替关系，即一种目标的实现对另一种目标的实现起排斥作用。在宏观经济管理中，许多矛盾与困难往往就是由这种目标之间的交替关系所引起的。这种目标之间的交替关系主要有以下几种。

1. 经济增长和物价稳定之间的交替关系

为了使经济增长，就要鼓励投资，而为了鼓励投资，一是维持较低的利息率水平；二是实际工资率下降，使投资者有较高的预期利润率。前者会引起信贷膨胀，货币流通量增大；后者需要刺激物价上涨。

在供给变动缓慢的条件下，经济增长又会扩大对投资品和消费品的总需求，由此带动物价上涨。在各部门经济增长不平衡的情况下，即使总供求关系基本平衡，个别市场的供不应求也会产生连锁反应，带动物价上涨。

然而，要稳定物价，就要实行紧缩，这又必然会制约经济增长。因此，在充分就业的条件下，经济增长目标与稳定物价目标之间存在着相互排斥的关系。

2. 经济效率与经济平等之间的交替关系

经济效率目标要求个人收入的多少依经济效率高低为转移，从而要求拉开收入差别。同样，经济效率也要求投资的收益多少依经济效率高低为转移，以此来刺激投资与提高投资效益。然而，经济平等目标要求缩小贫富收入差距，这样社会的经济效率就会下降。同样，如果忽视投资收益的差别，使利润率降低，就会削弱投资意向，难以实现资源配置的优化。

因此，经济效率与经济平等（收入均等化）不可能兼而有之。在一定限度内，强调平等，就要牺牲一些效率；强调效率，就要拉开收入的差距。

3.国内均衡与国际均衡之间的交替关系

这里的国内均衡主要是指充分就业和物价稳定，而国际均衡主要是指国际收支平衡。充分就业意味着工资率的提高和国内收入水平的上升，其结果是一方面较高的工资成本不利于本国产品在国际市场上的竞争，从而不利于国际收支平衡；另一方面对商品的需求增加，在稳定物价的条件下，不仅使商品进口增加，而且要减少出口，把原来准备满足国外市场需求的产品转用于满足国内扩大了的需求，于是国际收支趋于恶化。

如果要实现国际收支平衡目标，那么一方面意味着外汇储备增加，外汇储备增加意味着国内货币量增加，这会造成通货膨胀的压力，从而不利于物价稳定；另一方面，消除国际收支赤字需要实行紧缩，抑制国内的有效需求，从而不利于充分就业目标的实现。

宏观管理目标之间的交替关系决定了决策者必须对各种目标进行价值判断，权衡其轻重缓急，斟酌其利弊得失，确定各个目标的数值的大小，确定各种目标的实施顺序，并尽量协调各个目标之间的关系，使所确定的宏观管理目标体系成为一个协调的有机整体。

（二）新发展模式下宏观管理目标的转变

决策者是依据什么来对各种具有交替关系的目标进行价值判断，权衡轻重缓急，斟酌利弊得失，使其形成一个有机整体的呢？其中最重要的依据，就是经济发展模式。

从这个意义上来说，经济发展模式决定了宏观管理目标的性质。有什么样的经济发展模式，就有什么样的宏观管理目标。宏观管理目标体系中各个目标数值的大小．各种目标实施的先后顺序，都是服从于经济发展模式需要的。

在传统经济发展模式下，宏观管理目标所突出的是经济增长与收入分配均等化，并以其为核心构建了一个宏观管理目标体系。在这个宏观管理目标体系中，经济增长目标优先于结构调整目标；收入分配均等化目标优先于经济效率目标，其他一些管理目标都是围绕着这两个目标而展开的。

按照西方经济学的观点，经济增长和收入分配均等化之间也是一种交替关系因为充分就业条件下的经济增长会造成通货膨胀，而通货膨胀又会使货币收入者的实际收入下降，使资产所有者的非货币资产的实际价值上升，结果发生了有利于后者而不利于前者的财富和收入的再分配。

当传统经济发展模式向新的经济发展模式转变之后，这种宏观管理目标体系已很难适应新经济发展模式的需要，以协调为中心的从效益到数量增长的发展模式，要求用新的价值判断准则对各项管理目标进行重新判断，在主次位置、先后顺序上实行新的组合。

按照新的经济发展模式的要求，宏观经济管理目标首先应该突出一个效益问题，以效益为中心构建宏观管理目标体系。具体地说，围绕着经济效益目标，讲求经济稳定和经济增长，在"稳中求进"的过程中，实现充分就业、收入分配公平、国际收支平衡等目标。当然，这种宏观管理目标体系，在诸目标之间仍然存在着矛盾与摩擦，需要根据各个时期的具体情况加以协调。

（三）新发展模式下宏观管理目标的协调

从我国现阶段的实际情况来看，新的发展模式下的宏观管理目标的协调，主要有以下几个方面。

1. 实行技术先导

靠消耗大量资源来发展经济，是没有出路的。况且我国的人均资源占有量并不高，因此，发展科学技术、改善有限资源的使用方式，是建立新发展模式的基本要求。

然而，我国大规模的劳动大军和就业压力，无疑是对科技进步的一种强大制约。我们面临着一个两难问题，即扩大非农就业与加快科技进步的矛盾。对这两者都不可偏废：我们不能脱离中国劳动力过剩的现实来提高科技水平、发展技术密集型经济，而要在合理分工的基础上加快技术进步。

除此之外，我们要把科技工作的重点放在推进传统产业的技术改造上，因为在今后相当长的时间内，传统产业仍将是我国经济的主体。传统产业在我国经济增长中仍起着重要作用，但是，我国传统产业的技术装备和工艺水平又是落后的。因此，政府要着重推进大规模生产的产业技术和装备的现代化；积极推广普遍运用的科技成果，加速中小企业的技术进步。与此同时，要不失时机地追踪世界高技术发展动向，开拓新兴技术领域，把高技术渗透到传统产业中，并逐步形成若干新兴产业，从而提高我国经济发展水平，使国民经济在科技进步的基础上不断发展。

2. 优化产业结构

合理的产业结构既是提高经济效益的基本条件，也是国民经济持续、稳定地协调发展的重要保证。目前，我国产业结构的深刻矛盾，已成为经济发展的严重羁绊，因此，优化产业结构是新发展模式的一项重要任务。

按照国际经验，后发展国家在进行结构调整和改造时总会伴随着一定的总量失衡，这是不可避免的。但是总量失衡太大，也不利于结构的调整和改造。因此，我们应在坚持总量平衡的同时优化产业结构。这就是说，要合理确定全社会固定资产投资总规模和恰当规定消费水平提高的幅度，使建设规模同国力相适应，社会购买力的增长幅度同生产发展相适应，并以此为前提来优化产业结构。

所谓优化产业结构，首先要使其合理化，然后才是相对地使其高级化。产业结构合理化就是要解决由于某些产业发展不足而影响整体结构协调的问题。长期以来，我国加工工业发展过快，而农业、轻工业、基础行业和基础产业则均发展不足，所以结构合理化的任务是较重的。

在重视产业结构合理化的同时，还应积极推进产业结构高级化。我国产业结构的高级化，应按不同的地区发展水平分层次高级化。发达地区要逐步形成资金密集型和技术密集型为主体的产业结构，并使新兴产业和高技术产业初具规模，落后地区要以第一次产业和轻工业相互依托的方式实现轻工业的大发展，形成以劳动密集型为主体的产业结构。这样，在总体上就能形成以高技术产业为先导、资金密集型产业为骨干、劳动密集型产业为基础的合理产业结构。

3. 改善消费结构

适当的消费水平和合理的消费结构，是提高经济效益的一个重要条件。我们要根据人们生活的需要来组织生产。但同时也要根据生产发展的可能来确定消费水平，并对消费结构进行正确的引导和调节，不能盲目追随外国的消费结构和消费方式。根据我国人口众多而资源相对不足的国情，我们应该选择适合我国国情的消费模式。

在吃的方面，要同我国农业资源的特点和农业生产力水平相适应。在住的方面，要实行住宅商品化，加大"住"的消费支出比重。在用的方面，要同我国产业结构转换速度和技术水平相适应，需求"热点"的转移不能过于迅速，购买洪峰不能过于集中，要考虑产品的正常寿命曲线和产业之间的相关效应。在今后一段时间内，应以中档耐用消费品为主，而不能以高档豪华耐用消费品为主。

第三节 宏观经济管理中的市场环境

一、完整的市场体系

一个完整的市场体系是由各种生活资料和生产要素的专业市场构成的。因为人们之间的经济关系是贯穿整个社会再生产过程中的，既包括消费也包括生产，所以市场关系是通过各种与社会再生产过程有关的要素的交换表现出来的，完整的市场关系应该是一个由各种要素市场构成的体系。一般来说，它包括商品（消费品和生产资料）市场、技术市场、劳动力市场和资金市场。

（一）商品市场

商品市场是由以实物形态出现的消费资料和生产资料市场构成的，它是完整的市场体系的基础。

作为基础产品和中间产品的生产资料市场与社会生产有着重大的直接联系。生产资料市场既反映生产资料的生产规模和产品结构，又对整个固定资产规模及投资效果起制约作用，同时也为新的社会扩大再生产提供了必要条件和发挥机制调节作用，因此，生产资料市场实际上是经济运行主体的轴心。

作为最终产品的消费品市场与广大居民生活有着极为密切的关系。该市场的参与者是由生产者和消费者共同构成的，小宗买卖与现货交易较为普遍，交易的技术性要求较低，市场选择性较强。消费品市场不仅集中反映了整个国民经济发展状况，而且涉及广大居民物质和文化生活的所有需求，是保证劳动力简单再生产和扩大再生产的重要条件，因此，消费品市场对整个国民经济发展有重要影响。

生产资料市场与消费品市场虽然有重大的区别,但两者都是以实物形态商品为交换客体的,具有同一性,并以此区别于其他专业市场。

(二)技术市场

技术市场按其经济用途可细分为初级技术市场、配套技术市场和服务性技术市场。这些市场促使技术商品的普遍推广和及时应用,推动技术成果更快地转化为生产力。

由于技术商品是一种知识形态的特殊商品,所以技术市场的运行具有不同于其他专业市场的特点。

1. 技术市场存在着双重序列的供求关系

技术市场存在着双重序列的供求关系,即技术卖方寻求买方的序列和技术买方寻求卖方的序列。这是因为技术商品有其特殊的生产规律:一方面是先有了技术成果,然后设法在生产过程中推广应用;另一方面是生产发展先提出开发新技术的客观要求,然后才有技术成果的供给。这两种相反的供求关系序列,都有一个时滞问题,从而难以从某个时点上确定市场的供求性状:在技术市场上,供不应求与供过于求,总是同时存在的。

2. 市场的卖方垄断地位具有常态性

由于技术商品具有主体知识载体软件等特征,再生产比第一次生产容易得多,所以为保护技术商品生产者的利益,鼓励技术商品生产,在一定时期内技术商品要有垄断权,其不允许别人重复生产以前已经取得的技术成果,否则就将受到法律制裁。在一般情况下,每一技术商品都应具有独创性,同一技术商品不允许批量生产。因此,在技术市场上,同一技术商品的卖方是独一无二的,不存在同一技术商品卖方之间的竞争,相反同一技术商品的买方则是众多的,存在着买方之间的竞争,从而在总体上是卖方垄断市场。

3. 市场的交易具有较大的随意性

由于技术商品的使用价值是不确定的,客观上并不能全部转化为生产力;技术商品的价值也不具有社会统一尺度,不存在同一技术商品的劳动比较的可能性,只能转借技术商品使用后的效果来评价,所以在市场交易时主要由供求关系决定其价格。

4. 市场的交易形式较多的是使用权让渡

由于技术商品作为知识信息具有不守恒性,即它从一个人传递到另一个人,一般都不使前者丧失所传递的信息,因而技术商品的生产者往往在一定时期内,只让渡技术的使用权,而不出卖其所有权。这样,根据技术商品的传递特点,生产者就可以向多个需求者让渡其技术使用权,这是其他专业市场所不具有的交易方式。

(三)劳动力市场

劳动力市场在商品经济发展中起着重要作用。它使劳动力按照供求关系的要求进行流动,有利于劳动力资源的开发和利用,以满足各地区、各部门和各企业对劳动力的合理需求,实现劳动力与生产资料在质和量两方面的有机结合。同时,劳动力市场的供求竞争也有利于消除工资刚性和收入攀比的弊端，调整收入分配关系，促使劳动者不断提高自身素质，发展社会所需要的技能。

在发达的商品经济中，资金市场是市场体系的轴心资金市场按期限长短可细分为货币市场和资本市场。前者主要用来调节短期资金。它通过银行之间的拆放、商业票据的贴现、短期国库券的出售等方式，融通短期资金，调剂资金余缺，加快资金周转，提高资金利用率；后者主要是用来进行货币资金的商品化交易，把实际储蓄转变为中长期的实际投资。它通过储蓄手段吸收社会多余的货币收入，通过发行公债、股票、债券等形式筹集长期资金，通过证券交易流通创造虚拟信贷资金，从而加速资金积累与集中，为社会再生产规模的扩大创造条件。

在资金市场上，信贷资金作为商品，既不是被付出，也不是被卖出，而只是被贷出，并且这种贷出是以一定时期后本金和利息的回流为条件的，从而资金商品具有二重价值，即资金本身的价值和增值的价值。此外，资金商品的贷出和流回，只表现为借贷双方之间法律契约的结果，而不表现为现实再生产过程的归宿和结果。因此，资金市场的运行也有自身的特殊性。

1. 市场的供求关系缺乏相对稳定性

在资金市场上，对同一资金商品，一个人可以扮演既是供给者，又是需求者的双重角色，所以市场的供求对象没有相对稳定的分工。这种供求两极一体化的倾向，使市场的供求关系极为复杂多变，不可能建立较为固定的供求业务和供求渠道。

2. 市场的运行建立在信用投机的支点上

资金市场所从事的是信用活动。任何信用，都具有风险性，有风险就必然有投机。信用投机，尤其是技术性投机，承担了别人不愿承担的风险，提供了头寸，使市场更加活跃、更具有灵活性，使资金更具有流动性，使市场的资金价格趋于稳定。

3. 市场的流通工具和中介机构作用重大

资金市场的交易，除少数直接借贷的债权债务关系外，大多数要以信用工具作为媒介。然而，那些国债、公司债、股票、商业票据和可转让大额定期存单等信用工具，则要通过一系列商业银行、储蓄机构、投资公司、保险公司、证券交易所等中介机构来实现。

4. 市场活动的虚拟性创造

资金市场的信用活动，既不是商品形态变化的媒介，又不是现实生产过程的媒介，它的扩大和收缩并不以再生产本身的扩大和停滞为基础。这种信用活动创造了虚拟资金，加速了整个再生产过程。

（五）市场体系的结构均衡性

作为一个市场体系，不仅是全方位开放的市场，而且各个市场之间存在着结构均衡的客观要求。这既是市场主体之间经济关系得以完整反映的前提，也是宏观间接控制的必要条件。

1. 市场门类的完整性

在商品经济条件下，市场是人们经济活动的主要可能性空间。在这个活动空间中，人们不仅要实现商品的价值，更为重要的是，人们要为价值创造而进行生产要素配置。价值实现与价值创造的一致性，要求市场必须全方位开放、具有完整性。残缺的市场体系不仅使现有的市场不能充分发挥作用，而且会妨碍整个经济运行一体化。

2. 市场规模的协调性

一个市场体系的功能优化不在于某类市场规模的大小，而在于各类市场规模的协调效应。所以，各类市场的活动量必须彼此适应，协调有序任何一类市场的"规模剩余"和"规模不足"都将导致市场体系结构失衡及其功能的衰减。

3. 市场信号的协同性

各类市场之间的联系程度取决于市场信号之间的协同能力。只有当某一市场信号能及时转换成其他市场的变化信号，并产生市场信号和谐联动时，市场体系才具有整体效应，从而才能对经济进行有效调节。

总之，市场体系的结构完整和均衡，既是市场活动正常进行的基本条件，也是间接控制的必要条件之一。否则，间接控制就既无法从总体上把握经济运行的状况，也无法综合运用各种经济杠杆进行宏观调控。

二、买方的市场主权

在市场竞争关系中，商品供给等于某种商品的卖者或生产者的总和，商品需求等于某种商品的买者或消费者的总和。这两个总和作为两种力量集合互相发生作用，决定着市场主权的位置：以买方集团占优势的"消费者主权"或者以卖方集团占优势的"生产者主权"。这两种不同的竞争态势，对整个经济活动有不同的影响宏观间接控制所要求的是"消费者主权"的买方市场。

（一）市场主权归属的决定机制

在买方与卖方的竞争中，其优势的归属是通过各自集团内部的竞争实现的。因为竞争关系是一种复合关系，即由买方之间争夺同一卖方的竞争和卖方之间争夺同一买方的竞争复合而成。买方之间的竞争，主要表现为竞相购买自己所需的商品；卖方之间的竞争，主要表现为竞相推销自己所生产的商品。在这一过程中，究竟哪一方能占据优势，掌握市场主权，则取决于双方的内部竞争强度。如果买方之间的竞争强度大，消费者愿出更高的价钱来购买商品，必然会抬高商品的售价，使卖方处于优势地位。如果卖方之间的竞争强度大，生产者彼此削价出售商品，则必然会降低商品的售价，使买方处于优势地位。一般来说，决定竞争强度的因素有两方面。

1. 供求状况

市场上商品供过于求，卖方之间争夺销售市场的竞争就会加剧，商品售价被迫降低。

与此相反，市场上商品供不应求，买方之间争购商品的竞争就会加剧，从而会哄抬商品价格上升。

2. 市场信息效率

市场的商品交换是以信息交流为前提的，商品信息量越大，商品交换的选择度越高，被排除的可能选择就越多，从而使竞争加剧。所以，市场信息效率对竞争强度有直接影响。在供求状况不变时，市场信息效率不同，竞争强度也会发生变化。

总之，供求状况和市场信息效率共同决定着竞争强度，买方之间与卖方之间的竞争强度的比较，决定了市场主权的归属。

（二）市场主权不同归属的比较

市场主权归属于买方还是卖方，其结果是截然不同的。生产者之间竞争强度增大，会促使生产专业化的发展，有利于商品经济的发展；而消费者之间竞争强度增大，则迫使大家自给自足地生产，不利于商品经济的发展，因此，"消费者主权"的买方市场较之"生产者主权"的卖方市场有更多的优越性，具体表现在以下几点。

1. 消费者控制生产者有利于实现生产目的

在生产适度过剩的情况下，消费者就能扩大对其所需商品进行充分挑选的余地。随着消费者选择的多样化，消费对生产的可控性日益提高，生产就不断地按照消费者的需要进行。与此相反，卖方市场是生产者控制消费者的市场。在有支付能力的需求过剩的情况下，生产者生产什么，消费者就只能消费什么；生产者生产多少，消费者就只能消费多少。消费者被迫接受质次价高、品种单调的商品，其正当的权益经常受到损害。

2. 买方宽松的市场环境有利于发挥市场机制的作用

在平等的多极竞争中，产品供给适度过剩，可以提高市场信息效率，使价格信号较为准确地反映供求关系，引导资金的合理投向，使短线产品的生产受到刺激、长线产品的生产受到抑制。在产品供给短缺时，强大的购买力不仅会推动短线产品价格上涨，而且可能带动长线产品价格上涨，导致市场信息效率低下，给投资决策带来盲目性。

3. 消费者主权有利于建立良性经济环境

产品供给适度过剩将转化为生产者提高效率的压力，生产效率的提高将使产品价格下降，从而创造出新的大量需求，使供给过剩程度减轻或消失。随着生产效率的进一步提高，会形成新的生产过剩，这又将造成效率进一步提高的压力，结果仍是以创造新需求来减缓生产过剩。因此，在这一循环中，始终伴随着生产效率的不断提高和新需求的不断创造。在卖方市场中，质次价高的商品仍有销路，效率低下的企业照样生存，缺乏提高效率、降低价格和创造新需求的压力，总是保持着供不应求的恶性循环。

4. 消费者主权有利于资源利用的充分选择

生产者集团内部竞争的强化，将推动生产者采用新技术和先进设备、改进工艺、提高质量、降低成本，并促使企业按需生产，使产品适销对路。消费者集团内部竞争的强化，将使企业安于现状，不仅阻碍新技术和新设备的采用，还会把已经淘汰的落后技术和陈旧设备动员起来进行生产，这势必造成资源浪费、产品质量低下。同时，强大的购买力也会助长生产的盲目性，造成大量的滞存积压产品。可见，消费者主权的买方市场在运行过程中具有更大的优越性。

（三）买方市场的形成

形成买方市场有一个必要前提条件，就是在生产稳定发展的基础上控制消费需求，使之有计划地增长。也就是说，生产消费的需求必须在生产能力所能承受的范围之内，否则生产建设规模过度扩张，就会造成生产资料短缺；生活消费的增长必须以生产力的增长为前提，否则生活消费超前，就会造成生活资料短缺。

在市场信息效率既定的条件下，总体意义上的买方市场可以用总供给大于总需求来表示。由于总供给与总需求的关系受多种因素影响，其变化相当复杂，所以判断总体意义上的买方市场是比较困难的。一般来说，总量关系的短期变化可能与政策调整有关，总量关系的长期趋势则与体制因素相联系。例如，在传统社会主义体制下，企业预算约束软化导致的投资饥渴症和扩张冲动，使总量关系呈现常态短缺，尽管在短期内，采取紧缩政策对总量关系进行强制性调整，有可能在强烈摩擦下压缩出一个暂时性的买方市场，但不可能从根本上改变卖方市场的基本格局。因此，要形成总体意义上的买方市场，必须从体制上和政策上同时入手，通过政策调整使总需求有计划地增长，为体制改革奠定一个良好的基础，通过体制改革消除需求膨胀机制，提高社会总供给能力，最终形成产品绝对供应量大于市场需求量的买方市场。

总体意义上的买方市场虽然在某种意义上反映了消费者主权，但它并没有反映产品的结构性矛盾。如果大部分有支付能力的需求所对应的是供给短缺的商品，而大量供给的商品所对应的是有效需求不足的购买力，那么即使存在总体意义上的买方市场，也无法保证消费者市场的主体地位。因为从结构意义上考察，有相当部分的供给都是无效供给，真正的有效供给相对市场需求仍然是短缺的，实质上还是卖方市场。所以，完整的买方市场是总量与结构相统一的供大于求的市场。结构意义上的买方市场的形成，主要在于产业结构与需求结构的协调性。一般来说，当一个国家的经济发展达到一定的程度，基本解决生活温饱问题后，需求结构将产生较大变化，如果产业结构不能随之调整，就会导致严重的结构性矛盾。因此，关键在于产业结构转换。但由于生产要受到各种物质技术条件的约束，产业结构的转换又具有较大刚性，所以也要调整需求结构，使之有计划地变化，不能过度迅速和超前。

个体意义上的买方市场形成，在很大程度上取决于具体商品的供需弹性一般来说，供给弹性小的商品，容易形成短期的买方市场。需求弹性小的商品，如果需求量有限，只要生产能力跟得上，就是容易形成买方市场的。需求弹性大的商品，一般有利于形成买方市场，但如果受生产能力的制约，尽管需求量有限，也不易形成买方市场。需求弹性大，供给弹性小的商品，因销售者不愿库存商品，宁愿削价出售，在一定程度上有利于买方市场的形成。需求弹性大、供给弹性也较大的商品，如服装等，则主要取决于需求量与生产量的关系，只要社会购买力有一定限量，生产能力跟得上，就有可能形成买方市场。

买方市场形成的历史顺序，一般是先生产资料市场，后生活资料市场。这是因为生产资料是生活资料生产加速发展的基础，首先形成生产资料买方市场，有利于生活资料买方市场的发育。如果反历史顺序，在消费需求总量既定的前提下，那些需求弹性大的生活资料则可能形成买方市场，但这是不稳定的，并且首先形成的生活资料买方市场不利于推动生产资料买方市场的发育。因为消费品生产部门发展过快超过基础设施的承受能力，能源、交通和原材料的供应紧张就会严重影响消费品生产部门，使这些部门的生产能力闲置、开工不足，最终导致生活资料买方市场向卖方市场的逆转。同时，强大的消费品生产加工能力加剧了对生产资料的争夺，使生产资料市场难以转向买方市场。

因此，我们应在稳步提高人们生活水平的前提下，注重发展基础工业，重视基础设施建设，以带动直接生产部门的生产，这有利于生产资料买方市场的形成，使生活资料买方市场建立在稳固的基础之上。 三、多样化的市场交换方式

多样化的市场交换方式既是较发达市场的基本标志之一，也是市场有效运行的必要条件。它反映了市场主体之间复杂的经济关系和联结方式。各种不同功效的市场交换方式的组合，使交换过程的连续性与间断性有机地统一起来，有利于宏观间接控制的有效实施。多样化的市场交换方式包括现货交易、期货交易和贷款交易三种基本类型。

（一）现货交易市场

现货交易是买卖双方成交后即时或在极短期限内进行交割的交易方式。

1. 现货交易的基本特性

现货交易的基本特性表现为：①它是单纯的买卖关系，交换双方一旦成交，便"银货两清"，不存在其他条件的约束。②买卖事宜的当即性，交换双方只是直接依据当时的商品供求状况确定商品价格和数量，既不能预先确定，也不能事后了结。③买卖关系的实在性，成交契约当即付诸实施，不会出现因延期执行所造成的某种虚假性。现货交易方式，无论从逻辑上，还是历史上来说，都是最古老、最简单、最基本的交换方式。因为大部分商品按其自身属性来说，均适宜这种交换方式。

2. 现货交易对商品经济的调节

现货交易市场是建立在由生产和消费直接决定的供求关系基础上的，其最大的特点是随机波动性。市场价格和数量都不能预先确定，而要根据即时供求关系确定。人们对未来商品交易价格和数量的预期，也只是以当前的价格和数量以及其他可利用的资料为基础。这一特点使现货交易市场对商品经济运行具有灵活的调节作用，具体表现在：①有利于竞争选择，释放潜在的经济能量。市场的波动性是实行竞争选择的前提条件之一。市场的波动越大，竞争选择的范围越广，竞争选择的强度越大，所以，现货交易市场的竞争选择机

制作用较为明显。②有利于掌握真实的供求关系，对经济活动进行及时的反馈控制。除了投机商人囤货哄价，在一般情况下，现货交易价格信号能比较直接地反映实际供求状况，并且反应较为灵敏。这既有助于企业对自身的经营做出及时调整，也便于政府及时采取相应的经济手段调控市场。③有助于及时改善供求关系，防止不良的扩散效应和联动效应。由于现货交易关系比较单一和明朗，该市场的价格波动往往具有暂时性和局部性，至多波及某些替代商品和相关商品的供求关系，不会引起强烈的连锁反应。

当然，现货交易方式也有其消极作用。在现货交易市场上，当前供求的均衡是通过无数次偶然性的交换达到的，市场价格的涨落幅度较大、价格信号较为短促、市场风险较大，这些容易引起企业行为短期化、投资个量微型化、投资方向轻型化等倾向，不利于经济的稳定发展。

（二）期货交易市场

期货交易是先达成交易契约，然后在将来某一日期进行银货交割的交易方式。

1. 期货交易的基本特性

期货交易的基本特性表现为：①它不仅是买卖关系，而且是一种履行义务的关系，即买进期货者到期有接受所买货物的义务，卖出期货者到期有支付所卖货物的义务。②对期货交易来说，成交仅仅意味着远期交易合同的建立，只有到了未来某一时点的银货交割完毕，交易关系才算终结，从成交到交割要延续一段时间。③期货买卖成交时，并不要求买卖双方手头有现货，不仅如此，在未到交割期以前，买卖双方还可以转卖或买回。所以，期货交易具有投机性，会出现买进卖出均无实物和货款过手的"买空卖空"状况。

2. 期货交易市场的组成

套期保值者和投机者都是期货交易市场的主要人群，前者参与期货交易是为了减少业务上的风险，后者参与期货交易是为了牟取利润而自愿承担一定的风险。在该市场上，投机者是必不可少的。首先，由于商品的出售是"惊险的一跃"，套期保值者更愿意销售期货，如果期货市场全由套期保值者组成，则购买期货的需求一方总是相对微弱的，所以需要通过投机者的活动来调整期货供求之间的不平衡。其次，由于套期保值者不愿承担风险，单由他们的交易而达成的期货价格通常是不合理的，要大大低于一般预期价格。当投机者参与市场活动后，只要期货价格低于他们的预期价格，他们就会买进期货以牟取利润，这种敢于承担风险的行为会把期货价格提高到一个更为合理的水平。因此，期货市场必须由这两部分人组成，才具有合理性、流动性和灵活性。

3. 预期确定性

期货交易市场是建立在未来供求关系预先确定基础上的，其最大特点是预期确定性。期货市场的特点决定了它对经济运行的稳定性具有积极作用，具体表现在：①有利于生产者转移风险、套期保值，保证再生产过程的正常进行。生产者只要通过出售或购进期货，就可以避免市场价格波动带来的损失，就销售者来说，如果期内价格下跌，并反映在期货价格上，期货合同的收益就有助于弥补实际销售因价格下跌带来的损失。如果期内价格上涨，期货头寸的损失同样会由实际销售因价格上涨带来的收益所抵补。这样，生产者就能免受市场风险干扰而安心生产。②有利于市场价格的稳定，减轻市场波动。在该市场上，投机者利用专门知识对商品期货价格做出预测，并承担价格风险进行"多头"和"空头"的投机活动。当供给的增加会引起价格大幅度下降时，他们就买进存货并囤积起来，以便在以后以有利的价格抛出，这样就维持了现期价格。当供给短缺时，他们抛出存货，因而防止了价格猛涨。③有利于提高市场预测的准确度，产生对将来某一时点上的收益曲线形状和价格水平的较为合理的预期。期货价格反映了许多买方与卖方对今后一段时间内供求关系和价格状况的综合看法。这种通过把形形色色的个别分散的见解组合成一个易识别的预测量，虽然不能说是完全正确的，但总比个别的一次性的价格预测更准确和更有用。④有利于完善信息交流，促进市场全面竞争。期货市场作为买卖双方为未来实际交易而预先签订契约的中心，不仅使买卖双方互相了解其对方的情况，减少了互相寻找的盲目性，而且使各种短期与长期的信息大量汇集，扩大了可利用的市场信息范围。

期货交易市场虽然有利于消除因人们对商品价格和数量预期不一致所引起的不均衡，但它仍然不可能消除由于社会需求心理或资源不可预料的变化而产生的不均衡，以致人们经常发现自己不愿意或不能够购销他们曾经计划购销的商品而不得不另行增加现货交易，或用现货交易抵销合同。另外，期货市场也具有某种负效应的调节作用，如对期货价格的投机也许会成为支配价格的真实力量，从而价格就会因投机者操纵而剧烈波动，对经济产生危害。

（三）贷款交易市场

贷款交易是通过信贷关系所进行的商品交易，它反映了银货交割在时间上的异步性，即市场主体之间成交后，或者是以现在的商品交付来换取将来收款的约定；或者是以现在的货币交付来换取将来取货的约定。前者称为延期付款交易，后者称为预先付款交易。

延期付款交易有助于刺激有效需求，适宜商品供大于求状况；预先付款交易有助于刺激有效供给，适宜商品供不应求状况。这两种交易方式都是一笔货币贷款加上一宗商品交换，所不同的是：前者是卖方贷款给买方所进行的现货交易，属于抵押贷款，以卖方保留商品所有权为基础；后者是买方贷款给卖方所进行的期货交易，属于信用贷款，以卖方的信用为基础。

可见，贷款交易无非是在现货和期货交易基础上又增加了借贷关系的交易方式。这是一种更为复杂的交易方式，它具有以下基本特性：①在商品交换关系中渗透着借贷的债权债务关系，现期交付货物或货款的一方是债权人，远期交付货款或货物的一方则是债务人。他们在商品交换中也就实现了资金融通。②贷款交易在完成一般商品交换的同时提供了信贷，从而使受贷者在商品交换中获得提前实现商品使用价值或价值的优惠，即买方受贷者能提前实现商品使用价值的消费，卖方受贷者能提前实现商品的价值。③贷款交易虽然是成交后其中一方的货物或货款当即交付,但另一方的货款或货物交付总是要延续到以后某一日期才完成。

贷款交易市场是建立在再生产过程中直接信用基础上的,其最大的特点是信用关系连锁性。在该市场的商品交换中,借贷关系随着商品生产序列和流通序列不断发生,从而会使彼此有关的部门和行业连接起来。贷款交易市场的这一特点,使它对经济运行具有较大的弹性调节作用。

1. 有利于调节供给与需求在时间上的分离

当供求关系在时间序列上表现为不平衡时,或者采取商品的出售条件按照商品的生产条件来调节的办法,使需求提前实现;或者采取商品的生产条件按照商品的出售条件来调节的办法,使生产按需进行。这样就可以使再生产避免因供求在时间上的分离所造成的停顿。

2. 有利于调节短期的资金融通

贷款交易利用商品交换关系实现买方与卖方之间的信贷,提供短期的资金融通,使大量分散的短期闲置资金得以充分利用。

3. 有利于搞活流通

贷款交易市场用短期信贷关系弥补货物或货币缺口,使商品交换关系得以建立,这不仅扩大了商品销售,活跃了流通,而且加强了交易双方的经济责任,从而有力地促进了消费和投资。

4. 有利于促进银行信用的发展

贷款交易市场上的商业信用是与现实再生产过程直接相联系的,它是整个信用制度的基础,贷款交易市场的扩大,必然推动银行间接信用的发展,这是因为:一方面商业信用为了保证其连续性,需要银行做后盾;另一方面商业票据作为信用货币要到银行去贴现。

当然,贷款交易市场中的信用关系仅限于买卖双方,其活动范围不但是有限的,而且它在经济系统的不确定因素冲击下往往显得很脆弱,容易产生连锁性的信用危机,直接影响再生产过程的顺利进行。

第四章　经济管理创新的微观视角

从本质上说，微观经济学是一门描述和解释微观经济现象的学科，它并不能提供任何现成的可以拿来就用的结论。以微观视角进行的经济管理研究，其研究的对象是单个经济单位的经济行为，主要包括单个消费者、单个生产者、单个市场。因此，微观视角下的经济管理创新研究，不仅为企业经营管理决策提供了许多有益的视角，也为企业提供了发展方向。本章基于消费者、生产者和市场的基本理论，从需求、供给分析入手，讨论市场均衡价格的决定过程，辅以政府政策对市场均衡价格影响的研究，以此来对市场运行机制进行总体考察。

第一节　消费者、生产者与市场

一、消费者理论

（一）消费者行为理论模型

1. 彼得模型

彼得模型称轮状模型图，是在消费者行为概念的基础上提出来的。它认为消费者行为在感知与认知、行为和环境与营销策略之间是互动和互相作用的，彼得模型可以在一定程度感知与认知上解释消费者行为，帮助企业制定营销策略。消费者行为分析轮状模型图，包括感知与认知、行为、环境、营销策略四部分内容，具体如下所示。

①感知与认知是指消费者对外部环境的事物与行为刺激可能产生的人心理上的两种反应，感知是人对直接作用于感觉器官（如眼睛、耳朵、鼻子、嘴、手指等）的客观事物的个别属性的反映。认知是人脑对外部环境做出反应的各种思想和知识结构。

②行为，即消费者在做什么。

③环境是指消费者的外部世界中各种自然的、社会的刺激因素的综合体。如政治环境、法律环境、文化环境、自然环境、人口环境等。

④营销策略指的是企业进行的一系列的营销活动，包括战略和营销组合的使用、消费者会采取一种什么样的购买行为、与企业的营销策略有密切的关系。感知与认知、行为、营销策略和环境四个因素有着本质的联系。

感知与认知是消费者的心理活动，心理活动在一定程度上会决定消费者的行为。通常来讲，有什么样的心理就会有什么样的行为。相对应的，消费者行为对感知也会产生重要影响。营销刺激和外在环境也是相互作用的。营销刺激会直接地形成外在环境的一部分，而外面的大环境也会对营销策略产生影响。感知与认知、行为与环境、营销策略是随着时间的推移不断地产生交互作用的。消费者的感知与认知对环境的把握是营销成功的基础，而企业的营销活动又可以改变消费者行为、消费者的感知与认知等。但不可否认，营销策略也会被其他因素所改变。

2. 霍金斯模型

霍金斯模型是由美国心理与行为学家 D.I. 霍金斯提出的，是一个关于消费者心理与行为和营销策略的模型。

霍金斯模型，即消费者决策过程的模型，是关于消费者心理与行为的模型，该模型被称为将心理学与营销策略整合的最佳典范。

霍金斯认为，消费者在内外因素影响下形成自我概念（形象）和生活方式，然后消费者的自我概念和生活方式导致一致的需要与欲望产生，这些需要与欲望大部分要求以消费行为获得满足与体验。同时，这些也会影响今后的消费心理与行为，特别是对自我概念和生活方式起调节作用。

自我概念是一个人对自身一切的知觉、了解和感受的总和。生活方式是指人如何生活。一般而言，消费者在外部因素和内部因素的作用下首先形成自我概念和自我意识，自我概念再进一步折射为人的生活方式。人的自我概念与生活方式对消费者的消费行为和选择会产生双向的影响：人们的选择对其自身的生活方式会产生莫大的影响。同时，人们的自我概念与现在的生活方式或追求的生活方式也决定了人的消费方式、消费决定与消费行为。

另外，自我概念与生活方式固然重要，但如果消费者处处根据其生活方式而思考，这也未免过于主观，消费者有时在做一些与其生活方式不一致的消费决定时，自身却浑然不觉，这与参与程度有一定的关系。

3. 刺激—反应模型

（1）刺激—中介—反应模型

这一模型是人的行为在一定的刺激下通过活动，最后产生反应。它是人类行为的一般模式，简称 SOR 模型。SOR 模型早在 1974 年由梅拉比安和拉塞尔提出，最初用来解释、分析环境对人类行为的影响，后作为环境心理学理论被引入零售环境中。

任何一位消费者的购买行为，均是来自消费者自身内部的生理、心理因素或是在外部环境的影响下而产生的刺激带来的行为活动。消费者的购买行为，其过程可归结为消费者在各种因素刺激下，产生购买动机，在动机的驱使下，做出购买某商品的决策，实施购买行为，再形成购后评价。消费者购买行为的一般模式是营销部门计划扩大商品销售的依据。营销部门要认真研究和把握购买者的内心世界。

消费者购买行为模式是对消费者实际购买过程进行形象说明的模式。所谓模式，是指某种事物的标准形式。消费者购买行为模式是指用于表述消费者购买行为过程中的全部或局部变量之间因果关系的图式理论描述。

（2）科特勒的刺激—反应模型

美国著名市场营销学家菲利普·科特勒教授认为，消费者购买行为模式一般由前后相继的三个部分构成，科特勒的刺激—反应模式清晰地说明了消费者购买行为的一般模式：刺激作用于消费者，经消费者本人内部过程的加入和中介作用，最后使消费者产生各种外部的与产品购买有关的行为。因此，该模式易于被掌握和应用。

（二）消费者购买决策理论

1. 习惯建立理论

该理论认为，消费者的购买行为实质上是一种习惯建立的过程。习惯建立理论的主要内容如下。

①消费者对商品的反复使用形成兴趣与喜好。

②消费者对购买某一种商品的"刺激—反应"的巩固程度。

③强化物可以促进习惯性购买行为的形成。任何新行为的建立和形成都必须使用强化物，而且，只有通过强化物的反复作用，才能使一种新的行为产生、发展、完善和巩固。

习惯建立理论提出，消费者的购买行为，与其对某种商品有关信息的了解程度关联不大，消费者在内在需要激发和外在商品的刺激下，购买了该商品并在使用过程中感觉不错（正强化），那么他可能会再次购买并使用。消费者多次购买某商品，带来的都是正面的反映，购买、使用都是愉快的经历，那么在多种因素的影响下，消费者逐渐形成了一种固定化反应模式，即消费习惯。具有消费习惯的消费者在每次产生消费需要时，首先想到的就是习惯购买的商品，相应的购买行为也就此产生。因此，消费者的购买行为实际上是重复购买并形成习惯的过程，是通过学习逐步建立稳固的条件反射的过程。

以习惯建立理论的角度来看，存在于现实生活中的许多消费行为，可以得到消费行为的解释，消费者通过习惯理论来购入商品，不仅可以最大限度地节省选择商品的精力，还可以避免产生一些不必要的风险。当然，习惯建立理论并不能解释所有的消费者购买行为。

2. 效用理论

效用概念最早出现于心理学著作中，用来说明人类的行为可由追求快乐、避免痛苦来解释，后来这一概念成为西方经济学中的一个基本概念，偏好和收入的相互作用导致人们做出消费选择，而效用则是人们从这种消费选择中获得的愉快或者需要满足。通俗地说，就是一种商品能够给人带来多大的快乐和满足。

效用理论把市场中的消费者描绘成"经济人"或理性的决策者，从而给行为学家很多启示：首先，在商品经济条件下，在有限货币与完全竞争的市场中，"效用"是决定消费者追求心理满足和享受欲望最大化的心理活动过程。其次，将消费者的心理活动公式化、数量化，使人们便于理解。但需要指出的是，作为一个消费者，他有自己的习惯、价值观和知识经验等，受这些因素的限制，他很难按照效用最大的模式去追求最大效益。

3. 象征性社会行为理论

象征性社会行为理论认为任何商品都是社会商品，都具有某种特定的社会含义，特别是某些专业性强的商品，其社会含义更明显。消费者选择某一商标的商品，主要依赖于这种商标的商品与自我概念的一致（相似）性，也就是所谓商品的象征意义。商品作为一种象征，表达了消费者本人或别人的想法，有人曾说："服饰最初只是一个象征性的东西，穿着者试图通过它引起别人的赞誉。"有利于消费者与他人沟通的商品是最可能成为消费者自我象征的商品。

4. 认知理论

心理学中认知的概念是指过去感知的事物重现面前的确认过程，认知理论是20世纪90年代以来较为流行的消费行为理论，认知理论把顾客的消费行为看成一个信息处理过程，顾客从接受商品信息开始直到最后做出购买行为，始终与对信息的加工和处理直接相关。这个对商品信息的处理过程就是消费者接受、存储、加工、使用信息的过程，它包括注意、知觉、表象、记忆、思维等一系列认知过程。顾客认知的形成，是由引起刺激的情景和自己内心的思维过程造成的，同样的刺激、同样的情景，对不同的人往往产生不同的效果。认知理论指导企业必须尽最大努力确保其商品和服务在顾客心中形成良好的认知。

（三）消费者行为的影响因素

影响消费者行为的因素主要有两种，分别是个人内在因素与外部环境因素。在此基础上，还可以继续进行细分，将个人内在因素划分为生理因素与心理因素；将外部环境因素划分为自然环境因素和社会环境因素。可以说消费者行为的产生，是消费者个人与环境交互作用的结果。消费者个人内在因素与外部环境因素，直接影响着和制约着消费者行为的行为方式、指向及强度。

（四）消费者购买决策的影响因素

1. 他人态度

他人态度是影响购买决策的重要因素之一。他人态度对消费者购买决策的影响程度，取决于他人反对态度的强度及对他人劝告的可接受程度。

2. 预期环境因素

消费者购买决策要受到产品价格、产品的预期收益、本人的收入等因素的影响，这些因素是消费者可以预测到的，被称为预期环境因素。

3. 非预期环境因素

消费者在做出购买决策过程中除了受到以上因素影响，还要受到营销人员态度、广告促销、购买条件等因素的影响，这些因素难以预测到，被称为非预期环境因素，它往往与企业营销手段有关。因此，在消费者的购买决策阶段，营销人员一方面要向消费者提供更多的、详细的有关产品的信息，便于消费者比较优缺点；另一方面，则应通过各种销售服务，促成方便顾客购买的条件，加深其对企业及商品的良好印象，促使消费者做出购买本企业商品的决定。

二、生产者理论

生产者理论主要研究生产者的行为规律，即在资源稀缺的条件下，生产者如何通过合理的资源配置，实现利润最大化。广义的生产者理论涉及这样三个主要问题：第一，投入要素与产量之间的关系。第二，成本与收益的关系。第三，垄断与竞争的关系。以下重点分析第一个问题，即生产者如何通过生产要素与产品的合理组合实现利润最大化。生产是对各种生产要素进行组合以制成产品的行为，在生产中要投入各种生产要素并生产出产品，所以，生产也就是把投入变为产出的过程。

（一）生产者

生产是厂商对各种生产要素进行合理组合，以最大限度地生产出产品产量的行为过程。生产要素的数量、组合与产量之间的关系可以用生产函数来表现。因此．在具体分析生产者行为规律之前，有必要先介绍厂商生产要素、生产函数等相关概念。厂商在西方经济学中，乃生产者，即企业，是指能够独立做出生产决策的经济单位。在市场经济条件下，厂商作为理性的"经济人"所追求的生产目标一般是利润最大化。厂商可以采取个人性质、合伙性质和公司性质的经营组织形式。在生产者行为的分析中，经济学家经常假设厂商总是试图谋求最大的利润（或最小的亏损）。基于这种假设，就可以对厂商所要生产的数量和为其产品制定的价格做出预测。当然，经济学家实际上并不认为追求利润最大化是人们从事生产和交易活动的唯一动机。企业家还有其他的目标，比如，企业的生存、安逸的生活以及优厚的薪水等，况且要计算出正确的最大利润化也缺乏资料。尽管如此，从长期来看，厂商的活动看起来很接近于追求最大利润。特别是，如果要建立一个简化的模型，就更有理由认为厂商在制定产量时的支配性动机是追求最大利润。即使在实际生活中企业没有追求或不愿追求利润最大化，利润最大化也可以作为一个参考指标去衡量其他目标的实现情况。

（二）生产函数

厂商是通过生产活动来实现最大利润的目标的。素转换成有效产品和服务的活动。用数学语言来说，用投入数量与产出数量之间的关系，即为生产函数。

规定的技术约束，把投入要素转变为产出。在某一时刻，生产函数是代表给定的投入量所能产出的最大产量，反过来也可以说，它表示支持一定水平的产出量所需要的最小投入量。因此，在经济分析中，严格地说，生产函数是表示生产要素的数量及其某种数量组合与它所能生产出来的最大产量之间的依存关系，其理论本质在于刻画厂商所面对的技术约束。

在形式化分析的许多方面，厂商是与消费者相似的。消费者购买商品．用以"生产"满足；企业家购买投入要素，用以生产商品。消费者有一种效用函数，厂商有一种生产函数。但实际上，在消费者和厂商的分析之间存在着某些实质性的差异。效用函数是主观的，效用并没有一种明确的基数计量方法；生产函数却是客观的，投入和产出是很容易计量的。理性的消费者在既定的收入条件下使效用最大化；企业家类似的行为是在既定的投入下使产出数量最大化，但产出最大化并非其目标。要实现利润最大化，厂商还必须考虑到成本随产量变化而发生的变动，即必须考虑到成本函数。也就是说，厂商的利润最大化问题既涉及生产的技术方面，也涉及生产的经济方面。生产函数只说明：投入要素的各种组合情况都具有技术效率。这就是说，如果减少任何一种要素的投入量就要增加另一种要素的投入量，没有其他生产方式能够得到同样的产量。而技术上无效率的要素组合脱离了生产函数，因为这类组合至少多用了一种投入要素，其他要素投入量则同以前一样，其所生产出的产量却同其他方式一样多。

（三）生产要素

生产要素是指生产活动中所使用的各种经济资源。这些经济资源在物质形态上千差万别，但它们可以归类为四种基本形式：劳动、资本、土地和企业家才能，劳动是指劳动者所提供的服务，可以分为脑力劳动和体力劳动。

资本是指用来生产产品的产品。它有多种表现形式，其基本表现形式为物质资本如厂房、设备、原材料和库存等。另外，资本还包括货币资本（流动资金、票据和有价证券）、无形资本（商标、专利和专有技术）和人力资本（经教育、培育和保健获得的体力智力、能力和文化）。

土地是指生产中所使用的，以土地为主要代表的各种自然资源，它是自然界中本来就存在的。如土地、水、原始森林、各类矿藏等。

企业家才能是指企业所有者或经营者所具有的管理、组织和协调生产活动的能力。劳动、资本和土地的配置需要企业家进行组织。企业家的基本职责是：组织生产、销售产品和承担风险。生产任何一种产品或劳务，都必须利用各种生产要素。

三、市场理论

（一）市场

市场是商品经济的范畴。哪里有商品，哪里就有市场。但对什么是市场，却有多种理解。开始，人们把市场看作商品交换的场所，如农贸市场、小商品市场等。市场是指买方和卖方聚集在一起进行交换商品和劳务的地点。但随着商品经济的发展，市场范围的扩大，人们认识到，市场不一定是商品交换的场所，哪里存在商品交换关系哪里就存在市场。可见，市场的含义，不但指商品和劳务集散的场所，而且指由商品交换联结起来的人与人之间的各种经济关系的总和。

作为市场，它由三个要素构成：一是市场主体，即自主经营、自负盈亏的独立的经济法人。它包括从事商品和劳务交易的企业、集团和个人。二是市场客体，指通过市场进行交换的有形或无形的产品、现实存在的产品或未来才存在的产品。三是市场中介，指联结市场各主体之间的有形或无形的媒介与桥梁。市场中介包括联系生产者之间、消费者之间、生产者与消费者、同类生产者和不同类生产者、同类消费者与不同类消费者之间的媒介体系模式。在市场经济中，价格、竞争、市场信息、交易中介人、交易裁判和仲裁机关等都是市场中介。市场的规模和发育程度集中反映了市场经济的发展水平和发育程度，因此，在发展市场经济过程中，必须积极培育市场。

（二）市场经济

1. 市场经济概述

简而言之，市场经济就是通过市场机制来配置资源的经济运行方式，它不是社会制度。众所周知，在任何社会制度下，人们都必须从事以产品和劳务为核心的经济活动。而当人们进行经济活动时，首先要解决以何种方式配置资源的问题。这种资源配置方式，就是通常所说的经济运行方式。由于运用调节的主要手段不同，人们把经济运行方式分为计划与市场两种形式，前者指采用计划方式来配置资源，被称为计划经济；后者指以市场方式来配置资源，被称为市场经济。可见，市场经济作为经济活动的资源配置方式，不论资本主义还是社会主义都可以使用。它与社会制度没有必然的联系。虽然，市场经济是随着现代化大生产和资本主义生产方式的产生而产生的，但它并不是由资本主义制度所决定的。因为市场经济的形成与发展直接决定于商品经济的发达程度。迄今为止，商品经济发展经历了简单商品经济、扩大的商品经济和发达的商品经济三个阶段。只有当商品经济进入扩大发展阶段以后，市场经济的形成与发展才具备条件。因为在这个阶段不仅大部分产品已经实现了商品化，而且这种商品化还扩大到生产要素领域。这时，市场机制成为社会资源配置的主要手段。也就是说，这个阶段经济活动中四个基本问题，即生产什么、如何生产、为谁生产和由谁决策等，都是依靠市场的力量来解决的。由此可见，市场经济是一种区别于社会制度的资源配置方式，即经济运行方式。

2. 市场经济的运转条件

①要有一定数量的产权明晰的、组织结构完整的企业。

②要有完备的市场体系，成为社会经济活动和交往的枢纽。

③要有完整的价格信号体系，能够迅速、准确、明晰地反映市场供求的变化。

④要有完善的规章制度，既要有规范各种基本经济关系的法规，又要有确定市场运作规则的法规，还要有规范特定方面经济行为的单行法规。

⑤要有发达的市场中介服务组织，如信息咨询服务机构行业协会、同业公会、会计师事务所、律师事务所等市场经济作为经济运行方式。

3. 市场经济的特征

市场经济的特征可以归结为以下几个方面。

①市场对资源配置起基础性作用。这里的资源包括人力、物力、财力等经济资源。

②市场体系得到充分发展，不仅有众多的买者和卖者，而且有一个完整的市场体系，

并形成全国统一开放的市场。

③从事经营活动的企业，是独立自主、自负盈亏的经济实体，是市场主体。

④社会经济运行主要利用市场所提供的各种经济信号和市场信息调节资源的流动和社会生产的比例。

⑤在统一的市场规则下，形成一定的市场秩序。社会生产、流通、分配和消费在市场中枢的联系和调节下，形成有序的社会再生产网络。

⑥政府依据市场经济运行规律，对经济实行必要的宏观调控，运用经济政策、经济法规、计划指导和必要的行政手段引导市场经济的发展。

第二节 市场需求分析

一、需求的含义

需求与供给这两个词汇不仅是经济学最常用的两个词，还是经济领域最常见的两个术语。需求与供给作为市场经济运行的力量，直接影响着每种物品的产量及出售的价格。市场价格在资源配置的过程中发挥着重要作用，既决定着商品的分配，又引导着资源的流向。如果你想知道，任何一种事件或政策将如何影响经济并且产生什么样的效应，就应该先考虑它将如何影响需求和供给。

需求是指买方在某一特定时期内，在"每一价格"水平时，愿意而且能够购买的商品量。消费者购买愿望和支付能力，共同构成了需求，缺少任何一个条件都不能成为有效需求。这也就是说，需求是买方根据其欲望和购买能力所决定想要购买的数量。

二、需求表与需求曲线

对需求的最基本表示是需求表和需求曲线，直接表示价格与需求量之间的基本关系。

（一）需求表

需求表是表示在不影响购买的情况下，一种物品在每一价格水平下与之相对应的需求量之间关系的表格。需求表是以数字表格的形式来说明需求这个概念的，它反映出在不同价格水平下购买者对该商品或货物的需求量。

（二）需求曲线

需求曲线是表示一种商品价格和需求数量之间关系的图形，它的横坐标表示的是数量，纵坐标表示的是价格。通常，需求曲线是向右下方倾斜的，即需求曲线的斜率为负，这反映出商品的价格和需求之间是负相关关系。

三、需求函数与需求定理

（一）需求函数

需求函数是以代数表达式表示商品价格和需求量之间关系的函数。最简单意义上的需求函数，是将价格（P）作为自变量，需求量（Q_d）作为因变量，函数关系式，如下所示。

$$Q_d=a-bP$$

其中 a、b 为常数，a 最大需求量 b 为关系系数。

通过价格前面的负号，上式表示出了需求量和价格之间反方向变化的规律。

需求函数表示的经济学含义是，如下所示。

①在给定的价格水平下，需求者能够购买的最大商品数量。

②对于具体给定的商品数量，需求者愿意支付的最高价格。

（二）需求定理

从需求表和需求曲线中得出，价格与需求量之间，商品的需求量与其价格是呈反方向变动的，这种关系对经济生活中大部分物品不但是适用的，而且这种关系非常普遍，因此，经济学家称之为需求定理。

需求定理的基本内容是：在其他条件不变的情况下，购买者对某种商品的需求量与价格呈反方向变动，即需求量随着商品本身价格的上升而减少，随着商品本身价格的下降而增加。

四、影响需求的因素

除了价格因素，还有许多因素会影响需求使之发生变化。其中，以下几方面是比较重要的影响因素。

假如经济危机出现了，公司为了应对危机，就会相应地减少员工收入。当收入减少时，个人或家庭的需求一般就会相应地减少。就是说，当收入减少时，消费支出的数额就会相应地减少，因此，个人或家庭不得不在大多数物品上相应减少消费。在经济学中，当收入减少时，对一种物品的需求也相应减少，这种物品就是正常物品。一般把正常物品定义为：在其他条件相同时，收入增加会引起需求量相应增加的物品。

在人们的日常生活中，消费者购买的物品，并不都是正常物品，随着人们收入水平的提高，人们会对某种物品的需求减少，这种物品就是所谓的低档物品。从经济学的角度看，将低档物品定义为：在其他条件相同时，随着收入的增加，引起需求量相应减少的物品。

（二）相关商品的价格

相关商品是指与所讨论的商品具有替代或者互补关系的商品

在其他条件不变时，当一种商品价格下降时，减少了另一种商品的需求量，这两种物品被称为替代品两种替代商品之间的关系是：价格与需求呈现出同方向变动，即一种商品价格上升，将引起另一种商品需求增加。

在其他条件不变时．当一种商品价格下降时，增加了另一种商品的需求量，这两种物品被称为互补品。两种互补商品之间的关系是：价格与需求呈反方向变动，即一种商品的价格上升，将引起另一种商品需求减少。

（三）偏好

决定需求的另一明显因素是消费者偏好。人们一般更乐于购买具有个人偏好的商品。人们的偏好会受很多因素的影响，如广告，从众心理等。当人们的消费偏好发生变动时，相应地对不同商品的需求也会发生变化。

（四）预期

人们对未来的预期也会影响人们现期对物品与劳务的需求。对某一产品来说，人们通过预期认为该产品的价格会发生变化，若预期结果是涨价，人们会增加购入数量；若预期结果是降价，那么人们会减少当前的购入数量。

（五）购买者的数量

购买者数量的多少是影响需求的因素之一，如人口增加将会使商品需求数量增加，反之，购买者数量的减少会使商品需求数后减少。

（六）其他因素

在影响需求变动的因素中，如民族、风俗习惯、地理区域、社会制度及一国政府采取的不同政策等，都会对需求产生影响。

在之前的需求函数中，自变量只有价格，把各种影响因素考虑进来以后，可以写出一个多变量的需求函数，即把上述因素都包括进函数式中，如下所示。

$$Q=f(M, P_R, E, J, T)$$

式中：M 为收入。

P_R 为相关商品价格。

E 为预期。

J 为偏好。

T 为其他因素。

五、需求量变动与需求变动

（一）需求量的变动

需求量的变动是指其他条件不变的情况下，商品本身价格变动所引起的商品需求量的变动，需求量的变动表现为同一条需求曲线上点的移动。在影响消费者购买决策的许多其他因素不变的情况下，价格的变化直接影响着消费者的消费需求，在经济学中，这就是"需求量的变动"。

（二）需求的变动

在经济分析中，除了要明确"需求量的变动"，还要注意区分"需求的变动"。需求的变动是指商品本身价格不变的情况下，其他因素变动所引起的商品需求的变动。需求的变动表现为需求曲线的左右平行移动。

在需求曲线中，当出现影响消费者的商品需求因素，也就是需求的变动，在某种既定价格时，当人们对商品需求减少时，表现在需求曲线中就是曲线向左移；当人们对商品需求增加时，在需求曲线中就表现为需求曲线向右移。总而言之，需求曲线向右移动被称为需求的增加，需求曲线向左移动被称为需求的减少。

引起需求量变动和需求变动的原因不同，其不仅受到商品价格、收入、相关商品价格的影响，还受到偏好、预期、购买者数量的影响。

第三节　市场供给分析

一、供给的含义

供给是指卖方在某一特定时期内，在每一价格水平时，生产者愿意而且能够提供的商品量。供给是生产愿望和生产能力的统一，缺少任何一个条件都不能成为有效供给。也就是说，供给是卖方根据其生产愿望和生产能力决定想要提供的商品数量。通常用供给表、供给曲线和供给函数三种形式来表述供给。

二、供给表

供给表是表示在影响卖方提供某种商品供给的所有条件中，仅有价格因素变动的情况下，商品价格与供给量之间关系的表格。

三、供给曲线

如果供给表用图形表示，根据供给表描出的曲线就是供给曲线。供给曲线是表示一种商品价格和供给数量之间关系的图形。横坐标轴表示的是供给数量，纵坐标轴表示的是价格若是供给曲线是向右上方倾斜的，这反映出商品的价格和供给量之间是正相关的关系。

四、供给函数

供给函数是以代数表达式表示商品价格和供给量之间关系的函数最简单意义上的供给函数，是将价格（P）作为自变量，需求量（Q_s）作为因变量，供给函数关系如下。

$$Q_s=c+dP$$

其中，c、d 为常数，C 为最大需求量，d 为关系系数。

通过价格前面的正号，供给函数表示出供给量和价格之间同方向变化的规律。

供给曲线上的点表示的经济含义是，如下所示。

①在给定的价格水平上，供给者愿意提供的最大商品数量。

②对于给定的具体商品数员，生产者愿意索取的最低价格。

五、供给定理

从供给表和供给曲线中可以得出，某种商品的供给量与其价格是呈现出相同方向变动的。价格与供给量之间的这种关系对经济中大部分物品不但是适用的，而且实际上这种关系非常普遍，因此，经济学家称之为供给定理。

供给定理的基本内容是：在其他条件相同时，某种商品的供给量与价格呈现出同方向变动，即供给量随着商品本身价格的上升而增加，随着商品本身价格的下降而减少。

六、影响供给的因素

有许多变量会影响供给，使供给曲线发生移动，以下因素尤为重要。

（一）生产要素价格

为了生产某种商品，生产者要购买和使用各种生产要素：工人、设备、厂房、原材料、管理人员等。当这些投入要素中的一种或几种价格上升时，生产某种商品的成本就会上升，厂商利用原有投入的资金，将会提供相对减少的商品。如若要素价格大幅度上涨，厂商则会停止生产，不再生产和供给该商品。由此可见，一种商品的供给量与生产该商品的投入要素价格呈负相关。

（二）技术

在资源既定的条件下，生产技术的提高会使资源得到更充分的利用，从而引起供给增加。生产加工过程的机械化、自动化将减少生产原有商品所必需的劳动量，进而减少厂商的生产成本，并增加商品的供给量。

（三）相关商品的价格

两种互补商品中，一种商品价格上升，对另一种商品的需求减少，供给将随之减少。互补商品中一种商品的价格和另一种商品的供给呈负相关。

两种替代商品中，一种商品价格上升，对另一种商品的需求增加，供给将随之增加替代商品中一种商品的价格和另一种商品的供给呈正相关。

（四）预期

企业现在的商品供给量还取决于对未来的预期，若预期未来某种商品的价格会上升，企业就将把现在生产的商品储存起来，而减少当前的市场供给。

（五）生产者的数量

生产者的数量一般和商品的供给呈正相关关系，即如果新的生产者进入该种商品市场，那么，市场上同类产品的供给就会增加。

七、供给量的变动与供给的变动

（一）供给量的变动

供给量的变动是指其他条件不变的情况下，商品本身价格变动所引起的商品供给量的变动表现为沿着同一条供给曲线上的点移动。

影响生产者生产决策的许多其他因素不变的情况下，在任何一种既定的价格水平时，生产者提供相对应的商品数量。价格变化会直接导致商品供给数量的变化，在经济学中被称为"供给量的变动"。

（二）供给的变动

与需求相同，在经济分析中，除了要明确"供给量的变动"，还要注意区分"供给的变动"。供给的变动是指商品本身价格不变的情况下其他因素变动所引起的商品供给的变动。供给的变动表现为供给曲线左右平行移动供给的变动，在某种既定价格时，当某种商品价格上涨时，厂商对该商品的供给减少，此时供给曲线向左移；在某种既定价格时，通过科技手段来使该商品的生产能力变强时，此时供给曲线向右移动被称为供给的增加，供给曲线向左移动被称为供给的减少。

第四节 市场均衡与政府政策

一、市场与均衡

市场上，需求和供给主要是通过价格调节的，围绕着这一主题，首先，分析需求曲线和供给曲线如何共同决定均衡价格和均衡产量（均衡价格的需求量和供给量）；其次为什么在市场处于均衡状态时社会总剩余达到最大，买者和卖者之间的竞价如何使得非均衡状态向均衡调整；最后，简要介绍一下一般均衡理论，并讨论市场中的非价格机制。

市场将消费决策和生产决策分开，消费者不生产自己消费的产品，生产者也不消费自己生产的产品。但市场又通过交换将消费者和生产者联系起来市场通常被理解为买卖双方交易的场所，如传统的庙会、集市，现代的购物中心、百货商店等，都是市场。但市场又不仅仅是这些看得见、摸得着的实体场所。市场的本质是一种交易关系，它是一个超越了物理空间的概念。随着信息时代的到来，电商已经成为交易的一种新的形式，很多交易是在互联网上依托电商服务器完成的，在这里，虽然我们看不到具体的交易场所，但是网络虚拟的交易场所仍然是在我们经济学研究的市场中进行的。市场的类型多种多样，不仅有物质产品和服务产品的交易市场，也有作为投入品的要素市场，还有很多无形的标的物也可以成为市场的交易对象，如专利市场、思想市场等。

无论什么市场，都存在买者和卖者两方。市场交易是一个竞争的过程，不仅有买者和卖者之间的竞争，而且有买者之间的竞争和卖者之间的竞争。例如，生产者之间为获得客户、销售产品而竞争，消费者之间为获得产品而竞争，意味着每个人都有自由选择的权利，即向谁买、买什么和卖给谁、卖什么的自由。只有在各方都有自由选择权利的制度下，才可以谈得上交易，才能够称之为市场

（一）均衡价格

1. 均衡定义

经济学分析市场的一个基本工具是均衡。均衡分析理论距今已有一百多年的历史，至今仍然是一个强有力的分析工具。均衡分析最初是经济学家从物理学中借用过来的，它是一种分析不同力量相互作用的方法，在宇宙空间中存在着各种各样的力量，各种力量相互作用，达到一种稳定的状态，即均衡状态。在均衡状态下，没有任何事物会发生新的变化。市场上，供给和需求是两种基本的力量。经济学中的市场均衡，就是指供给和需求的平衡状态。

2. 市场均衡核心

关于市场均衡的概念述说起来就是供给和需求的平衡状态。价格是市场均衡的核心，需求和供给都受价格影响，都是价格的函数。但需求和供给对价格做出反应的方向不同：需求量随着价格的下跌而上升，供给量随着价格的上升而上升，因此，需求量和供给量不可能在任何价格下都相等。但需求和供给的反向变化也意味着，使需求量和供给量相等的价格是存在的。在经济学上，我们把使得需求量和供给量相等的价格称为"均衡价格"，对应的需求量（供给量）称为"均衡产量"。也就是说，在均衡价格下，所有的需求量都能得到满足，所有愿意在这个价格下出售的产品都可以卖出去。

3. 均衡价格与边际成本

均衡价格是指，当需求量等于供给量的状况下，由需求曲线和供给曲线的交点决定的。

（1）供给曲线与边际成本曲线重合

供给曲线与边际成本曲线重合，需求曲线与消费者的边际效用曲线也是重合的。需求曲线上的价格代表了消费者的最高支付意愿，也就是厂商要把某一固定产量的商品全部销售出去，可以卖出的最高价格。为什么随着产量的增加？消费者愿意付的钱越来越少？因为边际效用是递减的。也就是说，每个人一开始总是满足最迫切的需要，他愿意为最迫切的需要付出的最大代价；当需要满足之后，对其就不那么迫切了，愿意付出代价的愿望相对较小。

（2）供给曲线与生产者的边际成本曲线重合

它可以理解为厂商愿意接受的最低价格。只有消费者愿意付出的价格高于或至少不低于生产者愿意接受的价格时，交易才会给双方带来好处，产品才有可能成交。假设一件商品买家最高只愿意出 10 元钱，但卖家最低只能接受 12 元钱，那么交易就不会出现。因此，有效率的交易只会出现在均衡点的左侧，即需求曲线高于供给曲线的部分。

4. 均衡价格与边际效用

根据前面的论述，均衡价格也可以看作消费者的边际效用等于生产者的边际成本时对应的价格水平、这是因为消费者的最优选择意味着他愿意接受的市场价格等于其边际效用，生产者的最优选择意味着他愿意接受的市场价格等于其边际成本。这样一来，价格就把生产者和消费者联系在一起，均衡实现了双方最优。这个原理可以用下列公式表示。

$$边际效用 = 均衡价格 = 边际成本$$

可见价格是一个杠杆，它在消费者和生产者分离的情况下实现了"鲁滨孙经济"中消费者和生产者一体化情况下的最优选择条件，如下所示。

$$边际效用 = 边际成本$$

5. 均衡状态下的总剩余

交换带来的社会福利增加总额，即总剩余。总剩余包括两部分：一部分是消费者剩余，另一部分是生产者剩余。消费者剩余就是消费者支付的价格和他实际支付的价格之间的差额，总收入和总成本之间的差值即生产者获得的生产者剩余，也就是利润，其计算公式如下所示。

$$总剩余 = 消费者剩余 + 生产者剩余$$

均衡不是现实，而是现实发生变化背后的引力。只有在均衡条件下，总剩余才能达到最大，此时的市场效率是最大的。如果市场处于均衡状态的左侧，有一部分价值就没有办法实现；如果市场处在均衡状态的右侧，消费者愿意支付的价格小于生产者就愿意接受的最低价格，由此会出现亏损，导致社会福利的损失。所以均衡本身对应的是经济学上讲的"最大效率"，偏离均衡就会带来效率损失。当然，现实生活中，我们不可能总是达到最大效率这种状态。

（二）均衡的移动和调整

不管是供给曲线，还是需求曲线，均会受到很多因素的影响，并且这些影响因素是随时间变化的。影响需求曲线移动的因素有：消费者偏好、收入、替代品和互补品的价格，或者其他制度性的、文化的因素的变化。影响供给曲线移动的因素有：生产技术、要素价格和原材料价格、要素供给量的变化。因此，均衡点就随时间变化而变化，价格和供求的调整过程是动态的，就像追踪一个移动的靶子，而不是追逐着一个固定的目标。

从动态角度看，市场总是处于调整当中，现实经济总是处于非均衡状态。现实中的价格总是和理论上的均衡价格不完全一样，但市场价格总是围绕随时间变化的均衡点不断调整。这就是均衡分析的意义所在。

最后需要指出的一点是，前面我们把均衡点的变化和调整过程当作一个非人格化的过程。事实上，在现实市场中，均衡点的变化和调整主要是通过企业家活动实现的，企业家是善于判断未来、发现不均衡并组织生产、从事创新活动的人。尽管企业家也会犯错误，但正是他们的存在，使得市场经济不仅有序，而且在不断发展。

（三）非均衡状态及其调整

非均衡状态可以划分为两类，分别是实际价格低于均衡价格与实际价格高于均衡价格。通常情况下，当价格低于均衡价格时，消费者愿意购买的数量大于生产者愿意出售的数量，这就出现了供不应求的现象；当价格高于均衡价格时，消费者愿意购买的数量小于生产者愿意出售的数量，这就出现了供大于求的现象。无论哪种情况，都有一方的意愿不能实现，从而导致效率损失。

1. 非均衡状态概述

为什么非均衡状态会出现？最基本的原因是，在现实市场中信息是不完全的。在传统的教科书中，通常假定信息是完全的，每个人都知道供求曲线和交点的位置。在这个假设下，不会有非均衡，这与现实是有出入的。市场通常由若干买家和卖家组成，他们当中每一个个体的决策都会影响整个市场，但没人知道市场的需求曲线和供给曲线具体是什么形状，消费者甚至连自己的需求曲线都画不出来，生产者也画不出自己的供给曲线，更没有人能准确知道其他人的需求和供给，因此，没有人确知均衡点究竟在哪里。但实际交易就是在这种情况下发生的。尽管出于自身利益的考虑，消费者会寻找合适的卖方，生产者也会寻找合适的买方，并希望获得对自己最有利的交易条件，但这又会带来交易成本和等待的成本。因此，交易不可能从均衡价格开始不均衡状态还可以理解为一种后悔的状态：当消费者按照商家的标价购买一件商品后，过一段时间发现该商品价格下降了，那当初消费者实际支付的价格就是非均衡价格，这就表现出消费者的"后悔"。同样，当生产者把产品卖出后如果发现价格上涨了，也会感到"后悔"。

2. 现实交易向均衡状态的调整

尽管现实不可能处于均衡状态，但现实交易总是有向均衡状态调整的趋势。这种调整是买者和卖者竞争的结果，买者之间和卖者之间的竞争使价格从不均衡趋向均衡。现在我们就来分析一下可能的调整过程。首先考虑价格低于均衡价格的情况。设想由于某种原因，企业预期的价格低于均衡价格此时，市场上供给的产品数量将少于消费者愿意购买的数量当一部分消费者发现自己的购买意愿难以实现时，他们就愿意支付更高的价格；企业看到奇货可居，也会提高价格。随着价格的上升，一方面，消费者会减少需求，有些消费者甚至会完全退出市场；另一方面，企业会修正自己的预期，看到价格上升就会增加供给。如此这般，只要供给小于需求，价格就会向上调整，需求量随之减少，供给量随之增加，直到均衡为止。

现在考虑价格高于均衡价格的情况。如果市场价格高于均衡价格水平，企业会选择较高的产量，但在市场上，需求最低于产出量，造成部分商品生产出来后卖不出去。此时，由于销售困难，部分厂商会选择降价销售，以便清理库存，结果市场价格逐渐下降随着价格的下降，企业相应地减少产量，部分原来的生产者退出了市场，导致市场供给量下降；同时，随着价格的走低，部分潜在消费者进入了市场，需求量增加。如此这般，只要供给大于需求，价格就会向下调整，需求量随之增加，供给量随之减少，直至均衡为止

（四）亚当·斯密论的价格调整

市场上任何一个商品的供售量，如果不够满足对这种商品的有效需求，那些愿支付这种商品出售前所必须支付的地租、劳动工资和利润的全部价值的人，就不能得到他们所需要的数量的供给，他们当中有些人，不愿得不到这种商品，宁愿接受较高的价格。于是竞争便在需求者中间发生。而市场价格便或多或少地上升到自然价格以上，价格上升程度的大小，要看货品的缺乏程度及竞争者富有程度和浪费程度所引起的竞争热烈程度的大小。

反之，如果市场上这种商品的供售量超过了它的有效需求，这种商品就不可能全部卖给那些愿意支付这种商品出售前所必须支付的地租、劳动工资和利润的全部价值的人，其中一部分必须售给出价较低的人。这一部分商品价格的低落，必使全体商品价格随着低落。这样，它的市场价格便或多或少降到自然价格（类似长期均衡价格）以下。下降程度的大小，要看超过额是怎样加剧卖方的竞争。或者说，要看卖方是怎样急于要把商品卖出的。

如果市场上这种商品量不多不少，恰好够供给它的有效需求，市场价格便和自然价格完全相同，或大致相同。所以，这种商品全部都能以自然价格售出，而不能以更高价格售出。各厂商之间的竞争使他们都得接受这个价格，但不能接受更低的价格。

当然，无论供不应求还是供过于求，现实中的调整都比我们上面描述的要复杂一些。比如，在供不应求的情况下，市场价格也许会短期内冲到消费者可接受的最高点，然后再随着供给量的增加逐步回落，经过一段时间的震荡后，逐步趋于均衡；在供过于求的情况下，市场价格也许会短期内跌落到消费者愿意支付的最低点，然后随着供给量的减少逐步回升，经过一段时间的震荡后，逐步趋于均衡。

调整过程需要多长时间，不同产品，市场是不同的。特别是，由于需求很容易及时调整，调整的快慢主要取决于产品的生产周期。生产周期越长的产品，调整的速度越慢。例如，农作物的生产周期是以年计算的，调整至少需要一年的时间；而服装的生产周期很短，调整相对快一些。

容易设想，如果需求曲线和供给曲线不随时间而变化，则不论调整的时间多长，市场价格最终一定会收敛于均衡水平。现实中，尽管绝大部分产品市场达不到经济学意义上的均衡，但仍然可以达到日常生活意义上的均衡，即在现行的价格下，消费者的意愿需求总可以得到满足，生产者也可以售出自己计划生产的产品。实际价格的相对稳定性就证明了这一点。

现实市场之所以达不到经济学意义上的均衡，是因为需求曲线和供给曲线都随时间变化而变化。

（五）一般均衡与非价格机制的调整

1. 一般均衡理论

前面讲的单一产品市场的均衡是局部均衡，一般均衡或总体均衡，是指所有市场同时达到均衡的状态。这里的市场不仅包括产品市场，还包括劳动力市场和资本市场。以下是产品市场的一般均衡。

（1）一般均衡定义

所有的产品，需求量等于供给量，即市场实现了一般均衡，或者说，消费者的总支出等于生产者的总收入（现实中，消费者的收入是通过要素价格的形式获得的）。

一般均衡又称为瓦尔拉斯均衡。经济学家花了将近一百年的时间，孜孜以求证明一般均衡的存在性和稳定性。最初，经济学家试图用求解联立方程的方式证明解的存在性和稳定性，但并不成功。20世纪50年代，阿罗、德布罗等人应用拓扑学和数学上的不动点定理，建立了现在经济学的一般均衡理论，并因此获得了诺贝尔经济学奖。因此，一般均衡又称为"阿罗—德布罗定理"。

（2）一般均衡的基本特征

在均衡状态，每个消费者都达到效用最大化的消费选择，每个生产者都达到利润最大化的产量选择；所有的产品市场都出清，所有的要素市场都达到供求平衡；所有消费者都能买到自己想买的产品，所有生产者都能卖出自己计划生产的产品；想找工作的劳动者一定能找到工作，想雇人的企业一定能雇到人；想借钱的生产者一定能借到钱，能出贷的贷款人一定能把钱贷出去。

（3）一般均衡的条件

一般均衡有一个条件：如果一种产品出现过剩，则价格等于零，等于说它给人们带来的边际效用为零。完全竞争企业的收入等于成本，没有超额利润。

（4）理论上的一般均衡

理论上，一般均衡是通过价格的不断试错而实现的。对于任意给定的一组价格，如果某种产品供过于求，该产品的价格就向下调整；如果供不应求，该产品的价格就向上调整。这样，经过若干次的调整，所有产品的价格都趋于均衡。

（5）一般均衡的意义

一般均衡在理论上很完美，但现实经济不可能达到一般均衡。尽管如此，一般均衡理论仍然是很有意义的，如下所示。

第一，它为分析市场提供了一个参照系。

第二，它有助于分析政策的直接和间接效果。

我们知道，一个经济体系中，任何一个市场的价格变化不仅会引起该商品需求和供给的变化，而且会对其他商品的需求和供给产生影响，甚至引发劳动力市场、土地市场等要素市场的变化。这就是我们日常讲的"牵一发而动全身"。一般均衡模型可以把这些直接效果和间接效果都考虑进去，因此，可以分析任何一个变量的变化引起的总体效果。

例如，当政府对某种商品征税时，为了理解由此引起的整个经济的总效率如何变化，我们不仅要考虑税收如何影响商品的供求和价格，而且要考虑其他商品和要素的供求和价格如何变化。只有这样，我们才能准确评价政府征税对现实经济的总体影响。因此，一般均衡理论对福利经济学非常重要。当然，正因为一般均衡分析过于复杂，大部分经济学家仍然偏好于局部均衡分析，一般均衡理论也意味着，如果由于某种原因某种商品的市场偏离了原来的均衡，则所有其他商品的市场也应该偏离原来的均衡。

再如，假定经济由两种商品组成，在均衡的情况下，第一种商品的产量是8个单位，第二种商品的产量是10个单位。如果政府规定第一种商品只能生产7个单位，那么，第二种商品的最优产量就应该做相应调整，而不应该是原来的10个单位。这就是所谓的"次优理论"。

2．市场的非价格机制

（1）非价格机制调节概述

非价格机制，是指通过配额、排队、限制等手段来调节供求。一般来说，价格是协调供求最有效的手段，如果价格不受管制，那么自由的市场竞价会使市场趋向均衡，尽管不能每时每刻都达到均衡。有时候政府会出于收入分配或其他目的限制竞价，如政府对一些特定产品实行配额生产或消费，政府有时候也要求企业必须雇用某些特定的员工。正如我们前面指出的，整体来说，政府利用非价格手段干预市场会使经济产生效率损失。

但值得注意的是，在市场经济中，企业也会使用一些非价格手段调节需求。例如，当某种产品非常紧俏的时候，厂家并不一定把价格提高到供求相等的水平，而是在维持价格不变的情况下实行限额购买。特别是在金融市场和劳动力市场上，企业使用非价格手段更为频繁。再如，银行并不把利率调整到某一水平，使得所有想贷款的人都能贷到款，而是对所有申请贷款的人进行资格审查，然后决定将款项贷给谁、不贷给谁以及贷多少。在劳动力市场上，即使求职者愿意以更低的工资获得工作机会，企业也可能不愿意降低工资，而是宁可在保持工资不变的情况下少雇用工人。

（2）非价格机制的应用

企业为什么使用非价格手段？无疑，有些情况下企业这样做是出于非经济因素的考虑，包括社会公正、舆论压力等。例如，在自然灾害发生时，企业不愿意把产品价格提高到供求均衡的水平，既可能是因为希望给每个人提供基本的生活保障，也可能是害怕被民众批评"发国难财"。但总体来说，企业使用非价格手段通常也是出于利润最大化的动机，事实上，这些手段之所以被认为是非价格手段，是因为人们对产品的定义有误解很多非价格机制，在其本质上可以还原价格机制。

现实中，有一种定价叫作打包价格机制。例如，迪士尼乐园的一张门票包含若干活动项目，理论上消费者拿一张通票可以玩所有的项目，但实际上一天下来去不了几个地方，因为每个地方都排着很长的队。所以，名义价格不变，不等于实际价格不变，非价格调节机制可以改变真实的价格。

二、政府干预的效率损失

（一）价格管制及其后果

在市场经济国家，政府有时会对价格和工资实行限制。与计划经济的政府定价不同的是，市场经济国家的价格管制一般只规定最高限价或最低限价，而不是直接定价。最高限价，即规定交易价格不能高于某个特定的水平，也就是卖出商品的标价不能超过规定的最高价格。最高价格一定低于均衡价格，否则是没有意义的。

最高限价会带来什么后果呢？从效率上来看，本来一些不是非常需要这个商品的人也进入了市场，该商品对这些消费者的效用并不大，但他们也很可能获得该商品，这对社会资源是一种浪费。而该商品对另外一些人的价值较大，但在限价后他们可能买不到这种商品，这又是一种损失。政府会有什么对策呢？既然需求大于供给，政府可以选择的一个办法就是强制企业生产市场需要的产量。这就是为什么价格管制经常会伴随计划性生产的主要原因。强制生产的结果是什么？假如政府的生产计划确实能够实现，此时生产的边际成本远远大于商品给消费者带来的边际价值，这是一种资源的浪费。

有时候政府制定最高限价并强制企业生产，如果企业亏损则给予财政补贴。但这会弱化企业降低成本的积极性，甚至诱导企业故意增加成本、制造亏损，因为亏损越多，得到的补贴越多，不亏损就没有补贴。这又是一种效率损失。

如果政府没有办法强制企业生产，那就只能配额消费，在1200单位的需求量里面分配400单位的产情配额会引起什么问题呢？如果政府通过抓阄的方式随机分配配额，将导致前面讲的效率损失，因为能得到该商品的并不一定是需求最迫切的消费者。

现在我们转向讨论最低限价政策。最低限价的直接目的是使得交易价格高于市场均衡价格。与最高限价的情况相反，如果政府为了保护某个产业，出台政策规定相关产品的交易价格不能低于某个最低价格，这将导致供过于求。

为了解决供过于求的问题，政府就不得不实行配额生产。即便政府能够保证把配额分配给成本最低的企业，但由于与需求量对应的产量小于均衡价格下的产量，也存在效率损失。当然，政府也可以强制消费者购买过剩的产量，但这样做不仅损害了效率，而且限制了消费者的选择自由。如果政府既不能成功地实行生产配额，也不能成功地强制消费，最低限价也就没有办法维持。解决问题的办法是把生产者价格和消费者价格分开，这就需要对生产者给予价格补贴，每单位产品的补贴额等于生产者价格和消费者价格的差额对生产者来说，这种补贴是一种收益，但对整个社会来讲，则是总剩余的减少。

（二）税收如何影响价格

政府干预市场的另一个方式是征税。政府需要征税获得财政收入，税收的结构和额度将会改变市场的均衡状态。政府征税类似在供求之间加入一个楔子，对价格和交易批都会产生影响。税负最终是由谁来承担？这依赖于需求曲线和供给曲线的特征。但是无论如何，税负通常会降低交易效率。

1. 从量税

现在我们引入政府征税税收中有一种税叫作从量税,是对生产者销售的每一单位产品进行征税征收这种从量税以后,成交价格上涨了,均衡数量下降了。

下面我们来分析税收是由谁来承担的。表面上看消费者没有直接交税,但并非如此,实际上消费者与生产者共同承担起了税收,政府征走的税收可以作为转移支付,不会降低总剩余。但是征税后交易量的下降却降低了总剩余。可见,从量税会导致一定的效率损失。另外一种从量税是对消费者征税,与政府对生产者征税时相同。

现在我们来看一种特殊的情况。假如供给曲线价格没有关系,而需求曲线向下倾斜,垂直的供给曲线并不发生变化,均衡价格、量产也不变化,在这种情况下,税收全部由生产者承担,如果从量税是对消费者征收的,消费量没变,实际支出与没有税收时是一样的。税收仍然全部由生产者承担。再看另外一种情况,假如供给是有弹性的,而需求是无弹性的,也就是我们通常所说的"刚需"。生产者没有承担税收,此时税负全部由消费者承担。假设供求曲线不变,税负这时仍全部由消费者承担,只要需求和供给都有一定的弹性,税收就会造成生产效率的下降。

由此我们可以得出这样的结论:如果供给是无限弹性的,需求就是有弹性的,税收将全部由生产者承担;如果需求是无限弹性的,供给就是有弹性的,税收将全部由消费者承担。

一般情况下,无论向哪一方征税,供给弹性和需求弹性的比值直接决定着税负的分担比例。简单来讲,就是供给与需求哪一方弹性小,相应负担的税收就大,一方面,需求弹性相对小,则消费者承担的税负比重高;另一方面,供给弹性相对小.则生产者承担的税负比重高。政府的税收政策一般会带来效率损失。只有在需求或供给无弹性的时候.税收才不造成效率损失,此时税负全部由消费者或生产者承担,没有导致交易数量的变化,只要需求和供给都有一定的弹性,税收就会造成生产效率下降。生活必需品的需求弹性是比较小的,比如粮食价格上涨 50%,人们的消费量不会减少 50%。所以对生活必需品的征税大部分转嫁给消费者,奢侈品通常需求弹性比较大,承担税负的主要是生产者。

2. 从价税

从量税是根据销售数量定额征收,从价税是根据销售价格按一定比例征收。无论哪种情况,只要供给和需求都是有弹性的,税收就会产生效率损失。

3. 所得税

除了对交易征税,政府还会对个人和企业的收入征税,又称所得税。它是以所得额为课税对象的税收的总称。很多地方征收公司所得税,同时还有个人所得税。所得税收影响了生产者的积极性,因而会影响产品价格。

总体来讲,税负不可能最终只由纳税人来承担,也会有效率损失。因为税负影响着生产者的积极性,所以生产者会提高价格。假如所得税税率过高,没人愿意生产了,行业的供给量将会减少,导致市场价格上升,因此,消费者就要承担部分税收。设想一个极端的情况,假如我们征收 100% 的利润税,企业赚的钱都纳税了,没人愿意办企业了,最后损害的将是我们社会上的每一个人。

第五章 数字经济的发展及管理创新

发展数字经济，需要相应的技术支持和产业支撑。我国数字经济增长不能过度依赖发达国家的技术，应培养我国自身的技术与产业基础。因此，我国必须加快与数字经济相关的前沿技术领域的革新能力建设，同时，夯实相关产业对数字经济发展的支撑根基。

第一节 数字经济的基础产业

一、电子商务产业

（一）电子商务产业概述

电子商务指借助电子手段进行的商务活动，具体而言是指经济活动主体之间利用现代信息技术基于计算机网络开展的商务活动，实现网上信息搜集、接洽、签约、交易等关键商务活动环节的部分或全部电子化，包括货物交易及服务交易等。电子商务主要的关联产业包括制造业、运输业、仓储业、邮电业、电子信息业等。

1. 电子商务基本组成

电子商务（简称电商）是应用现代信息技术、数字技术，对企业的各项活动进行不间断优化的过程。在这个过程中包括四个要素，即商城、消费者、产品、物流；三个环节，即买卖、合作、服务。买卖环节是指各大购物网络平台通过为消费者和商家搭建电子交易平台，确保商家可以在平台上销售商品，消费者可以在平台购买到更多质优价廉商品的交易过程。合作环节包括电商平台与商品提供商建立的合作关系、电商平台与物流公司建立的合作关系以及商品提供商与物流公司建立的合作关系，这些合作关系既为消费者的购买行为提供保障，也是电商运营的必要条件之一。服务是电商的三个环节之一，包括售前的咨询服务、售中的物流服务以及售后的退货、修补等服务，从而实现再一次的交易。同时，电子商务还包括如下四方面的关系：①交易平台。第三方电子商务平台是指提供电子商务服务的信息网络系统的总和，这些服务包括撮合交易双方交易以及其他相关服务。②平台经营者。第三方交易平台经营者是指在从事第三方交易平台运营为交易双方提供服务，并在工商、税务等行政管理部门领取了相关执照的自然人、法人或其他组织。③站内经营者。第三方交易平台站内经营者是指在电子商务交易平台上为保障交易的顺利进行提供相关服务的自然人、法人和其他组织。④支付系统。支付系统是指由为买卖双方提供资金支付、清算服务的机构与传送支付指令和进行资金清算的技术手段、工具组成的，旨在实现资金的转移和债券债务的清偿的金融安排，又被称为清算系统。电子商务形成了一个从产品信息搜集到物流再到在线支付的完整的产业系统。电子商务不再只是买卖双方之间的交易的简单电子化，其他行业机构如银行、物流、软件、担保、电信等也开始逐渐围绕网络客户的需求进行集聚，通过互联网这一"虚拟园区"交织成庞大的新产业环境，同时进行更广泛的资源整合。电子商务是一系列有密切联系的企业和组合机构以互联网作为沟通合作的工具和相互竞争的平台，通过虚拟合作等形式实现了跨越地理位置界限的资源共享和优势互补，形成了一个有机的系统性产业——电子商务产业。

2. 电子商务的特征

电子商务产业是现代服务业中的重要产业，具有高人力资本含量、高技术和高附加值的"三高"特征以及新技术、新业态和新方式的"三新"特征，素有"朝阳产业""绿色产业"之称。结合电子商务系统的内在机制、关系和性质看，电子商务还具有四个方面的主要特征。一是广泛的沟通机制。电子商务凭借网络工具，造就了一个真正意义上的无形市场，为企业提供了无形的商机，使交易的参与者、交易的场所、交易的支付结算形式打破了时间和空间的界限，为企业提供了无限的潜在商机。二是信息的及时性、完备性。电子商务应用于互联网中，企业可以及时地发布信息，消费者也可以及时地获取信息。同时，针对企业本身及企业生产的产品质量信息，消费者可以通过搜索引擎能够对其有一个比较全面的了解。三是信息的动态更新。数字经济下的电子商务产业的各种信息一直在不断持续更新。供求信息不停更新，商品资金不停流动，交易双方也不停地变更。四是形成全球统一的市场。通过互联网，地球一端的交易者可以和另一端的交易者进行实时在线交易，资金可通过电子支付客户端在极短的时间内从一端转向另一端，货物也可以通过现代发达的航空、铁路、海运等物流方式在很短的时间内到达购买方的手里。

（二）电子商务产业的发展历程及状况

电子商务是随着计算机技术以及信息技术的发展而发展的，自计算机技术及信息技术诞生之初，世界各国就重视其在商务中的应用。电子计算机普及率的迅速提高以及互联网的高速发展，使以互联网为基础的电子信息基础设施成为现代信息传播的主要手段，电子商务产业开始形成。世界电子商务产业的发展经历了以下四个阶段。

第一阶段：从19世纪30年代开始的以电子通信工具为基础的初期电子商务。该阶段人类开始使用诸如电报、电话、传真、电视等电子手段进行传递信息、交接商务文件、谈判、支付以及广告等的商务活动。在电报发明之后，电子手段首次被人们运用于进行商务活动的实践中，电信时代的序幕也由此拉开。用声音传递商务信息则开始于贝尔和华生在19世纪70年代发明的电话。受技术限制，人们只是尽可能地运用一些电子手段来为商务活动带来便利。

第二阶段：兴起于20世纪60年代，以电子数据交换为基础的电子商务。该阶段主要表现为伴随着个人计算机的诞生以及企业间专用网络的不断发展。作为电子商务应用系统雏形的电子数据交换（EDI）技术和银行间的电子资金转账（EFT）技术开始应用于企业间信息的传递，可以将商业信息、数据和文件等及时从一台计算机传递到另一台计算机，提高商业的运营效率，降低商业成本。但企业使用专用网络与设备的费用太高，缺乏相关人才，严重影响了电子商务的发展。

第三阶段：开始于20世纪90年代的以互联网为基础的电子商务。该阶段由于互联网在全球迅速普及和发展，一种以互联网为基础的电子商务运营模式出现。该模式以交易双方为主体，借助网上支付和结算工具，以客户信息数据库为依托，成为现代电子商务产业运营模式的雏形。

第四阶段：从21世纪开始人们进入E概念电子商务阶段。该阶段随着电子商务的深入发展和人们对电子商务认识的深化，人们对电子商务的内涵有了更新的认识，对电子商务的实质有了更全面的认识，认为电子商务实际上就是将电子信息技术广泛地应用于各种商务活动中。现代经济是商业经济，现代的人类社会活动也都或多或少地涉及商务活动，因此，现代电子信息技术使电子商务可以更多、更大范围地渗透人类社会活动成为可能，使电子商务活动可以与教育、医疗、金融、军事和政府等相关领域结合，拓展了电子商务的作用领域，E概念由此形成。如与教育结合形成的电子教务——远程教育成人高校、与医疗结合衍生出电子医务—远程医疗等，其实质是将电子信息技术应用于社会各个领域中，从而扩大电子商务的作用域，使得电子商务全面地融入社会各个领域。

现今，随着云计算、物联网、大数据技术的日渐成熟和广泛应用，电子商务产业在E概念电子商务阶段得到进一步发展且发生了很多变化。

一方面，电子商务受物联网影响而产生的变化。一是产品的质量监控得到完善。借助条码技术、二维码技术、RFID技术和GIS技术等，人们可以对产品生产、运输、存储、销售的全过程进行监控。当进入生产阶段，投入生产的原材料就要嵌入EPC标签，产成品投入市场成为消费品EPC标签一直存在，并将记录下产品生产、运输、存储、销售的全过程的所有信息。如此，消费者购物时，只需查询EPC标签即可知道商品的所有信息，从而达到对产品质量的全面监控。二是改善供应管理，物联网主要影响供应链的制造环节、仓储环节、运输环节和销售环节，提升企业和整个供应链对复杂多变的市场的反应能力，加快反应速度。三是提升物流服务质量，其基本原理同以上第一和第二点一样，利用物联网的感应、辨析、互联的技术，实现对查询和实时的追踪监控。物联网对物流的主要影响：①实现自动化管理即获取实时数据、自动分拣等，提高作业效率，改变仓储状况；②降低仓储成本；③提高服务质量，优化整合供应链各个环节；④促进物流信息化等。

另一方面，电子商务受大数据的影响而产生变化。一是实现渠道优化。大数据的本质就是从海量的数据中分析出全面有效的信息，大数据使电商企业能寻找更多的目标客户，优化营销渠道资源的投放量。二是精准营销信息推送。从海量数据中分析出目标客户更多的信息，包括年龄、性别、偏好等，由此就可以向目标客户发送其感兴趣的营销信息。三是连接线上、线下营销。电商企业可以通过互联网在线上将客户需要的信息发送给客户。如果客户对产品持怀疑态度，就可联系线下当面交易。

电子商务整合了商务活动中的人流、物流、资金流、信息流，使"四流"合一，使电子商务产业更加具有市场全球化、交易连续化、成本低廉化、资源集约化等优势。在现代技术强力推动世界各地区重视电子商务产业的背景下，全球电子商务市场高速发展。在我国，电子商务产业受技术、政策等内外因驱动，电子商务市场规模保持快速增长。

二、信息技术产业

（一）信息技术产业概述

信息技术产业是指运用信息技术工具，搜集、整理、存储和传递信息资源，提供信息服务，提供相应的信息手段、信息技术等服务以及提供与信息服务相关的设备的产业。信息技术产业主要包括以下三个行业：一是信息设备制造行业，该行业主要是从事电子计算机的研究和生产，包括相关机器设备的硬件制造和计算机的软件开发等，如计算机设备和程序开发公司等。二是信息处理与服务行业，该行业主要是利用现代电子计算机设备和信息技术搜集、整理、加工、存储和传递信息资源，为相关产业部门提供所需要的信息服务，如信息咨询公司等。三是信息传递中介行业，该行业主要是从事利用现代化的信息传递中介，及时、准确、完整地将信息传递到目的地，如印刷业、出版业、新闻广播业、通信邮电业、广告业等。

1. 信息技术产业的特征

信息技术产业是综合性的信息产业。信息技术应用的广泛性和信息传播的普遍性以及信息技术产业的高渗透性和关联性，使信息工作部门广泛融入其他产业中。现代信息技术已经融入社会经济活动的各个模块，从设计的 CAD 应用、产品样品的快速成型，到产品生产过程和控制的自动化、产品仓储的智能化管理、产品营销的数字化（电子商务），在当今社会中各个产业的市场价值和产出中无不包含着信息技术、信息劳动的价值。在这些部门中越来越多地应用现代信息技术和知识信息，并且实现价值"增值"的部分比重越来越高。信息技术产业以现代科学理论和科学技术为基础，采用了最新的计算机、互联网和通信等电子信息技术，是一门极具科技含量的服务性产业。信息技术产业的发展可以提高国民经济增长率，改善国民经济发展结构，对整个国民经济的发展具有重大意义。信息技术产业借助现代信息技术来进行相关产业活动提升了经济信息的传递速度，使经济信息的传递更加及时、可靠和全面，进而提高了各产业的劳动生产率。信息技术产业加快了科学技术的传播速度，缩短了科学技术从发明到应用于生产实践的距离。信息技术产业的发展促进了知识密集型、智力密集型和技术密集型产业的发展，有利于国民经济发展结构的改善。

2.信息技术产业的作用

随着世界科学技术的迅猛发展和产业结构的日益升级,以搜集、整理、存储、生产、销售信息服务商品和提供与信息服务相关设备为主要业务的现代信息技术产业在世界经济或一国国民经济中成为非常重要的基础性和支柱性产业。

首先,信息作为经济中的基础性资源发挥着越来越重要的作用。信息技术为人们搜集、整理、扩充、使用信息提供了多种便利条件。信息技术及相关制造业的高速发展,使得计算机网络系统、光纤等铺设成本大大降低,使得与生产、处理和传输信息设备的成本大大降低。现代信息服务企业通过搜集、整理、存储、分析信息转型为海量信息源的提供商,以满足人们生产、生活对信息的需求。各个领域的专家、学者及政府部门得到所需要的信息越多,科学研究、政府决策的效率就会越高。信息资源日益成为物质生产力提高以及社会财富的源泉。

其次,信息技术产业促进了社会经济向信息化、数字化的转变。信息技术作为基础商品和服务的领域正不断扩大,并且信息商品以及信息处理作为扩展商品和服务生产领域的重要因素,提高了社会财富的生产效率。信息技术产业的发展在提高社会经济效益的同时已经成为重要的国民经济增长点。

再次,信息是世界共同的"语言",信息让世界联成一体。世界上从事与信息有关的工作、活动的人越来越多,信息技术产业的规模越来越大,使信息技术产业成为最能容纳就业人数的产业部门,进而成为国民经济中发展最快的产业。

最后,信息技术是未来经济中具有最大潜在效益的产业。信息技术产业的发展为其他产业销售产品提供了巨大潜在市场,将强有力地带动相关产业的发展,所以信息技术产业成为社会生产力发展和国民经济增长的新生长点。

20世纪90年代以来,作为现代高新技术基础的信息技术获得了突飞猛进的进展,推动了信息技术与经济活动的高度渗透与融合,使得信息技术产业具备极强的渗透性、带动性,在不断地创新与扩散、发展和迭代中,带动了一系列相关产业的发展。信息技术产业是知识密集、智力密集、高投入、高增值、高增长、高就业、省能源、省资源的综合性产业。

(二)信息技术产业的发展历程及现状

在人类诞生的最初期,人依靠手势、眼神传递信息,依靠"结绳"记事。语言的形成使人类的信息交流方式取得革命性进展,而文字的出现则使人类文明产生重大转折。文字出现后,最初主要以甲骨、竹简、衣帛等为载体,由于信息载体的制约,信息的传播十分困难,传播范围也十分有限,因而信息业的规模很小,信息业只是处于萌芽初期。真正对信息业的发展起关键性作用的是造纸术和印刷术的发明与应用。由于从根本上解决了信息的大批量复制和传播困难的难题,这两项发明不仅促进了信息业的形成,而且有力地推动了人类的文明。以造纸术和印刷术的发明与应用为标志,信息技术产业从形成到发展,其先后经历了以下几个阶段。

1. 传统信息产业时代

在传统信息产业时代，开始于16世纪中叶，是以传统图书为信息传递工具和载体的时代，是图书逐步普及的时代。这一时期信息产业的代表性部门包括传统的图书出版业、造纸业、印刷业、图书发行业。纸的发明，既为当时的经济活动增加了新兴造纸业，又推动了图书、报纸等出版物的出版发行和邮政业务的发展。图书业的真正诞生是在我国西汉末期。造纸术、印刷术是传统信息产业时代的主要信息技术。这一阶段信息产业发展的特征是：作为信息支撑部门的造纸、印刷技术较落后，信息生产能力与效率较低。这一阶段信息产业的总体规模不大。

2. 大众媒介传播时代

大众媒介传播时代，从16世纪中后期到19世纪中期。随着工业革命的开始和近代科学技术的迅猛发展以及民主的普及，人类对信息的需求剧增，促使印刷等信息技术取得重大进步，图书出版业发展迅猛。报纸和期刊的出现，使信息产业发展进入大众媒介传播时代。该阶段的特点是：传统的图书出版业规模进一步扩大，现代造纸、印刷技术与产业迅速发展，报纸等媒介的影响迅速扩大。报纸和期刊的出现，开创了信息产业发展的新时代—大众媒介传播时代。

3. 现代信息产业时代

从19世纪40年代人类历史上第一封电报的发出起步，信息技术产业的发展迈入了以电信号为传输载体的现代信息产业的新阶段。该阶段，信息技术产业突飞猛进，开始在现代经济中扮演越来越重要的角色。一些革命性的信息技术创新不断出现，如电话的发明、大西洋电缆的成功铺设、世界第一个广播电台—KDKA广播电台的开播等。每一次信息技术的进步都会使信息技术产业的内涵有所改变、规模进一步扩大。图书出版业、印刷和造纸业、大众传媒业继续扩大，广播电视产业和通信产业成为信息技术产业中的代表性产业。

4. 以计算机和互联网为中心的时代

从20世纪中叶开始，信息技术产业进入以计算机和互联网为中心的时代。20世纪40年代，世上第一台计算机—ENIAC诞生，开创了信息技术产业发展的新纪元。随着计算机技术与通信技术相互交融、互联网的逐渐普及，人类迈入了全新的数字经济时代，进入数字化生存时代，信息技术产业被赋予全新的内涵。数字化对传统通信、广播电视产业进行改造，数字通信、移动通信迅猛发展，信息技术产业成为引领时代发展的引擎。在很多发达国家，信息技术产业已成为国民经济中的最大产业。

当今世界正发生着人类社会发展史上从未有过的最迅速、最广泛、最深刻的变化，各国之间激烈的综合国力竞争主要是以作为高新技术代表的信息技术和信息化水平及信息产业发展水平为竞争着力点。人类社会的进步和经济的发展已经深受信息化的影响，世界各国对此都十分关注，尤其是发达国家和发展中国家对信息化的发展更是重视，加快推进信息化和信息产业发展已经成为其社会经济发展的国家战略任务。信息化是重要的生产力，信息化包括将信息的数字化、对数字化信息的存储以及信息的网络化传递与共享等。在数字经济体系下，信息化则更加注重数字化，数字技术的广泛应用使得整个社会和经济系统数字化，整个经济社会和所有的经济活动的信息都可以用"0"和"1"两个数字表示。

（三）信息技术产业的发展前景

20世纪90年代末期，全球经济的年均增长率在3%左右，而信息技术产业及相关产业的增长速度是经济增长速度的2~3倍。在很多发达国家，信息技术产业已然成为国民经济的第一大产业。信息技术产业已经成为国家竞争力的主要标志。科技的进步和信息技术的产业化不但促使了信息技术产业的形成，促进了信息技术产业的发展，而且一国的基础设施、市场发展水平、经济开放程度、技术水平和管理水平等方方面面的因素都会对信息技术产业的发展程度产生重大影响，以至于该国的国际竞争力将大幅提升。随着数字经济时代的到来，信息技术产业在国民经济发展中的地位越来越重要，在国民经济结构中所占的比例也越来越大。信息技术产业的发展程度已经成为决定一个国家经济发展水平的主要因素和衡量一个国家综合国力和国际竞争力强弱的主要标志。

信息技术产业凭借高渗透性、强关联性，大范围地带动相关产业和基础产业的发展。信息技术产业对传统制造业也在产生着重要影响。价值传递与价值创造是整个经济活动中的两大环节，信息技术产业正在从价值传递到价值创造整个经济活动过程影响着传统制造业，并对传统制造业进行着深度改革。随着互联网的发展，尤其是物联网对互联网进行拓展之后，价值传递中的信息流、资金流和物流被电子商务打通，促使"三流合一"，使数字世界和物质世界充分融合，省去了诸多中间环节，减少了商业交易的摩擦，使整个商业链条更加顺畅。随着物联网技术的日趋成熟，物联网开始由价值传递环节全方位地渗透到价值创造环节，包括技术的渗透、研发模式的改变等，如特斯拉用信息技术和互联网理念打造汽车、用户参与和众包的研发模式。德国提出的"工业4.0"，甚至希望将互联网技术应用于"工业4.0"的各个环节中，将生产工艺与管理流程进行全面融合，同时将现实社会与数字信息之间的联系可视化，制造业将成为信息技术产业的一部分。

（四）中国信息产业的发展现状及其未来发展趋势

现代信息技术的迅猛发展促使产业结构优化。信息技术产业已经成为当今中国产业结构中的重点发展产业，且逐步成为各个产业的领导者。信息技术产业的增加值高速增长，推动了其他产业的良性发展和结构升级。如今，信息技术产业已经成为中国经济发展的主要着力点，尤其是计算机软件业。通过通信业和电子信息产业可以看出中国信息技术产业发展概况及趋势。

中国信息技术产业未来的发展趋势。一是新常态下信息消费助推经济发展。中国信息技术产业基础的规模已经领先全球，各种新兴技术、新兴产品和新兴商业模式密集产生，信息消费的潜在需求越来越多地转化为现实需求，进一步提升了信息消费的战略地位，促进了消费结构升级和信息技术产业的转型，同时推动了中国经济向低碳化、数字化、智能化迈进。二是"互联网+"加速产业融合。中国的互联网产业处于世界领先地位,拥有如阿里巴巴、腾讯、百度、京东等全球互联网企业中排在前面的企业。互联网将世界紧密联系在一起,也使各项产业深度融合,并催生出新的发展空间。例如,"互联网+传统产业"催生出了互联网工业、C2B,而其关键基础则在于制造业发展路径的创新和智能制造的构筑;"互联网+金融商贸"催生出了互联网金融、移动支付和O2O,提升了虚拟空间与现实空间的融合度;"互联网+生活服务"催生出了在线教育和网络社交,改变了百姓的生活方式,也使人民的生活质量得以提高。三是云计算、物联网和大数据将由概念炒作走向务实发展,这也将有利于智能制造产业的转型升级、自主信息技术产品的创新和人工智能应用的普及以及产业拓展。

这些发展趋势一方面展现出信息技术产业自身在未来的广阔发展前景,另一方面信息技术革命带动社会进步,增强了数字经济体系下信息技术对经济社会的促进作用。

第二节 数字经济的技术前瞻

数字技术是运用信息数字化的技术手段将客观世界中的事物转换成计算机可辨析的语言和信息,从而实现后续一系列的信息加工处理等应用操作的技术。数字经济世界的本质是数据,而包括物联网、云计算、大数据、人工智能等在内的前沿技术就是为数据做采集、处理、加工、再造服务业等工作而产生的新技术,它们是实现数字经济的手段或工具。在数字经济发展的大趋势中,我们的很多技术理念、管理理念甚至商业模式都要随技术手段的提升而发生巨大的变化,均不可避免地要融入数字经济发展的时代洪流中。

一、云计算

(一)云计算的发展历程及现状

现代信息技术的进步与经济社会发展对高质量信息需求的相互作用催生出云计算。一方面,互联网技术的进步增加了大众对个性化信息的需求。个性化信息需求产生信息服务,两者之间相互促进。互联网技术的进步,扩大了互联网的应用领域和用户规模,并使其影响力不断增强。大众信息需求涉及学习、生活、工作和娱乐等方方面面,从最初的电子邮件服务到现在的搜索引擎、网上购物、网络新闻、数字图书馆、网络游戏等,互联网已经成为社会系统中必不可少的一部分,已经成为重要的基础设施。另一方面,用户对个性化信息需求的增加,促进了更先进的计算方式的产生。现代社会发展的速度在不断加快,人类对信息的需求激增,不但需要更多的信息,而且需要用更先进的加工信息的技术手段来提高信息的质量。

传统的计算方式已不能处理如此大规模的数据,分布式处理模式的云计算应运而生。

云计算的发展历程分为如下五个阶段。第一，前期积累阶段。云计算从计算提出开始，所以前期积累阶段包括图灵计算的提出，虚拟化、网格、分布式并行等技术的成熟，云计算概念的形成，云计算技术和概念的积累等。第二，云计算初现阶段。云计算的初现以 Salesforce 成立并推出软件即服务（SaaS），Loud Cloud 成立并推出基础架构即服务（IaaS）以及 Amazon 推出 AWS 服务为标志，自此 SaaS 和 IaaS 云服务都出现了，并被市场接受。第三，云计算形成阶段。云计算的形成阶段是以 Salesforce 发布的 Force.com 也就是平台即服务（PaaS）以及 Google 推出 Google App Engine 等为标志，自此基础架构即服务（IaaS）、平台即服务（PaaS）和软件即服务（SaaS）三种云服务模式全部出现。此时，IT 企业、电信运营商、互联网企业等纷纷推出云服务，云服务由此形成。第四，云计算快速发展阶段。当前，云计算进入快速发展阶段，云服务功能日趋完善、种类日趋多样，传统企业开始通过自身能力的扩展、收购等模式，纷纷投入云服务中，云服务由此高速成长。第五，云计算成熟阶段。此后，通过深度竞争，竞争市场逐渐形成主流品牌产品和标准，并且形成了产品功能比较健全的市场格局，云服务由此进入成熟阶段。

当前，云计算的技术日趋成熟，处于快速发展阶段，云计算的运用也越来越广泛。尤其是云计算为大数据的计算提供了可能，与此同时，大数据的应用在很大程度上拓展了云计算的应用范围。

（二）云计算的概念

云计算又称云服务，是一种新型的计算和应用服务提供模式，是在通信网、互联网相关服务基础上的拓展，是并行计算、分布式计算和网格计算的发展。云计算是一种新型的计算模式，这种模式提供可用的、便捷的、根据需要并且按照使用流量付费的网络访问，进入云计算资源共享池，包括网络、服务器、存储、应用软件、服务等资源，只需投入很少的管理工作，或者与服务供应商进行很少的交互，这些资源就能够被快速、及时地提供。一般地，云计算分为三个层次的服务：基础架构即服务（IaaS）、平台即服务（PaaS）和软件即服务（SaaS）。

基础架构即服务（IaaS）是通过互联网提供数据中心、基础架构硬件以及软件资源，还可以提供服务器、数据库、磁盘存储、操作系统和信息资源的云服务模式。平台即服务（PaaS）只提供基础平台，软件开发者可以在这个基础平台上开发自身需要的应用，或者在现有应用的基础上进行拓展，既不必购买相关的硬件设备，也不必购买或开发基础性的应用或者应用环境。软件即服务（SaaS）是一种应用软件分布模式。在这种模式下，应用软件安装在厂商或者服务供应商那里，用户可以通过某个网络来使用这些软件，不必下载安装，只需通过互联网与应用软件连接即可使用。SaaS 也是目前技术更为成熟，应用上更为广泛的一种云计算模式。人们所获取的云资源大多是基于软件即服务。云计算改变了传统的 IT 商业模式，使消费模式由"购买软硬件产品"逐渐转变为"购买云服务"。

(三)云计算的特点

云计算的基本理念是将诸多复杂的计算程序、设备等资源放进"云"里,通过提高"云"的计算能力,降低应用客户端的负担,使应用客户端简化成一个单纯的输入输出设备。云计算主要具备以下特点。

虚拟的集中式与现实的分布式处理,动态地对资源进行分离与分配。云计算支持大量用户在任意的位置通过客户终端和高速的互联网将分布于各处的云资源虚拟地集中在一起,从而使客户快速地获得从原资源里分离出的服务。"云"将用户所请求的资源从原资源中分离出来,并分配给用户,无须回收资源,提高了资源的利用率。

降低客户终端设备要求,且通用易扩展。云计算对客户终端设备的要求极低,用户既不需要购买高配置的终端设备,也不需要购买或者开发高端的先进的应用程序,只需要配备适合获取云资源的基础应用环境即可。比如,用户只需要一个手机,并在浏览器中输入URL就可以轻松地获取自己需要的云资源。同时,云计算不针对特定的应用,只需要一般的相关设备即可获得云资源,形成的"云"规模可以动态伸缩,就可以满足应用和用户规模增长的需要。

自动化集中式管理降低成本和技术门槛。云计算采用特殊的措施和极其廉价的节点构成云资源共享池,通过自动化集中式管理,向用户提供优质的云资源和应用开发环境,从而使很多企业不用再承担高昂的数据、资源等管理成本和研发成本,进而降低了技术开发的门槛,提高了资源的利用率。

按需提供服务,数据安全可靠。通过"云"计算,用户可根据自身需要,向"云"请求所需要的资源,然后获得"云"分配的资源。同时,在云计算的应用模式下,人们可以将自己的资料、应用等上传至云资源池中,用户只需要连接互联网就可访问和使用数据。此外,多副本容错、计算节点同构可互换等措施保障了数据的安全性,从而能使数据共享和应用共享变得更加便捷、安全、轻松。对于"云"数据和相关的基础设施,一般会有专业的IT人员进行维护,他们会及时地对病毒和各类网络攻击进行防护,用户对客户终端进行日常的管理和维护即可。

(四)云计算的经济价值与社会价值

云计算是创新型的计算、处理和服务模式,为许多行业的营运管理、决策管理和信息数据的计算处理提供了全新的解决方案,突破了使用者的技术障碍,以简单、方便、低成本、随需随取随扩展的方式获取更为优质的计算资源,从而使原本需要使用者自己处理的复杂计算变得简单起来,使用户可以减少对中间计算过程的关注而专注最终结果,使很多没有技术资源的用户通过云资源共享池获取所需的计算资源。云计算使人类的社会生产分工更加系统化、专业化,优化了资源的配置方式,提高了资源的利用效率。因此,云计算具有高度的经济与社会价值,具体体现在以下几方面。

第一,整合信息资源与服务,提供专业化的计算服务,优化资源配置,提高资源利用率。云计算整合信息服务与计算服务，同时集中了各类相关资源服务，创建了一个基于互联网的集中式的、开放性的信息与计算服务平台。基于一个平台，云计算就可以满足数十亿用户的计算需求，极大地提高了整个社会的信息化率。同时，"云"资源根据用户的需求提供相应的云服务，避免了资源的浪费，提高了整个社会的资源配置效率和资源利用率。例如，在云计算模式下，中小企业想要对企业进行信息化改造、信息化管理，不需自身购买或开发像ERP一样的信息管理系统，甚至普通的财务软件都不必购买或开发，企业只需要购买相关的云服务，如云ERP、云财务等。尤其部分中小企业的技术水平低、经济实力弱、发展速度缓慢，可通过云服务获得技术支持，跨过技术瓶颈，促使企业升级。

第二，集中优势，发展规模经济、范围经济、速度经济，降低社会生产成本和投资风险。从供给角度分析，云计算呈现边际收益递增，包括规模报酬递增与范围报酬递增。云计算初始固定成本投入较高，可变成本投入逐渐降低，导致边际成本递减，平均成本降低，甚至在超过一定范围后，边际成本几乎为零，边际收益递增，使企业享受规模经济带来的好处。在云计算中，无论是基础设施、平台还是软件，都需要较高的初始固定投入。但是一旦建成，就可以反复使用进而降低成本投入，甚至在形成一定规模后，不需要成本投入。从需求角度分析，云计算使原有的自建或购买产品模式转变为租赁服务模式，由于集中优势和规模经济，云服务提供商可以以较低的成本提供服务，根据摩尔定律，在摊薄了固定资产投资的同时获得了更加快捷和低价格的服务。这种租赁服务的模式使整个IT建设和营运成本降低了50%，也降低了用户将大量资金投资IT资源基础设施建设而导致资金链条断裂的风险。

第三，降低IT技术壁垒，扩展用户规模。现代经济的高速发展，对IT的要求越来越高，所要求的IT应用也越来越复杂，大多企业面临信息技术壁垒的挑战，尤其是中小型企业。在传统模式下，企业需投入大量的人力、物力、财力和时间去研发符合自身需求的信息化系统，但是很多时候效果不是很理想，投入无产出，甚至导致公司内部管理的混乱。而通过云服务获取计算资源，企业既可以更加专注于核心业务，中小型企业也可以摆脱技术约束，实现技术升级、规模升级。

第四，整合数据资源，挖掘大数据的潜在价值，消除体制障碍。云计算提供了统一的计算和服务平台，使数据资源集中，形成海量的动态数据集合。单台电脑或单一服务器在面对规模庞大、无统一结构、零散的数据集合时，处理能力较低，而云计算的分布式处理平台为大数据的处理、分析提供了可能，增加了大数据的潜在价值。在某些具体的领域，云计算还能消除体制的弊端。例如，电子政务云与公共服务云就打破了部门分割和部门利益计算局面，实现了信息共享与业务协同，促进了服务型政府的建设。对医疗、教育、社保、文化等公共事业单位，在信息化发展到一定程度时必然将遇到信息共享与协同困难的问题。部门内部或小团体为维持自身利益，总会想方设法地阻碍信息共享，便形成了"信息孤岛"。电子政务与公共服务引入云计算，将各部门的信息资源整合集中在统一的平台上，既消除了"信息孤岛"，解决了信息冗余带来的存储资源浪费和数据的不一致问题，又使得信息资源更大范围地得到利用，充分发挥其效用。另外，企业采用私有云应用，还能很好地解决企业内部各部门之间信息共享的问题，使业务趋于协同效率。

第五，增强IT资源的综合集成，以此来促进智能管理与服务的实现。集中的IT资源，不仅提供了集中计算、统一管理、整合运行的技术支撑，还增强了统筹规划和顶层设计的能力。云计算创新了城市管理与服务，使城市各部分有机地结合在一起，便于实现智能管理。例如，云交通通过云服务平台整合现有资源、统一指挥、高效调度平台里的资源，显著提升了处理交通堵塞、突发事件等情况的能力。

（五）我国云计算发展现状

近年来，我国云计算发展迅速。云计算在我国从概念性阶段逐步进入实质性发展阶段。云计算在我国的发展阶段大致可以分为三个阶段。

第一阶段：云计算萌芽阶段。从市场的角度看，主要是云计算市场的培育阶段。该阶段的特点是云计算的概念模糊，人们对云计算认知度普遍很低以及云计算技术还不成熟。关键在于云计算开发商各自为政，没有形成统一的技术标准。

第二阶段：云计算成长阶段。云计算市场进入成长阶段。该阶段的特点是云计算应用案例不但增加，而且云计算得到了我国IT市场比较深入的了解和认可，云计算发展进入实质性阶段，商业应用的概念逐步形成。在此期间，云计算技术得到迅速发展，云计算市场规模也得到迅速扩大。

第三阶段：云计算成熟阶段。云计算市场进入成熟阶段。该阶段的特点是云计算提供商的竞争格局初步形成，云计算技术更加成熟，对问题的解决方案更加成熟。此时，云计算市场规模进入稳定发展阶段，SaaS模式成为主流应用模式。

二、物联网

（一）物联网的发展历程及现状

目前，物联网还处于概念起步阶段，虽然物联网在很多方面得到应用并且取得很好的效果，但是还远没有达到人类提出物联网的初衷，或者说远没有达到人类想要通过物联网促成人类社会的革新的目的。尽管如此，物联网技术的发展还是得到世界各国的高度重视。

从国内看，我国"物联网"的研究、开发和应用工作进入了高潮。至今，物联网的应用越来越广泛，与其他技术、其他行业的深度融合在不断加剧。

（二）物联网的概念

物联网就是物品与物品相连，实质是提高物与人联系的能动性和人对物的感知性，具体而言是所有的物品通过射频辨析（RFID）、红外感应器、全球定位系统、激光扫描器、气体感应器等智能感知辨析技术与互联网、传统电信网等信息载体连成一个覆盖范围更广的"互联网"。物联网实现了物品与互联网和通信网的有机结合，实现了人类社会与物质系统的有机整合，人类可以及时了解自身所需物品的多维信息，如哪里有库存、数量、质量、在途地址等。

物联网结构上总体可归纳为三层：感知层、网络层及应用层。物质系统通过感知层、网络层、应用层与人发生联系。物联网通过传感器、RFID 等将物质系统纳入网络，而传感器、RFID 等则借助自身植入的具有一定感知、计算以及执行能力的嵌入式芯片和软件，使物智能化，通过互联网等通信网络实现信息传输和共享，进而使物与物、人与人和人与物实现全面通信。这包括人与人之间的通信，但如果只考虑人的问题，通信发展是会受到制约的。物与物之间不但需要通信，而且物与物的通信将创造价值，从而也为通信的发展提供了动力和机会，即物联网的价值所在。

（三）物联网的特点

物联网是互联网的拓展，将联系人与人的互联网拓展到了物质世界，它包含了传统互联网的所有特征，它与过去的互联网相比也有自己的特点：一是物联网具有全面的感知性。物联网应用多种感知技术，通过部署大量的各种传感器获得信息，每一个传感器就是获取信息的中介，每一个传感器所接收的信息也不同。二是物联网能进行准确、可靠的传输。互联网仍然是物联网的内在基础和核心，物联网借助各种广泛的有线和无线网络实现与互联网的融合，使物的信息能够实时、准确地传递出去，实现物的智能化，进而使传统互联网的覆盖范围得到更加广泛的扩展。物联网可以将终端上的数字化、微型化、智能化的传感器定时采集的信息依靠互联网等通信网络传递出去。因数据量巨大而构成了海量信息集合，为确保信息传输的及时性和可靠性，物联网需要适应不同的异构网络和传输协议，以实现高速且可靠的传输。三是物联网能够实现智能化处理。物联网提供连接传感器的方式和智能化处理的能力，以实现对物智能化的控制。传感技术和智能化处理的广泛结合，使物联网可以更加深入、更加广泛地利用云计算、专家系统、遗传算法和模式辨析等各种智能技术，拓展其应用领域。同时，为满足不同用户的多样化需求以及发现更符合需要的应用模式或应用领域，物联网可以从传感器获取的海量数据信息中分析、提取和加工所需要的数据信息。

物联网的本质特征归纳起来主要有三个方面：首先，具有互联网特征，即对需要相互联系的物一定要能够形成互联互通的网络。其次，具有自动辨析与通信特征，即纳入物联网的"物"一定要具备自动辨析与物物通信的功能。最后，具有智能化特征，即整个物联网系统应具有自动化辨析、自我反馈与智能控制的特征。

对物联网整个系统进行分析，物联网还具有以下系统性特点。一是即时性、连续性特点。人们借助物联网随时随地、不间断地获得物联网世界中物与人的信息，包括属性以及现实状态等信息。二是加强了物质世界的联系，加强了人与物质世界的联系。物联网使物质世界更加普遍地连接以及更加广泛地联系，因物联网的不断拓展，这种连接和联系还在不断加深、加强，这种连接与联系的加深、加强在很大程度上也提升了人类的能动性和物的智能化能力，促使人类世界与物质世界更深度的融合。三是物联网更具系统性。物联网的技术与其他技术的不断融合、与其他行业的不断融合，扩大了物联网覆盖的范围，体现出物联网的系统性特征。物联网为人类社会与物质世界提供了联系的纽带，确保整个世界的发展更具系统性。

（四）物联网的经济价值与社会价值

劳动是价值创造的唯一源泉，复杂的智力劳动创造的价值要比简单的体力劳动多得多。物联网通过一系列的协议、技术措施，实现了物与物的沟通、人与物的沟通，从而实现了物的智能化，使物能够自行"动"起来。在劳动方式上、生产资料与劳动者结合的方式上，简化了劳动者的具体劳动步骤，改进了物质资料的生产方式，完善了资源的配置方式，提高了资源的利用效率，创造了更多的价值，这就是物联网创造价值的本质。作为智力劳动创新所带来的技术创新的成果，物联网所创造的价值是不可估量的。

物联网一经提出就被"嗅觉敏锐"的企业"嗅"到其价值，并且对物联网价值创造的研究也是从商业模式、商业价值等角度展开的。从商业模式的角度，物联网的价值创造是信息采集、传输促使管理和交易模式创新的结果，是新技术革命推动生产方式的改变引发生产效率提升的过程，实现了高效、节能的目标。从商业价值角度看，物联网通过改变物质世界的信息沟通方式、物质世界与人的世界的信息沟通方式，使得信息更加多维、全面地积累价值。物联网在经济生活中的应用主要体现在以下几方面。

第一，物联网对电子商务的推动作用。商家在自己的产品上植入数据信息传感的电子芯片，使消费者在淘宝等购物网站选择购物商品的时候就比较方便。物品从生产厂家制造和包装到运输的整个过程的具体配送情况都可以通过物联网查询到。因为这些信息与地理信息系统和全球定位系统是实时连接的，所以这样的信息集合在一起能够构成一个庞大的物流信息网络。通过扫描在物品上植入的射频辨析标签，管理人员可以获得该物品的相关信息，即可进行生产、包装的管理、质量的检查以及物流信息的检索等工作。

第二，物联网在交通方面的应用。汽车上植入了物联网电子设备之后，就可以实现对汽车远程控制，如汽车的自动解锁、导航的启动、车门的开关、意外情况的自动呼叫等。这样的功能使得汽车可以被更好地远程监控。在高速公路收费站采用ETC通道收费，与其他现金通道对比，一条ETC车道约相当于8条人工收费车道的通行能力，有效减少了车辆停车收费所导致的空气污染、燃油浪费等问题。ETC车道的广泛应用可以大大缩短司机通过收费站的等待时间，缓解了车流量过大排队停车导致的高速公路堵塞的问题，既便利了人们的出行，也降低了长时间行车的成本，ETC成为交通畅通的重要保障。随着物联网的发展，许多地区逐渐出现了跨多个城市都能使用的一卡通，为人们的长距离出行提供了便利，既为人们出行搭乘地铁、公共汽车等交通工具提供了极大的便利，也从侧面鼓励了人们多搭乘公共交通工具，从而减少了环境污染。

第三，物联网在数字图书馆、数字档案馆以及文物保护和数字博物馆方面的应用。在数字图书馆的管理方面，相对条码辨析数据或者档案来说，使用无线传输的 RFID 则能够使得各种文献或者文档的管理更加高效、可靠。应用 RFn 设备进行管理的时候，RFID 标签和阅读器将替代条码辨析，自动地定位导航相关文献、档案和书架，智能地对不同的文献、档案进行分拣，这就让图书的借还可以全自动化操作，通过物联网可以查询具体图书和其位置，让借书、还书都实现自动化。物联网在文物保护方面更具重要意义，文物的保存对其环境因素要求很高，其所在环境的光照强度、空气湿度、粉尘比例和气体等因素都会影响文物的储藏，而物联网可以对这些环境进行长期监控，为文物营造最好的保存环境。

第四，物联网在卫生、医疗领域方面的应用。以 RFID 为代表的自动辨析技术使得医疗设备和药品等物品能够得到从生产到使用过程的全程监控，从而提高医疗设备和药品等物品的质量。另外，物联网还可对病人在不同时期的会诊情况进行监控，不仅可以提高医院工作人员的工作效率，也使得病人能够得到便捷的就诊。

面对物联网技术的不断成熟，物联网的应用范围将越来越广泛。物联网作为新一代信息技术的代表，因其具有普遍链接、联系、整体性、系统性等特点，其对社会发展的影响是更全面而深远的。物联网将没有生气的"物"与个人、企业、市场、政府等有机地整合在一起，将各个国家、地区、民族有机地整合在一起，使全球经济、社会发展趋同，形成了一个全球共享经济体，形成了一个真正的"地球村"。

物联网将"物"与"人"（包括个人、企业、政府等）有机整合，使"人"能够感知到"物"更全、更多维的信息，甚至通过"物"感知和获得更全、更多维的其他"人"的信息。同时，物联网增强了信息的流动性，在很大程度上，对传统市场的信息不完全、信息不完备的情况也起到了很好的完善补充作用。市场主体可以通过多方位、多渠道获得其他市场主体的相关信息，从而可在很大程度上避免由信息不对称造成的逆向选择、道德风险等现象。如保险市场、保险公司对投保客户的情况调查便可通过物联网获得相关信息，通过大数据技术分析信息，对客户准确定位。与此同时，物联网推动了全球一体化的进程，使企业可整合资源趋于全球化，使关联企业、关联产业的联系更加紧密。

社会生产的总过程是由生产、分配、交换、消费四个环节组成的，它们相互联系、相互制约。在实际的生产总过程中，生产关系、分配关系、交换关系、消费关系可能存在严重的失衡，导致出现一系列的经济矛盾、社会矛盾，而物联网可以促使这四方面的关系更加协同，使这四方面的关系在动态中达到平衡，并促成和谐发展。

（五）我国物联网发展现状

我国物联网的发展阶段历经学习研究阶段、政府推动阶段以及应用推广阶段。随着我国物联网政策的日益完善，物联网逐步产业化。政府对物联网的发展在政策以及资金方面都提供了大力支持，物联网技术迅速进步，物联网产业规模也逐渐扩大，尤其是应用领域的不断扩大使相关产业的资源整合不断优化。随着物联网技术的进步、应用领域的不断扩大以及与相关产业融合的不断深入，我国物联网的发展除了具备世界物联网发展的共同特点，还具备以下特点。

一是多层次的政策驱动是现阶段我国物联网发展的主要动力，同时政府积极参与，推动了物联网不断发展。随着世界物联网的不断发展以及物联网给世界带来的变化不断凸显，我国政府越来越意识到发展物联网的紧迫性。同时，我国物联网发展取得的阶段性进展，推进了我国政府发展物联网的信息化。我国政府对物联网的支持力度持续加强，物联网的发展逐步成为推进我国信息化工作的重点。尤其是工业化与信息化的深入融合，推动了经济结构的转型，促进了经济的发展，于是各地政府纷纷响应政策的号召，高度重视物联网的发展。

二是我国物联网各层面技术成熟度不同，传感器技术是攻关重点。总体来看，物联网的技术门槛虽然不高，但核心环节、关键技术的成熟度参差不齐，导致物联网产业标准制定和应用发展迟缓。

三是物联网产业链逐步形成，物联网应用领域逐渐明朗。经过业界的共同努力，国内物联网产业链和产业体系逐渐形成，产业规模快速扩大。安防、交通和医疗三大领域，有望在物联网发展中率先受益，成为物联网产业市场容量大、增长最为显著的领域。

三、大数据

（一）大数据的发展历程及现状

随着互联网等技术的成熟以及云计算、物联网技术的迅速发展，大数据作为一种创新型的数据处理方式、处理技术由此诞生。

总体上大数据的发展状况是，作为创新型的数据处理技术，大数据与云计算、物联网的融合程度正在不断加深；作为创新型的信息分析工具，大数据与物理学、生物学、环境生态学等领域以及军事、金融、通信等各类行业产业的融合程度也在不断加深。大数据分析的强大作用，使大数据从商业领域跨到了公共服务、外交等各个领域。大数据已成为一个国家竞争力强弱的核心要素，已经成为引领人类社会未来的指南针。

大数据发展规模的不断扩大，正是由大数据技术与越来越多的产业不断融合以及相关技术的进步从而推动大数据技术的不断创新引起的。

（二）大数据的概念

随着计算机、互联网全面地融入社会生活以及信息技术的高速发展，人类已经进入信息爆炸的时代。当信息量累积到一定程度的时候，就产生了"大数据"这个概念。数据作为重要的生产要素已渗透到当今的每一个行业，对海量数据的挖掘效率和运用效率将直接影响着新一轮生产力的增长。大数据是指数据量的大小超出常规的数据库工具的获取、存储、管理和分析能力的数据集合。一般认为，大数据即指海量的、结构复杂的、类型众多的数据构成的集合，其本质为所反映的信息是多维的，能够对现实做比较精确的描述，能够对未来情况做比较精准的预测。

（三）大数据的特点

大数据的特点并非固定不变的，随着现代信息技术、数字技术的高速发展，大数据的特点也是发展变化的，或者可以这么说，大数据本身具有的特点，随着技术的发展会凸显出来。大数据发展至今，人们对大数据的认识也在不断加深，一般认为大数据的主要特点为如下几点：①数据量大。传统数据的处理大多是基于样本统计推断，所能搜集到的样本量也是极小的，所以搜集、存储、处理的数据都是非常少的。而进入大数据时代，各种各样的现代信息技术设备和网络正在飞速产生，并承载着大量数据，使数据的增加呈现出大规模的数据集合形态。②数据类型多样。传统的数据大多是结构化的数据，既有调查表等自制的统计表，也有部分的半结构化数据，如针对所需要的目标统计资料而搜集的需要加工改造的其他统计资料。总的来说，数据类型较为单一。而进入大数据时代，数据的结构极为复杂，数据的类型也极其繁多。不仅有传统的结构化文本数据，而且包括半结构化和非结构化的语音、视频等数据，还包括静态数据与动态数据。③数据搜集速度快。大数据内在要求使其对数据的搜集、存储、处理速度必须非常快。大数据是以数据流的形式存在的，可以快速产生，并具有很强的时效性。如何更快、更高效、更及时地从海量数据中搜集所需要的数据并及时处理，是从大数据中获取价值的关键之一。④数据价值。虽然大数据具有海量的资料，但是对具体数据的需求主体，其真正有价值的部分还是有限的，即大数据的价值密度虽然是极小的，但是较基于样本统计推断的传统数据而言，大数据中有价值的部分也是接近总体的，所以大数据必然是极具商业价值的。⑤数据真实，即数据的质量真实、可靠。传统数据下，官员为政绩、学界为交差、商界为名利，注水性数据导致硬数据软化特别严重，传统数据的质量是深受怀疑的。大数据情况下，虽然为了既定目标经过处理后的大数据可能会掺水造假，但是原始的数据资料是造不得假的。当对处理后的数据产生怀疑时，大可以对原始大数据进行复核，因此，大数据具有真实性的特点。⑥数据是在线的。数据是永远在线的，是随时能调用和计算的，这是大数据区别于传统数据最大的特点。数据的在线性也为数据的共享提供了可能，数据又具有共享性。⑦数据的可变性。海量的数据并不都是所需要的，所以要将数据处理改造成自身所需要的。不同的个人、企业等主体对数据的需求虽然是不同的，但是可以从相同的数据池中取得数据源处理成自身所需要的数据，所以大数据具有可变性。⑧数据的高渗透性。越来越多的行业对信息的数量、质量需求越来越高。随着大数据与各个行业、产业的结合，与社会经济生活的融合，大数据将具有更多与具体的技术、行业、产业融合而产生的新特点。

对大数据的特点进行全面认识和分析后，发现大数据的首要特点是海量的数据，而海量信息的本质是包含多维的信息、全面的信息。相较传统的大数据特点，从海量的数据中获得主体所需要的信息更为重要。一般地，大数据处理基本流程包括数据源、数据采集、数据处理与集成、数据分析、数据解释五个步骤。

（四）大数据的经济价值和社会价值

近年来，在以云计算、Hadoop为代表的数据分析技术、分布式存储技术的帮助下，对积累的数据进行全面的分析成为可能，各行、各业纷纷以构建大数据的解决方案作为其未来战略的主要方向。大数据的价值点就在于可以利用海量的数据、全面的信息，更准确地模拟现实世界，从而精准地预测未来。

大数据的经济价值和社会价值主要体现在大数据对企业、政府、产业这三方面的促进作用上。

第一，大数据促进企业创新，优化企业资源配置。首先，大数据促进企业更深入了解客户的需求。传统的了解客户的方式主要是通过调查问卷、电话访谈、街头随机问话等方式，这些传统的方式，所获得的数据量是极少的，且受调查区域的制约，所调查的数据也缺乏代表性。但是应用大数据，通过互联网技术可以追踪到大量的对本企业感兴趣的客户，运用相关性分析客户的偏好，对客户进行精准分类，从而生产或提供客户满意的商品或服务。其次，大数据促进企业更准确地锁定资源。应用大数据技术，企业可以精准地锁定自身发展所需要的资源。企业可以对搜集的海量数据进行分析，了解到这些资源的储备数量和分布情况，使得这些资源的分布如同在电子地图上一样具体地展现出来。与此同时，大数据可以促进企业更好地规划生产。传统方式下的企业生产具有很大的盲目性，企业依据市场价格的涨落并结合自身的经验，推测市场是供不应求还是供过于求，以此确定企业生产什么、生产多少，但是通过应用大数据来规划生产框架和流程，不仅能帮助企业发掘传统数据中难以得知的价值组合方式，而且能够对组合生产的细节问题提供相关的一对一的解决方案，从而为企业生产提供有力保障。此外，大数据能够促使企业更好地运营。传统企业的营销大多依靠自身资源、公共关系和以往的案例来进行分析和判断，得到的数据不仅模糊不可靠，而且由于市场是动态变化的，得到的数据可能有很大偏差。应用大数据的相关性分析，企业的营运方向将更加直观且更容易辨析，在品牌推广、地区选择、整体规划方面更能从容应对。最后，大数据能够促进企业更好地开展服务。对提供服务或需要提供售后服务的企业，服务不能满足客户而造成客户流失是一个不得不面对的困难。可面对规模庞大、地域分布散乱和风俗习惯各异的客户，企业在如何改进服务、怎么完善服务方面总是显得力不从心，甚至有时候精心设计提升的服务却不是客户所需要的。但是大数据可以针对顾客群体细分，然后对每个群体量体裁衣般采取独特的行动，同时根据客户的属性，从不同角度深层次分析客户、了解客户，以此增加新的客户、提高客户的忠诚度、降低客户流失率、提高客户消费等。

第二，优化社会公共服务，提升政府决策能力，以此来促进政府管理创新。大数据能够提高社会管理与服务水平，推动政府相关工作的开展，提高相关部门的决策水平、服务效率和社会管理水平，从而实现巨大社会价值。大数据也有利于政务信息的公开。数据开放是趋势，大数据的应用可以助推云计算打破"信息孤岛"，实现信息共享，促进政府部门之间信息的衔接。应用大数据技术可以检验政务部门在云计算平台上共享数据的真伪，从而在一定程度上监督政务部门公开真实信息，形成用数据说话、用数据管理、用数据创新政务管理模式。

第三，助推传统产业升级，优化市场结构。大数据具有科学、专业、精准的分析和预测功能，有利于推动经济结构的转型、产业的升级。大数据能够促使经济增长方式由"高投入、高消耗、高污染、低效益"的粗放型经济增长方式转变为集约型、精益型的经济增长方式。利用大数据分析，每一个企业规划生产都能做到科学生产、精益生产、低碳生产。同时，在分析需求时，又能准确地分析出各个阶层、性别、年龄段等不同类别的消费者需要什么、需要多少、甚至什么时候需要，即C2B的商业模式，这样的模式降低了行业内部盲目竞争的程度，提升商品生产的能力。另外，大数据还能增加市场的透明度，使市场主体能得到更多的信息，使市场主体的经济行为更趋于理性。同时，因为信息透明度提升，市场主体之间信息共享度提升，尤其是诚信信息，这将增强市场主体诚信经营的意识，促进市场信用机制的完善。大数据对解决市场的滞后性、盲目性有巨大的作用。大数据的精准预测能力增强了市场主体对市场变化的了解。针对市场的变化，市场主体可以提前做好采取相应的某种对策的准备，且由于大数据所搜集信息的多维性、全面性，市场主体可以考虑市场多方面的变化，预先制定应对不同变化的策略，减少其市场行为的滞后性和盲目性。

一方面，大数据推动了政府对市场的了解，以便政府不但处理好与市场的关系，而且可以更好地发挥政府的作用；另一方面，大数据使市场这只"看不见的手"越发得透明化，使市场存在的诸如外部性等问题能及时暴露出来，政府这只"看得见的手"便能通过制定相应的规则规范市场或者及时出手干预，以保证市场的良好运行。

（五）我国大数据发展现状

大数据作为一门新兴产业，在我国的发展还处于市场初级阶段。从结构上看，我国大数据市场与其他市场存在一定的区别，在我国大数据市场中，软件比重较大，而服务比重较小。我国大数据发展的问题大体有如下三个方面。

一是大数据商业应用程度还比较低，大数据产业发展结构不均衡。大数据产业处于割地而立的阶段，各企业只占领大数据中一块小的细分领域，很难变大变强。部分领域又存在激烈竞争，如舆情监控。总而言之，我国大数据产业还处在极度分散的状态，优秀的人才分布在不同企业，很难形成人才合力。各家企业规模小，很难在企业做深做大，很难利用大数据帮助企业实现业务提升。大多数企业的工具和数据很难满足企业整体的数据要求，中国的数据挖掘和产品分析也很难和国外的产品进行竞争。

二是我国大数据相关的政策法规存在滞后性。政策法规的滞后性是我国大数据应用面临的最大瓶颈，如隐私问题、数据开发和数据的共享与保护。大数据要形成海量的数据库，必然会涉及数据的共享，在共享中又要注意保护数据的隐私问题以及数据提供企业的相关权利。

三是我国大数据企业里，大部分企业还是应用的结构化数据，非结构化数据却应用较少，这就使得我国很难形成真正意义上的"大数据"。从云计算的方式看，大部分企业选择自建大数据平台，很少企业通过云计算实现，这也约束了我国大数据产业的发展。

四、人工智能

（一）人工智能的发展历程及现状

人类社会的生产创新大致分为三个阶段。第一阶段是引入机器提升农业产量。农业一直是人类经济增长的支柱，而引进的机具标志着在思想和机器之间关系的根本转变——技术可以用来减少工作量。第二阶段是工业革命，开始制造单一动作能力更强大的机器以发展工业，此后不断推动和拓展工业生产走向自动化道路。在第一和第二阶段中，人类使用机器来替代人类从事的一些较为困难和烦琐的工作，机械器具忠实地执行着人类的判断和意志，这也是上述两个阶段与第三阶段的本质差别。

同时，在过去的很长一段时期中，人类认为工业革命是生产力飞速增长的唯一方式。然而，我相信我们现在正处于这一进化过程的第三阶段，人类正在帮助机器获得思维能力，获得更高的精度和更快的速度，以超越人类在智力和控制方面的极限，第二次获得生产效率的长足突破。这一突破将开启人类发展史上一个全新的维度，也因此会产生另一个加速经济增长的重大突发阶段。

多数人仍然低估了第三阶段（人工智能阶段）的经济潜能。实际上，除经济发展的固有周期性因素外，还因为我们正处于人工智能创新阶段的初期，我们正在经历全球经济体系的"自疗"过程。从微观角度来看，由于电子商务模式的挤压，制造企业的利润一再下滑，第三阶段的实质是制造业创新的积极性受到打击，人类社会中实物产品的品质并没有得到本质提高。从宏观视角来看，全球性金融危机和经济衰退并没有得到遏制和好转，包括中国在内的部分地区的经济又出现下行走向。上述宏观、微观的现象恰恰是全球产业调整、生产工艺革新、生产组织方式革新的必然周期规律。历次技术革命都会给传统产业以及以此为生的人群带来巨大冲击，同时也会改造和提升传统行业，如果不积极主动转型，就会在后一个时期"落后挨打"。因此，地方行政管理者与企业家不能为市场的"悲观情绪"所左右，而应积极寻找新型工业经济发展的机会。

人工智能的主要研究路径如下：一是符号计算，或称代数运算。这是一种以符号为处理对象的智能化计算，符号既可以代表整数、有理数、实数和复数，也可以代表多项式、函数、集合等。二是模式辨析。模式辨析就是借助计算机应用数学方法来研究模式的自动处理和判读。计算机技术的发展既为人类研究复杂信息的处理过程奠定了技术基础，也为计算机实现对文字、声音、物体、人等的自动辨析提供了技术可能。三是专家系统。专家系统就是通过搜集各领域专家的知识和经验以及进行推理和判断的数据，融合计算机技术和人工智能技术开发出来的模拟人类专家解决专业领域问题的计算机程序系统。借助该系统可以模拟出人类专家的决策过程，以实现复杂问题都能得到专家处理的理想境况。四是人工神经网络和机器情感，即以现代神经科学的研究成果为基础，模拟神经元的处理方式，构造出来的由大量人工神经元互联组成的非线性、自我学习的信息处理系统。该系统试图让机器、计算机等通过模拟人脑神经网络记忆和处理信息的方式进行信息处理，使机器、计算机等具有"人"的感情和思想。

数据催生出模型，模型又催生出模拟，模拟可使人工智能成为可能，人工智能又带来智能社会。随着云计算、物联网和大数据等技术不断深入发展，人工智能与这些技术的融合也在不断加深，人工智能将使得这个社会趋向广泛的智能化。云计算、物联网、大数据和人工智能对数字经济的技术性基础支撑作用将越来越重要，全面的数字经济社会即将到来。

（二）人工智能的概念

人工智能是计算机科学、控制论、信息论、神经生理学、心理学、语言学等多种学科互相渗透而发展起来的一门综合性学科。人工智能是研究如何开发智能机器、智能设备和智能应用系统来模拟人类智能活动，模拟人的行为、意识等，模仿、延伸和扩展人类的智能思维。人工智能的基本目标是使机器设备和应用系统具有类似人的智能行为，并确保其可以思考。

（三）人工智能的特点

人工智能发展以来，其应用领域越来越广泛，包括专家系统、智能控制、语言和图像理解、机器人学、机器人工厂、遗传编程等方面。这些应用领域虽有很大不同，但都体现出人工智能的以下特点。

首先，人工智能既综合又极具开放性。人工智能涉及认知科学、哲学、数学、神经生理学、心理学、计算机科学、信息论、控制论、不定性论等学科，并且随着这些学科的发展而发展。人工智能在随多门学科发展而发展的同时还能及时汲取时下的先进技术，及时与各方面技术有机融合，促成人工智能的更新换代升级，可使人工智能更具时代特点。如人工智能与时下热门的云计算、物联网、大数据等技术的融合，使我们的智能系统、智能领域范围不断扩大，由智能交通、智能城市扩展到智能社会、智能时代。

其次，人工智能既应用广泛又极具实践性。人工智能是一门对人的模拟的学科，我们的目标是让机器或组合形成的系统能完成人的工作，甚至在计算、处理速度等方面超越人，所以人所从事的工作领域都是人工智能正在或潜在的设计领域，包括从低层的操作到高层的决策，人工智能都能得到充分的应用。同时，当人工智能在某个领域内得到应用后，就逐渐转化为该领域内的问题，即人工智能具有外向性。

最后，人工智能是知识型、智力型的科学技术。人工智能的发展速度极快，在发展中总有很多创新型的技术成果出现。人工智能对现代技术，包括计算机技术、电子元件制造技术及信息技术等要求是很高的，这势必要使大量的、具有丰富的知识和极高智力的技术性人才参与其中。

（四）人工智能对人类社会的影响

人工智能的发展正在深度影响和改变着人类社会，其对人类社会的影响涉及人类的经济利益、社会作用和文化生活等方方面面。

第一，人工智能对经济利益的影响。计算机等硬件设备价格的持续下降为人工智能技术的广泛应用提供了可能，进而带来更可观的经济效益。如将人工智能应用于专家系统的构造等。专家系统通过模拟各领域专家的知识和经验来执行任务，成功的专家系统带来的执行结果如同专家亲临一样，不但可以反复利用，而且可以大规模地减少培养费用和劳务开支，还为其开发者和拥有者及用户带来可观的经济收益。

此外，人工智能还能推动计算机技术的深入发展。人工智能研究正在对计算机技术的方方面面产生着重大影响。人工智能应用对计算提出了更高的要求，要求计算机必须能够胜任繁重的计算任务，这在一定程度上促进了并行处理技术和专用机成片开发技术的进步，促使自动程序设计技术、算法发生器和灵活的数据结构开始应用于软件开发。所有这些在人工智能的研究过程中开发出来的新技术，都推动了计算机技术的发展，同时，也提高了计算机对人类社会经济发展的贡献率，从而为人类带来更多的经济利益。

第二，人工智能对人类社会的影响。一方面，人工智能改变传统的就业方式。因为人工智能可以替代人类执行各种体力和脑力劳动，促使社会经济结构和就业结构发生重大变化，从而产生大量的摩擦，甚至造成部分人口永久性地失业。人工智能广泛应用于科学技术和工程项目中，并会造成部分从事信息处理活动的人丧失机会，从而不得不对原有的工作方式做出重大改变。另一方面，人工智能促进社会结构的改变。随着技术的进步，人工智能以及一些智能机器设备正在逐步替代人类从事各种社会劳动。事实上，人类社会结构随着人工智能近年来的发展，也受到潜移默化的影响，由"人—机器"的社会结构逐步变为"人—智能机器—机器"的社会结构。此外，人工智能还促进人们思维方式与观念的改变。人工智能的进步以及应用的推广，对人类的思维方式和传统观念产生了重大影响，甚至促使这些思维方式和传统观念发生了重大改变。例如，人工智能系统的知识数据库对库存知识可以自我辨析、自我修改及自我扩充和更新，这是对印在书本、报纸和杂志上的传统知识的重大改变。作为一种高新技术的人工智能是一把双刃剑，其高速发展使一部分社会成员从心理上感觉受到威胁。人类与冰冷的机器之间的重大区别是只有人类才有感知精神。在人工智能的实际应用领域中有自动规划和智能搜索，人类可以用人工智能来规划自己的明天，例如，用神经网络去逼近现实和预测明天，根据预测的结果，机器自动做出规划。这就是人工智能的观点。很多事可以让人工智能去做，从而把人类从繁忙的工作中解放出来。

第三，人工智能对文化的影响。人工智能改善人类语言模式。根据语言学的观点，思维需要语言这个工具来具体表现，语言学的研究方法虽然可以用来研究思维规律，但是人的某些潜在的意识往往是"只能意会，不可言传"。而人工智能技术的应用，结合语法、语义和形式的知识表示方法，使得知识更加便于用自然语言来表示，同时，也更加适合用人工智能的形式来表示。另外，人工智能还能改善文化生活。人工智能技术拓宽了人类文化生活的视野，打开了更多全新的窗口。例如，人工智能中的图像辨析和处理技术不但会影响到涉及图形广告、艺术和社会教育的部门，而且会影响到智能游戏机的发展，使其成为具有更高级更智能的文化娱乐手段。

第四，人工智能发挥作用的漫长过程。人工智能将重塑产业格局，引领新一轮工业革命。人工智能将在国防、医疗、工业、农业、金融、商业、教育、公共安全等领域取得广泛应用，催生新的业态和商业模式，引发产业结构的深刻变革，对传统产业产生重大的颠覆性影响。未来人工智能将在大多数领域替换掉人类烦冗而复杂的工作，将人类解脱出来，同时，这波创新也将是一个漫长而又多产的过程。

（五）我国人工智能发展现状

我国成立了以"学术研究、学术交流、学术教育、学术咨询、学术评价"为基本任务的"中国人工智能学会"。在未来的很长时间里，我国除了加强人工智能的理论研究工作，还需要进一步提高我国的工业基础能力，加强对科技人员的教育，提高对应用技术的自觉性，进一步推进"产学研"相结合的体制和机制的改革。

第三节 数字经济的创新管理

随着数字技术的进步、数字产业的不断增长，一种由实物和数字组合而成的崭新的创新舞台正展现在我们的面前。然而，与数字化技术在产业重构过程中越来越占据中心地位的趋势相比较，实现数字化革新越来越困难，越来越多的企业与地区对数字化革新充满希冀与恐惧。20世纪90年代的第一代数字化浪潮加速了企业内部的流程优化，且现代的数字化革新已经超出了企业内部范围，面向客户开发的"纯数字产品"与"整套解决方案"已经渗透到企业与外部竞争环境博弈的各个层面。现代数字化革新过程特别迅速，并难以预测和控制，这是区别于传统工业时代和数字化初始阶段的新过程的。

一、数字化革新的实施方式

管理数字化革新过程具有独特性，吸引了越来越多学者探索其新的价值创造方式。

（一）数字化革新的核心理念与价值

数字化革新是指利用数字技术，可将数字与实物组件进行重新组合创造新产品，以提升产品和服务的价值，开启企业发展的新领域，并借此挑战现有市场格局，最终引起该领域商务模式和生产模式的转变。数字化革新在经历电气自动化阶段后，已经进入完全数字内容产品与数字智能阶段（通过实物产品的动作指挥、位置确认、模式选择、自我学习以及记忆回溯等数字化技术完成实物产品的人工智能行为）。数字化革新可以改变现有的价值生成结构，产生强大的新价值生成力，数字技术不仅可以创造新的产品，而且可以协助企业提升组织运营效率，获得新的商业模式。数字技术支持企业开发和运行多个并行的商业模式，创造了企业成长适应性与灵活性的新价值，而这些价值不仅有益于企业，而且为整个数字商业生态系统拓展了新边界。

就数字化革新的价值而言，一方面，数字化革新通过技术杠杆放大了企业的组织适应性、业务开拓性和技术灵活性。这是一个系统属性，通过与外界之间的高频次交互改善了企业能力，又被称为自生成拟合。实现企业的自生成拟合创新原本是十分艰难的，然而，模块化技术与理念打通了数字技术的相互依存关系，实现了自生成拟合创新的技术突破，这就是典型的技术杠杆放大作用。另一方面，数字化革新使组织从独立个体的视角重新审视其在现有数字社会网络中的空间价值。在数字商业环境中，通过数字化网络提供新的整套商业解决方案以及寻找全新机遇的能力是重要的数字化革新价值，这一价值侧重企业在数字化商业空间中的位置，这些新现象与新方式需要我们重新定位并深刻认识数字化革新的价值。

（二）数字化革新的一般策略与特征

数字化革新已经经过了一个由简入繁、日渐丰益的过程。以网络购物为例，数字化革新以简单的订购目录展示和电子邮件商务的形式登上历史舞台。然而，经过不断演进，现有的以在线推荐系统、比价系统、定位系统、陈列系统以及长尾体系为主要利益来源的在线销售模式日趋完整与完善。上述数字化革新看似复杂，究其本质，可一般化为数字嵌入和完全数字战略两种策略。

数字嵌入策略是指将嵌入式数字组件植入实物产品或者机械系统，使产品升级为智能实物产品，同时，利用数据的在线和移动服务，不断改善产品或服务的品质。在日常生活中，我们可以观察到微智能技术在家电领域（自动扫地机、智能电视等）的广泛应用，应用了客户竞争报价与实时呼叫系统的新型出租车企业正在改造传统出租车行业等现象。同时，此类数字嵌入式产品还出现在工业生产中。嵌入式数字产品让实时监控和预测替代了传统的计划式生产，渗入从产品设计到大规模生产的各个环节中，如定制生产技术、3D打印技术、实时仓储技术、机器人技术等。

完全数字策略是指在电子终端设备中将信息产品以完全数字式的模拟形式呈现在用户面前，如电子图书、地图导航、股市监测、互联网游戏等，此类产品也被称为数字内容产品。随着数字终端设备的不断出现，数字内容产品已经成为大众的重要消费构成。当市场的消费模式改变后，以信息产品为基础的媒体行业目前正处于这样一个转型的过程之中，纸质报纸、磁带等信息载体不断退出历史舞台。此类媒体企业不得不减少传统形式的媒体产品的产量，转而选择新的电子媒介。此外，大型电器零售和百货零售企业纷纷收缩实体门店，战略转型经营在线市场，说明完全数字化驱使以信息不对称为支撑的大量传统服务业纷纷进入颠覆性革新期。

数字化革新的两种策略看似简单，任何企业实施都需要面对其独特性的挑战。首先，数字化革新节奏快、变化大。数字技术具备可塑性，可以快速重新组合为新产品。这种快节奏既可以不断刺激企业快速开发"混合"或"智能"型数字产品，也可以不断快速淘汰企业的"新"产品。其次，数字化革新过程难以控制和预测。由于生成过程的复杂性，数字产品创新常常不是由单一企业有组织完成的，而是由数量庞大、形态各异、没有事先分工的大众自发形成的随机创新。企业利用数字技术模块或平台的形式来创新产品，既可以产生越级创新，每一次创新又会为下一次越级创新提供平台，这样的随机创新与迭代开发形式使得数字化革新极为复杂。

数字化革新是一种手段，行业新进入者与已有巨头间的数字化博弈最终导致行业层面的巨大转变。当然，这种转变也会伴随着企业个体的组织管理形式的改变。

二、数字化革新的组织管理形式

分析数字化革新的组织管理形式可以从两个维度入手。

一个维度是创新的关键数字资源和知识的集中度。这个维度的极端形式是一个高度集权、垂直管理的数字化系统或企业，将所有优质核心资源牢牢掌控，从而可以以低成本获得高质量的创新。此类垂直一体化创新型企业拥有专利、品牌或核心技术的唯一所有权，通过自上而下的创新管理过程，调动资源实现目标。但是，在开放式、模块化、自适应的数字化现代商业环境中，还存在着另一种极端情况。有些数字化革新往往出现在一个在治理关系上高度离散的商业市场中，其中没有一个正式的层次结构，没有一家企业掌握所有的资源核心。在这样的创新环境中，所有的参与者是一个共同利益体，虽各自创新、快速学习，但创新的成果将不断相互叠加、嫁接，并最终形成多元复合的新数字产品。

另一个维度是相关资源的功能属性，数字资源既是连接性资源也是融合性资源。数字技术作为连接性资源，扩大了创新的应用范围，克服了时间与社会边界的限制，减少了时间成本。这体现在新的组织形式上，如虚拟团队、开放型创新或众筹外包的业务模式，这些数字化模式可以提升流程效率和协作能力，实现多个专业组织的知识或资源的协同。此类连接性数字化革新有助于多个组织协商提出设计要求和选择特定的解决方案，并不局限于软件企业，通用电气、宝洁公司等实体企业已经利用基于互联网的连接性数字化资源找到全球外包、技术共享等新解决方案。与连接性资源相对应，数字化革新还能创造另一种融合性资源。嵌入式数字产品可以通过融合性操作转化为新产品，从而创造新的功能。无须依赖任何外来资源与组织，模块化和嵌入式数字技术赋予实物产品内生的自我创新的能力，这种数字化过程被称为数字融合。数字融合在技术创新层面既不需要外部创新网络的支持，又可使传统产品具备可操纵性与智能性，这是数字产品创新的显著特征。通过数字融合，在未来，传统实物产品将兼具交互功能、实时服务功能（如家庭设备智能化）和根据外部环境自主决策的功能（如无人驾驶汽车）。

根据上述两种维度，数字化革新可以区分为项目型、氏族型、联邦型和混沌型四种组织与管理形式。

（一）项目型数字化革新管理

项目型多发生在一个企业内部，由企业调动自有资源，通过结构的管理体系，实施目标明确的数字化革新。在项目型数字化革新中，管理结构是科层式，参与者是单一学科的专业人员，使用标准化的数字处理工具（如计算机辅助设计工具等），专注明确的目标。通常用能力成熟度模型、全面质量管理等相关常规标准衡量此类数字化革新成效。

（二）氏族型数字化革新管理

氏族型是"一个共同利益驱动的群体"，其成员的地理位置虽然高度离散，但各成员之间的知识体系相似、密切联系，出于共同利益产生协作生产。氏族型创新团队的成员（可以是组织或个人）使用相近且通用的开发工具，使用同一套专业话语体系和知识体系来阐释他们的产品理念。然而，这些成员既不受到严格的科层管制，也不会对一个统一的权力中心负责。在这里，创新者更像志愿者而非员工，他们在社会联系的基础上根据其自身利益和兴趣行事。各成员在一个统一的技术平台上工作，以技术平台的标准判断创新产品的质量（如开放源代码社区）。氏族型不是依赖传统结构分层控制的，而是依靠技术社区平台中公认的精英领袖控制并左右预期的创新方向与质量。在氏族型革新中，少数核心领袖和外围追随者共同参与，核心成员主要负责规范工作流程、制定参与规则，外围追随者根据自己的兴趣与特长自愿选择工作任务。氏族型与项目型最大的区别在于，共同的技术或社区平台可以动员离散分布的志愿者分享他们的知识资源，敦促他们贡献各自的专长，其本质原因是平台凝聚了成员们的共同兴趣与共同利益。

（三）联邦型数字化革新管理

联邦型是指在一个系统管理的数字化革新联合体内部（如企业协议联盟），跨多个不同的行业领域，以科层管理为组织结构，成员使用不同学科的资源与知识，联合开发一个新数字产品。此类创新工作的知识来自跨多个学科的知识社群，创新联合体可以控制创新的关键要素，可以自由调动汇集在一些数字或知识平台上的资源。这些知识社群的资源受到其所在企业的严格控制，且必须以企业协约联盟的形式才能进入创新联盟的数字化革新平台。一旦进入创新联盟，各个专业的知识社群就会严格定义与规定标准化、模块化，开发有助于联邦型数字化革新的组件和接口，最终集成一个新的巨型创新产品。联邦型数字化革新有三种典型应用。一是在大型制造类行业，如航空航天、远洋船舶。这些产业的发展需要调动和整合从交通工程、机械工程、材料工程、电子电气工程、制造、物流配送到工业设计等不同的知识社群的创新。二是服务性行业，可应用联邦型创新的组织形式提供服务的综合解决方案。在这些行业中，企业通过专业咨询团队实施与客户交互，采用跨产业、跨地域的数字手段动态管理业务。三是部分企业将上述制造类企业与服务类企业的应用合二为一，为客户提供设备加解决方案的综合产品，而不是提供单独的软件系统或设备组件。此类企业不但为客户提供成套设备,还要针对客户所在行业的具体发展趋向,为客户专门设计整套生产与经营流程。

联邦型数字化革新发挥作用的关键是内部信息交互的激励机构,必须能够鼓励相关创新者将最新的知识资源报告传递给创新联盟的决策者。在联邦型数字化革新中,成员来自产业关联、行业不同的各个知识社区,凭借不同类型的数字资源库、研究能力和社会网络工具的组合,从一个行业外部带来大量的新资源、新视角,使该创新联盟不仅拥有技术上的创新优势,而且拥有跨产业的新颖视角,从而保持从技术到网络的全面竞争优势。然而,每个企业都有利用核心技术获取经济租金的强烈动机,这往往与整个联盟获取最大利益相悖,而成为创新联盟发展的瓶颈。因此,创新联盟需要建立平台黏性与激励机制,既可以保护各个成员单位的利益,又可督促创新者乐于在平台中提供最新成果。

(四)混沌型数字化革新管理

混沌型主要服务跨行业边界的数字化革新,其主要特征是组织成员的知识与专业背景迥异且高度动态流动,组织没有官僚层级,松散管理,创新的最终成果并不明确,具有高度的随机性。

从事混沌型数字化革新工作的团队,致力于超越传统的行业界限,开发出更加新颖且有开创新领域意义的产品。每个成员(企业或个人)并不是有意参与一次目标宏大的创新活动,而是遵循自己独特的商业逻辑和创新路径,在狭窄而又专业的领域不断探索。然而,他们创新的路径和成果必然会在创新过程中相互交织,使每个创新参与体都受到影响和冲击。这一现象在移动服务市场中表现得最为明显,随着个体移动数据传输应用的不断拓展,各大移动服务商纷纷学习并随之调整业务结构和企业发展战略。在这些市场上,无数以前从未有任何联系的成员(手机运营商、软件公司、内容提供商、硬件设备制造商、广告公司等)一起创造新的市场机会、商业模式和技术标准。然而,在这个创新过程中并没有一个明确的组织者与组织机构。

混沌型数字化革新管理需要注意如何调和成员间的利益冲突、促进不同企业文化和知识背景的成员之间的良性沟通。整个创新的构架搭建和成员参与都是以自组织形式随机实现的。首先,这一创新过程涉及太多不同的知识资源与行业背景的成员,仅仅是内部沟通就极为艰难。不同背景的成员不断涌入这一创新过程中,大量的新知识、新理念不但需要消化吸收,还要在消化吸收的基础上不断创新,整个创新过程的复杂程度将呈几何级数增长。此外,与联邦型数字化革新类似的问题,在如此松散的组织体系中,几乎无法建立一种人人满意的资源分享激励机制。这种体系既要支持不同背景的成员之间可以沟通,又要建立信任和共享的奖惩机制。另外,由于技术和商业模式的飞速进步,上述机制还必须是高速动态自适应的。因此,混沌型数字化革新需要建立一个约束性、灵活性和开放性高速动态统一的管理机制。

第六章 网络经济管理实践

第一节 网络经济管理制度

在现代化和信息化的带动下,我国的经济结构发生了较大的转变,以电子商务为代表的网络经济迅速地蔓延开来,不仅极大地满足了人们的各种需求,而且使得各大企业增加了不少的压力。但是,随之而来的是一系列管理制度的不足。在网络经济管理制度的制定与实施中也存在较多的制约因素,这对网络经济的有序发展是十分不利的。因此,本节就网络经济管理中制度建构的研究进行了简要的论述。

一、网络经济的特点

(一)网络经济的特殊性

网络经济相较其他的经济模式而言具有一定的特殊性,它通过网络技术的使用可以很好地满足人们在不同环境下的购物需求,并通过相应的软件来进行担保。这样不仅可以提高交易的安全性,而且可以很好地满足人们的各种需求,对提高人们的生活质量的作用是比较大的。另外,网络经济的发展还可以很好地带动其他行业有序发展,这对拉近各地区之间的贸易关系也是十分有利的。

(二)网络经济的经营理念与特点

通过强大的市场分析,网络经纪公司会通过降低部分价格来吸引部分消费群体,从而实现在较短的时间内迅速扩大规模,通过强大的媒体宣传来增加其自身的知名度和曝光率。同时,根据各时间段的市场动态进行自我发展策略的调整,及时地进行产品的分类和定时的促销,以满足用户的需求。网络经济的发展立足长远,网络经济在多元化的发展趋势下可以很好地提供多种服务。网络技术的普及和智能设备的频繁更新,使用户不但可以随时随地享受网络经济的服务,而且不限地域满足用户的各种需求,这种快捷、便利、多元化的发展模式是传统经济模式无法比拟的。与此同时,网络经济可以很好地带动各行各业的发展,通过资源的共享及时实现各地区产品的在线销售,可以节省较大的成本。网络经济虽然具有较强的可塑性,但是对网络经济的管理制度仍然需要不断地加以改进,这样才能更好地促进网络经济的全面发展。

二、网络经济管理制度的不足

（一）网络经济的审核程序不清晰

相较实体经营而言，对网络经济的要求是比较宽松的，一般不需要办理任何证件就可以进行运营。受用户人数较多的影响，管理部门无法逐一核实网络经济中商户的经营资质。在这种制度不健全的影响下，无法确保网络经济规范化的营运，同样在用户权益的保障上也存在较多的安全隐患。

（二）消费者权益得不到相应的保障

在网络经济模式下，消费者无法直接感受商品的质量，只能根据商家展示的图片来进行购买，这种消费模式其实存在较大的风险性。部分商家为了吸引消费者，通过美化这些产品的图片来迷惑消费者。即使网络经济支持退货，有时也需要消费者承担部分的运费。这些带有欺骗性质的商家的大量出现，会极大地降低部分消费者对网络经济的信心。与此同时，参与网络经济的第三方物流公司的服务质量也会极大地影响消费者的消费感受，再加上近年来消费者的信息被频繁泄露，这也给网络经济的发展带来了较大的困扰。

（三）市场监管方式滞后

虚拟网络平台上的市场监管是比较难实现的。目前，网络经济的监管只能通过传统的方式来进行，因而在工作效率和实效性上存在较大的不足。部分非法网络经济案件的处理和惩处缺乏统一的标准，无法保障网络经济的规范化和标准化。这些制度的不足需要在实践中逐一进行弥补。

三、网络经济管理中制度建构的措施

（一）健全网络监管的法律体系

我国已经形成了中国特色社会主义法律体系，针对市场经营行为，对目前的法律法规不符合电子商务特点的部分，可以通过修订的方式进行扩大，使其适用于电子商务，以满足我国电子商务发展的需要。鉴于我国电子商务的现状，有必要制定统一的电子商务基本法，同时，修订现有的商事领域的法律法规，使得相关法律法规扩大适用于电子商务行为。两者的结合运用可以大大减少立法工作，加快推进立法的完善。在缺少特别立法的情况下，也可以通过现行商事管理法律法规的解释实现有效的法律规制，从而避免出现无法可依的局面。

（二）创新"以网管网"的执法机制

配备高科技技术设备，提供技术保障，这是工商部门开展网络商品交易执法时必须要解决的问题。工商部门借助高科技网络技术和设备实施监管是非常必要的。但是，高科技设备一般投入大、日常维护要求高，由各个执法单位自行添置就会过于浪费。因此，有必要由省级工商部门统一置备高科技监管设备，从而实现主体确认、实时监控、案件发现、违法地确认、证据采集和数据分析等功能，保证在第一时间发现网络商品交易违法行为，并完成网页资料、音频、视频和动画等电子数据的证据采集，为网络商品交易执法提供技术设备支持和保障。另外，还要实现全国联网一体化监管，在国家局层面建立网络监管信息系统和平台。必须由国家工商总局牵头，建立起全国一体、统分结合、功能齐全、上下联动、左右互动的网络监管平台。该平台将以网络经营主体数据库为基础，增加网络商品交易监管信息的录入、分派、上报和统计功能，同时兼有"网络商品交易搜索监测系统"，及时锁定违法行为。

（三）营造网络经济主体参与的制度环境

考虑网络经济现状，在鼓励个体创业的同时，要在现阶段较好地解决市场准入的问题。应该关注商家具体交易行为性质来进行主体认定，以其是否以盈利为目的来认定其是否属于交易主体，以其是否以交易为常业作为考量标准。经营者身份的核实对网络交易而言是非常重要的，这需要网站的管理者明确自身的责任，在注册的时候进行全面把控。部分网站通过实名制认证极大地提高了网络管理的效率，通过联网核实为用户提供更加人性化的服务，值得大力推广。在经营场所的问题上，政府应该以经营范围为依据，评估经营场所对消防安全、居民生活的影响，适当允许网店经营者将自住房、租赁房或其他非商业性用房注册为经营场所。评估报告可以由经营场所所在居委会、村委会或物业公司做出。

加强网络经济管理制度的健全既是社会发展的必然要求，也是实现网络经济有序发展的重要前提。在网络经济飞速发展的现状下，相关部门必须立足当前，有针对性地构建相应制度，只有这样才能制定出适合我国国情的网络经济管理制度。网络经济管理制度的不断健全和发展是确保网络经济行业有序发展的重要保障，其经营的规范性和秩序性需要广大的用户和管理人员的配合才能实现，这也是实现智能生活的重要途径之一。

第二节　网络经济与项目管理

网络经济包括由于高新技术的推广和运用所引起的传统产业及传统经济部门深刻的革命性变化和飞跃性发展，实际上是一种在传统经济基础上产生的、经过以计算机为核心的现代信息技术提升的高级经济发展形态。网络经济包括项目策划与决策阶段、准备阶段、实施阶段、竣工验收、总结评价阶段在内的全过程的管理工作与网络经济进行融合，质量控制、进度控制、投资（成本）控制、合同管理、信息管理、安全管理、事务协调等"三控三管一协调"工作全面实行，基于大数据的分析决策，可以大大提高项目管理效率，因此，应用网络经济对项目全过程进行协同管理是项目管理的发展趋势和主要内容。

一、网络经济与项目管理的现状分析

（一）应用网络经济管理项目的能力需要提升

项目实施需要各方面的知识系统集成、各阶段协同管理，要求专业人员具有扎实的技术经济知识和能力，而且具有系统的网络技术知识技能。专业人员不但需要具有较强的实践能力，还要具有适应网络经济环境的复合性和实用性的技能，在技术手段的辅助下运用经济学理论分析并解决项目实施和管理中存在的问题。为了项目管理工作更加简洁、更加高效，需要综合型和复合型管理人才应用高效和科学的网络经济全过程管理模式来推动项目管理工作的开展。

（二）项目协同管理机制不健全

很多项目需要多个单位共同建设，特别是对周期长、影响因素复杂、造价高的项目，由于项目管理工作范围大，需要更加严格、规范、健全和高效的管理机制，必须将不同知识领域的活动因素相互关联和集成，并协同运行。现行项目管理机制不够健全、项目管理人员专业性不强、从项目管理的全过程进行分析的技术应用较少，也使得项目各阶段的管理工作不能有效协同。

（三）项目管理服务业国际竞争力不够强

服务业是世界第一产业，是发展的基础，与发达国家服务业占国内生产总值（GDP）比重达到70%相比，我国刚超过50%。未来，在我国经济结构转型升级的过程中，服务业前景看好。2012—2018年，我国服务业增加值年均增长7.9%，高出国内生产总值年均增速0.9%，高出第二产业1.3%。这与我国以"一带一路"为重点大力开拓海外市场相关，以知识密集为特点的新兴服务将"走出去"。2018年，服务出口17658亿元，服务进口34744亿元，服务进出口逆差为17086亿元，比2017年略有扩大，但仍与我国是制造大国、基建强国不相匹配，服务业提升空间巨大。随着我国服务业对外开放的程度越来越高，国内发达的网络经济将支撑服务业不断做强。

二、对改善网络经济与工程项目管理现状的建议分析

（一）强化网络技术的应用，改进管理方法、手段和技术

加强项目全过程管理，大力开发和利用建筑信息模型（BIM）、大数据、物联网等现代信息技术和资源，努力提高信息化管理和应用水平，为开展全过程工程咨询业务提供保障。通过对项目工程设计、建造、管理的数据化工具管理，为项目建设主体提供协同工作的基础，在提高生产效率、节约成本和缩短工期方面发挥重要作用。项目管理全过程集成运用网络经济，进行大数据处理，制定预防性的措施，最大限度实现项目管理建设目标。

（二）加强咨询人才队伍建设和国际交流

在深入分析和认识网络经济发展对21世纪劳动者素质要求的基础上，制订和实施符合网络经济发展要求的人才培养方案，培养和造就一大批高素质的网络经济发展人才；加强技术、经济、管理和法律等方面的理论知识培训，开展广泛的国际交流，引进基于网络经济的国际先进管理工具和方法，开展多种形式的合作，提升项目管理的国际竞争力。

（三）健全以网络经济为支撑的项目协同管理机制

鼓励项目业主购买招标代理、勘察、设计、监理和项目管理等全过程咨询服务，满足项目一体化服务需求，增强工程建设过程的协同性；整合投资咨询、招标代理、勘察、设计、监理和项目管理等企业，以大数据、物联网和区块链等网络经济为支撑，建立数据应用平台，建立"一站式"服务网络平台，处理好协同关系，开展全过程项目管理服务。

应用网络经济实现项目管理可以提高项目全过程管理水平，完善项目各阶段、各建设方的协同性，保证运营效率，增加服务供给，创新项目管理服务组织实施方式，推动高质量发展。

第三节 网络经济时代的工商管理

对日新月异的经济发展趋势，工商管理领域应当制定相应的政策和措施，结合网络经济的背景，将理论与实践相结合，保留传统经济的优势。相关政策策略应当贴合我国供给侧结构改革策略，为促进中国经济宏观发展贡献一分力量。

一、网络经济的发展趋势

所谓网络经济，是指建立在计算机技术和网络技术之上的新兴经济形态，其核心为现代化的信息技术。网络经济不仅包括现代计算机技术背景下的高新技术产业，而且包括高新技术在新时代的推广和运用，这也是传统经济的革命性的改变和飞跃性发展。正因为如此，不能单纯地把网络经济理解成一种独立于传统经济的新型经济体。网络经济也不是只存在于互联网上的"虚拟"经济体制，网络经济在本质上还是基于传统经济，通过以计算机为核心的现代信息技术发展起来的经济形态。

自从跨入21世纪以来，经济发展模式逐渐依赖计算机技术、网络技术和互联网，如现在耳熟能详的电子商务和网络通信等产业都是依托于计算机技术发展起来的网络金融。随着时间的推移和技术的成熟，会有越来越多的金融产业依赖网络技术进行发展。与传统经济不同，网络经济是通过线上方式开展的，也就是说，传统方式下的买与卖、售后与服务都是依靠计算机完成的。网络经济不但能够大大节约消费者选购商品的时间，而且能够提供更加丰富的商品选择范围，具有便捷的优点。对实体经济而言，网络经济还能够减少经营成本，不需要通过线下实体产业开展相关经济活动。正因为如此，在生活节奏逐渐加快的当下，网络经济倍受年轻人的青睐。

二、网络经济时代对企业管理的促进作用

（一）减少经营成本的投入

在网络经济时代，客户可以不用通过实地走访就能了解相关产品的性能和工作效率，既减少了与企业负责人的会面，也能在一定程度上减少相关招待费用，避免铺张浪费。另外，企业通过网络经济的方式还能减少在店铺租金和商品包装以及招商引资方面的大量投入，不仅能够缓解公共资源紧张的现状，还能够有效提升销售量，让企业能够有更多的时间、精力和资金投入新产品研发。

（二）帮助企业深入了解市场行情

网络经济时代的一大特点就是资源共享。不同企业可以通过互联网共享原料、商品和行情等方面的数据，这要求企业管理人员不仅要掌握专业技能，学会熟练使用计算机的相关操作，还要对市场数据保持高度的敏感性，及时确立企业发展模式，从而帮助企业在高速发展的市场中把握机会、占领市场，进而有效提升商品利润。网络环境能够帮助企业得到有效的市场信息，企业通过这些信息能够及时了解市场动态，根据市场需求及时调整商品的销售市场，只有这样才能有利于企业的可持续发展。

（三）有利于营造公平的市场环境

在传统经济模式中，一些企业始终垄断着相关商品的市场，对商品的核心技术和销售渠道始终不对外公开，致使市场始终存在人为操控的一面，间接导致一些中小型企业找不到发展的方向。正因为现阶段网络经济迅猛发展，为了秉承消费者至上的原则，在同一交易平台上的企业需要将各自商品的相关信息进行公开，从而促进市场合法、公平地发展。

三、网络经济时代企业管理的发展策略

（一）创新管理理念和模式

需要明确的是，过去的企业管理模式比较单一，大多企业不但缺少外界信息，而且没有相关的理论依据进行支撑。在网络技术飞速发展的当下，企业管理模式需要顺应发展进行相关改革，摆脱传统方式的束缚，创立管理理念和模式，打造出规范化的管理体系，促使企业管理及其附属产业在网络经济时代蓬勃发展，降低经营成本。这样不仅能够大大增强员工的工作热情，而且能给员工强有力的满足感和安全感，有利于企业的整体进步和可持续发展。

（二）完善相关管理制度

一个优秀的企业应当具有完善的管理制度，通过这些制度进行管理和约束，能够帮助企业建立一个健全的规范制度，从而在充分发挥内生动力的同时产生相应的经济效益。值得注意的是，管理制度应当严格地依据法律法规来制定。同时，企业也需要设立相关监管部门保证措施的实行，让规章制度不再是一纸空文。在我国经济的发展规划过程中，在结合企业与市场的同时，还要加大政府对市场的调控能力，保证企业的活力。另外，相关监管部门要加强有效监督，落实到各个岗位上，共同促进供给侧结构改革的顺利发展。

（三）提高相关工作人员的技能素养

在网络经济模式下，相关企业管理人员不仅要具备诚实的信念，用心经营，还要有过硬的知识理念，对于企业管理的发展有前瞻性，并且能够掌控发展趋势。所以，企业应该加大人才培养方面的投资力度，大力引进优质人才，尤其是在面试阶段，就应该将个人素养和专业技能放在选拔的首位，在员工入职后也要开展道德讲座教育，从本质出发，抓好员工的综合素质。

综上所述，网络经济成为现阶段国民经济体中的主要支撑力量。在网络经济模式下，企业管理发展能够有效控制其经营成本，同时也能促进形成公平的市场环境。面对网络经济的飞速发展，既管理及其相关产业应当适当更新管理理念，以积极的态度面对网络经济带来的挑战，为我国宏观经济发展提供源源不断的动力。

第四节　网络经济时代企业管理

作为一种新的经济形态，网络经济引发了企业组织、生存环境的剧烈变化，迫使企业不得不在多方面进行改革。分析网络经济对企业组织机构、生产组织方式、经营方式和创新机制的影响，提出网络经济环境下企业管理在观念、营销管理、生产经营方式和组织结构等方面的创新变革对策，为企业适应网络经济时代的要求，获得生存和发展机会提供借鉴。

一、网络经济对企业管理的影响

（一）对企业组织机构的影响

传统的企业组织机构的管理层次多、管理范围小、机构臃肿庞大、决策效率低下。在网络经济时代，信息的获取和传送便捷、快速，对传统企业的经营手段和经营方式产生了冲击，迫使传统企业不得不创新管理手段，优化管理机构，提高反应速度和决策效率，以适应瞬息万变的信息环境。这就要求传统企业从内部减少管理层次、加大管理力度，从外部联合其他同行企业，形成以专业化联合、共享过程控制和共同目的为基本特征的企业间组织方式。

（二）对生产组织方式的影响

网络经济冲垮了企业传统的生产组织方式，使以前相互独立的组织方式解体。在网络经济时代，信息渗透和传递不受时空限制。不管是企业的经营手段，还是管理方式，在网络空间里都是公开的。同行业间的竞争更加激烈、更加残酷，从而促使资源和技术进行了整合，如有些企业擅长市场营销，其他企业就将市场交给这个企业负责；有些企业擅长研发设计，其他企业就将研发设计程序交给这个企业，从而形成企业间的合作。企业运营中的某些环节逐步向优势资源和技术集中，改变了企业的生产组织方式。

网络经济以互联网应用为基础的电子商务为主。这种形式颠覆了传统的企业经营方式，不再受限于交易模式和交易市场，通过网络虚拟平台和工具就可以实现商品和货款交接，并完成交易。交易双方、网络经济服务部门的商业信用和支付信用高度发达，保险机构、金融机构、供应商和客户在电子商务平台交易系统中高度整合和兼容，电子商务平台成为市场交易参与各方的利益集合体。电子商务打通了从生产商到消费者的通道，砍掉了中间商环节，使交易成本大大降低，提高了市场竞争力。

（三）对创新机制的影响

在不断更新和变化的网络经济时代，企业面临着从未有过的竞争压力和生存危机。因此，企业只有不断创新，适应变化，才可以获得生存的机会。创新既可以是管理模式的创新，也可以是管理方式的创新。企业创新的速度要跟上网络经济更新的速度，只有企业的创新形式适应网络经济，并符合网络经济发展的模式，企业才能更好地生产和发展。

二、网络经济模式下企业管理创新变革的途径

（一）观念的变革创新

1. 经营目标观念的变革创新

长期以来，大部分企业的经营目标是实现企业利润最大化，而无视人、组织、社会和自然的共同协调发展。经营观念的变革创新，要求企业不能只顾经济利益，还要注重社会效益，承担起企业的社会责任；既要对消费者的直接利益和间接利益负责，也要对员工的身心健康和全面发展负责；还要在利用资源时注重生态平衡和经济的可持续发展，打造绿色企业，使经营目标做到经济效益、社会效益与生态效益的统一。

2. 信息观念的变革创新

互联网既可以为企业提供技术、生产和营销等方面的信息，也可以开辟网络销售新市场。但是，信息具有一定的时效性，谁先掌握信息，谁就能把握先机。因此，企业不但要具有信息敏感度，而且要重视信息搜集，还要重视信息管理，避免信息被淹没在信息海洋里，以便促使信息转化为企业生产力。

3. 市场观念的变革创新

在网络经济时代，消费者的选择空间大，消费需求多样化、个性化。企业要正确认识市场的这些变化，在市场细分的基础上，依据市场导向合理定位。同时，企业还要了解市场需求，营造消费氛围，刺激消费者的消费欲望，开发潜力巨大的农村市场。

4. 产品观念的变革创新

当今，产品种类丰富多样，产品更新换代的周期越来越短，企业要采用产品差异化策略，充分把握市场需求，开发新型高质量产品，实行名牌产品战略，增强产品形象塑造，提高产品附加值的竞争力，以占领更大的市场。

（二）营销管理的创新变革

网络经济时代的企业营销管理具有鲜明的特色，主要表现在三个方面。

1. 网络互动式营销管理

客户能够参与企业的整个营销，实现客户和商家随时随地的互动式双向交流，有利于商家采取满足客户需求最大化的营销决策。

2. 网络整合营销管理

信息网络电子营销方式使企业和客户形成了"一对一"的营销关系，营销管理决策的连接体现了以客户为出发点，以及企业和客户不断交互的特点。

3. 网络定制营销生产

在网络经济时代，企业营销逐渐倾向定制销售，这样既可以提高客户满意度，又可以降低企业库存成本。整体上，营销管理的变革创新是一项系统工程。市场变幻莫测，营销管理只是一种手段。企业不能为了变革而变革，而要通过管理营销创新来实现资源的灵活配置，适应不断变化的环境，促进企业发展。

（三）生产经营方式的创新变革

在网络经济时代，信息传递趋于高效化、准确化，且成本低廉。商家与客户之间的信息沟通更加便捷，使商家满足客户大规模的量身定制服务成为可能。因此，生产经营方式也要向满足客户个性化需求的方向变革创新。

1. 从规模生产到规模定制

在网络经济时代，数字化网络改变了一对多的关系和生产者的统治地位。客户与企业可以通过互联网实现即时的双向交流沟通。客户可以提出自己的需求，并参与产品设计。即使各个客户的个性化定制各不相同，在网络庞大覆盖面的作用下，企业可以享有大批生产的规模定制。

2. 从产品经济到服务经济

在网络经济时代，企业之间的竞争不仅是产品质量的竞争和成本层面的竞争，而且是服务质量的竞争，因此，企业需要实现从产品经济到服务经济的转变，为顾客提供体验式服务，满足客户的个性化服务需求。

3. 从实体经营到虚拟经营

在互联网经济时代，企业可以借助虚拟网络，在企业资源有限的条件下，将其他功能借助外部力量进行整合，如外包和委托。此外，市场形势和竞争方式的新特点要求企业具备灵敏的反应能力和富有弹性的动态组织结构，即需要建立虚拟企业，以便精简机构、优化资源组合、降低成本，实现生产专业化和经营多元化。

（四）组织结构的创新变革

组织结构的变革创新就是要根据企业所处的内部和外部环境以及条件变化，改变原有的组织结构，变革组织目标，重新构建责权关系，以改善企业的经营管理、激发员工的工作热情，发挥企业的最大潜能。网络经济是基于信息技术发展起来的一种经济形态，客户需求多样化、市场竞争激烈化、经济形势动荡化。所以，要求企业的组织结构必须具备命令统一、责权明确、组织有弹性、适度分权、反应灵敏、高效率工作、企业内部沟通良好、部门间联系紧密的特点。组织结构变革创新可从以下几个方面入手。

1. 决策分权化

以决策为中心，进行决策分权化，调整组织作业流程、经营战略，促使信息分散化、增加决策点，推行分散决策和现场决策。

2. 结构扁平化

以决策为中心的网络化组织是通过决策分权化实现的。这就意味着决策权力重心下移，即决策权多分布在下层。所以，要增大管理跨度、减少管理层次、改变权力特征、走组织结构扁平化道路，从而提高组织效率和应变能力。

3. 组织柔性化

柔性化组织是指组织不固定、不正式，而是临时性、以任务为导向的团队式组织。例如，项目小组是以一特定任务为目标，临时组成团队，并不固定，随着项目的改变而调整。在网络经济时代，这样的组织方式就像网络的每个节点，具有很强的灵活性和弹性，基层组织更有自主权和主动权，从而提高了市场应对能力。

4. 组织虚拟化

在网络经济时代，企业间既是竞争关系也是合作关系，但更倾向于推动企业与企业走向联合。因此，虚拟组织应运而生。虚拟组织以龙头企业为核心，为获得某种市场机会，将所需资源的若干企业集合在一起形成一种网络化的动态组织。这些企业以契约形式订立暂时联盟，利用先进的高速信息网络进行信息交换，让所有的同盟企业共享资源、共担风险，优势互补，从而实现功能集成效果。一旦目标完成，联盟就自行解体，具有很大的灵活性和松散性，很好地适应了网络经济时代的发展。

随着互联网技术的迅猛发展，网络经济正在朝着成为全球经济新支柱的方向发展，在为企业发展提供了机遇的同时，也在瓦解、改变着企业的现有组织结构、生产经营方式等。因此，企业为适应网络经济时代的发展，必须对企业管理进行变革，以获得生存和发展机会。

第五节 基于网络经济的会计管理

当前,智能信息发展非常迅速。20世纪中期,计算机网络主要用于信息的传输,由于该技术具有共享、方便和实时等特点,在世界范围内得到了一致认可。从业务的角度来看,它通常是财务会计系统的优先事项。与时俱进,将在线技术应用于财务会计管理非常重要。基于如此严格的网络时代,通常无法同时满足生产和生命周期的需求。因此,企业必须首先进行合理的调整,使用现代化的网络技术改进并精简财务管理系统。作为公司经济的核心,财务部门控制着整个公司的经济管理和资源优化。与以前的管理系统相比,这种新模型不但要求会计人员采用互联网技术,而且必须充分考虑信息和信息流,以确保其安全。

一、财务会计学在网络经济中的概念

网络经济也就意味着计算机网络是主要部分,传统经济被纳入其中,并且两者相互结合。应该指出的是,在线经济最重要的工作仍然是发展经济。在线技术为在线经济提供了全面、便利的环境,以便提高员工效率并使其适应时代发展应达到的要求。与传统经济相比,经济发展离不开生产和分配原则,即平等交换消费原则。在网络信息技术的支持下,网络经济显示出更大的优势。

二、财务会计学在网络经济中的特征

(一)信息实时性

在网络经济时代,企业可以使用信息技术收集丰富的财务数据,以便提高财务管理效率,并为企业外部的业务主管和用户提供全面、真实的信息。财务会计在互联网经济中应通过互联网技术,甚至估值方式来进行财务管理。结果发现,在互联网上收集的信息内容更广泛和全面。与此同时,信息的准确度也大幅度提高。大量信息通过计算机技术进行了优质处理,重要信息也经过了处理,从而为财务工作者提供了简洁、明了的信息报告,节省了用户寻找和总结概括信息的时间。

(二)网络共享性

不同于传统的财务管理模式,网络经济时代中的财务管理更具有网络共享性。如果公司的内部信息是开放的,那么每个财务部门的员工只需统计自己管理的财务信息,然后进行协调即可。在特定的网站上,系统将自动编辑其他人员上传的信息,并从中得出最终的分析结果。企业之间的信息在共享之后,竞争企业可以咨询其他企业的财务信息。

（三）运算全球化

网络经济学和财务会计是互联网时代的产物，与之相关的信息也同样使用广泛。基于此种形式，互联网被用作实现企业之间跨境销售的渠道。特别是需要开展跨国业务的企业，传统的纸币也可以通过信息技术转换为电子货币，这可以使预算更加便利并反映运算全球化的特征。

（四）信息收益性

互联网技术和信息技术可以缩短供求关系之间的距离。借助在线销售，企业可以比投资较少的实体店获得更多的经济利益，如知名公司的公共网站、微信公众号等。这些系统的销售潜力非常大，销售收入也很高。另外，互联网时代的信息收入也越来越高，因此，企业在衡量其资产时，也要将信息收益计算在内。

三、财务会计管理在网络经济模式下的注意事项

（一）掌握互联网技术

在网络沟通技术的背景下，为了更好地发展财务会计，企业的各部门应以更及时、更有效的方式来实现各种财务活动全面、深入地交流和沟通，运用灵活的电子记录管理技术，最大限度地实现财务会计信息的整合和各部门数据的整合。如果企业规模较大，并且需要使用财务会计管理数据来反映企业的发展决策，那么就需要大数据技术作为支持。另外，信息技术还可以成为网络经济时代背景下财务管理的重要载体，有助于优化管理效率和降低财务风险。

（二）数据资源

随着网络经济的飞速发展，资本会计数据将呈现出喷发性增长态势。从一般的发展来看，如果企业能够理解有关数据的所有信息，那么就相当于对企业的政策和后续的发展有了精确的了解。实际上，数据资源可以在很大程度上规避未来发展中可能出现的风险，并且为企业做出更好的科学决策提供依据。

（三）优化管理理念

管理概念是否科学，对各种企业管理决策和未来发展政策的制定都有影响，因此不能忽视。管理理念可以为调整管理目标提供有利的参考。所以，企业应与时俱进，通过采用灵活的会计管理模式来促进企业的健康、持续发展，将新的会计管理理念融入企业的整体管理理念，使得企业会计管理质量得到明显提高。因此，企业管理人员需要及时适应新的管理理念。

四、网络经济模式下财务会计面临的发展困境

（一）法律法规不完善

在互联网技术发展的进程中，不同类型的软件相继出现，其中的信息无所不包。尽管在某种层面上，随着时间的推移，互联网世界的内容将变得更加充实、更加多样。但与此同时，互联网世界的复杂性和不确定性仍可能导致许多风险的产生。在这种情况下，企业如果想将网络技术最大限度地应用于财务会计，就需要筛选和扫描信息以确保信息的准确性。互联网技术在不断发展，但尚未实施相应的法律法规，特别是在缺乏财务会计管理的在线经济中。如今，财务会计软件得到了很大的发展，大大提高了管理效率，但是我国仍然对各种软件的开发缺乏明确的管理法规，并且管理标准也有很大差异。

（二）信息安全性不足

互联网是一个虚拟平台，该平台存在很多不确定性，如管理部门的管理工作不健全等。财务会计管理通常以纸质形式保存所有数据，尽管传统的财务会计管理更易于存储，但其信息一旦被恶意利用，将对数据的完整性产生深远影响，甚至最终会影响整个企业的运营。

（三）缺少财务会计管理相关的信息技术人才

在财务会计管理工作中，财务会计必须具备高质量的财务会计技能。在选择和雇用财务会计时，企业必须进行审查，加强对财务会计的评估，从而有效提高管理人员的专业素质和整体素质。但是，在以往的财务会计管理中，大部分财务人员的工作相对重复，管理人员很少进行相关决策和信息分析。在网络经济的高度发展下，财务人员的权限会不止如此，还将更具挑战性。因此，财务人员必须对工作场所中的计算机和网络知识以及某些专业技能有透彻的了解。

五、财务会计管理在网络经济下的策略

（一）完善相关法律法规体系

在网络时代下，财务会计管理必须与时俱进，并在实践中不断更新自我创造的模式。当然，此过程迫切需要国家发布适当的法律规定对其进行保护，如使用明确的文字和规定、建立财务会计管理中的日常行为标准、及时解决出现的各种问题等，使财务会计可以依法行事。我国企业不能完全借鉴其他国家的经验，必须根据我国的实际情况制定符合自身情况的行业标准，以确保我国企业可以在未来的金融活动中遵守法律并创造良好的气氛。此外，企业有必要建立一个适当的监督与管理部门，并寻求将法律制度与财务会计管理相结合，从而使有关法律法规的协同运作流畅。

（二）完善信息安全管理措施

在网络经济中，最重要的是增强企业内部安全管理的意识。例如，在网络系统中，企业的信息安全重要的管理环节，应用程序网络集合了财务管理所需的信息，以防止信息泄露或缺损。因此，为了企业内部的信息能够保持全面和完整，企业必须建立完善的标准并进行财务管理培训。同时，企业应注重内部安全管控，并设计符合本企业的安全软件，以从根本上解决可能存在的安全问题。

（三）加强信息化财务会计管理人员的培训

在当前情况下，重新构建具有信息技术的财务工作团队将花费过多的企业资本，对企业而言是不可行的。因此，企业应该加强自身团队建设、加强针对企业财务管理者的信息技术教育，从而提高他们对互联网使用的认识，充分整合企业财务管理信息，以便实现财务管理的新方式。

总而言之，如果想提高财务管理的质量，就应该将网络经济学与传统财务管理相结合，以便互联网技术可以更好地为企业财务管理服务。另外，企业还要保证财务会计管理更加有效，以确保企业在竞争中独树一帜，并更好地适应市场发展的需求。企业有必要运用方法规范会计人员的日常行为，厘清会计人员的具体职责，提高会计人员的整体素质，确保企业健康、长期发展。

第六节　网络营销与企业经济管理

自第三次产业革命以来，计算机技术和网络技术更新速度日益加快，应用范围已经非常广泛，人类社会迎来了正式的网络经济时代。在这个背景下，本节基于互联网分析了其对当代企业营销管理的影响作用，重点阐述了其给营销管理中的营销对象、营销组织和营销基础等带来的深刻影响；之后，以此为基础，为国内当下的企业如何在网络经济时代下进行营销管理变革提供路径参考。计算机技术和网络技术迭代更新的步伐从未停止，也导致了当下的企业在营销管理方面产生了一系列变化。由此，网络经济对企业的营销管理产生的具体影响，以及导致的营销管理变革内容等，是本节研究和分析的重点。

互联网的定义是，按照 TCP/IP 网络协议，确保全球范围内各个大洲的国家和区域及其所属的全部行业能够被连接起来，从而形成一个广泛的数据通信网，属于当下全球仅有的对所有民众开放使用的公用网。随着互联网的应用覆盖现代企业营销领域，从而产生了不同于传统的营销模式。

一、网络经济对营销管理的影响

（一）营销对象变革

较传统企业而言，互联网企业不受时空的限制，能够随时提供服务和产品给任何地区的客户。与此同时，互联网使得市场得到很大程度拓宽，世界各地的用户拥有服务的选择范围非常广阔。此外，借助网络平台，企业可以给个体消费者提供独一无二的私人定制服务和产品。需要注意的是，要想开发和维护好网络客户，当下的营销人员就必须能够紧跟时代潮流，积极创建个性化的销售信息档案，从而有针对性地制定营销策略促使客户进行消费。

（二）营销基础方式的变革

菲利普·科特勒(Philip Kotler)是一名美国的学者，他认为，4P营销理论，即产品(Product)、价格(Price)、促销(Promotion)、渠道(Place)"代表卖方的立场，能够对买方施加影响作用"。20世纪末期，美国营销学家罗伯特·劳特伯恩（Robert Lauterborn）阐述了一个观点，即处于"买方市场"条件下的营销必须以买方的立场为切入点展开，提出了代替4P的4C理论，具体而言，就是站在买方的立场，关注买方的需要和欲望（Customer needs and wants），提供条件给买方便利（Convenience），考虑买方的成本（Cost to customer），重视买卖过程中的双方沟通（Communication）。由此可知，4C策略始终以买方为营销制定的参考立场，让买方进入营销过程中。换言之，就是在网络经济模式下以4C营销策略为主。在互联网营销之下，客户的需要和欲望能够得到更好的满足。

营销基础方式的变革是指摒弃传统的间接营销，持续推进现代的直复营销。实际上，基于传统营销方式，企业的产品在最终到达客户手中的时候，通常需要历经多轮的中间商传递才能实现，由此，使得市场反应和顾客的反馈信息有相对比较长的周期。较传统营销而言，网络营销具有直复营销的典型特点。具体而言，直复营销中的"直"的字面意思为直接，内涵是不需要借助任何中间分级渠道，直接借助媒体将企业与消费者连接起来，销售通过网络渠道实现，由此，消费者能够在互联网上直接向企业发送订单并进行结算买单；"复"的字面意思为回复，内涵是企业与消费者的交互，即消费者会直接对企业的产品和服务给予干脆的要或者不要的回复。借助互联网技术，企业能够得到最新的消费者恢复数据，并可以根据这些数据调整和重新制定营销策略。客观而言，直复营销有着多种积极作用，可以实现面向营销效果的可度量性和可控性等。

（三）营销组织变革

营销组织变革是指摒弃传统的实体营销组织，积极建立起现代的虚拟营销组织。传统的营销组织特点包括：①功能化，即实体组织的功能涵盖了开展业务活动的一切功能。②内部化，即实体组织不需要借助外部力量，仅凭自身的功能就能够进行相关的组织活动。

③集中化和规模化,即实体组织能够把现有的一切所需功能和资源通过集中起来使其具有规模化。

与传统组织不同的是,诞生于网络信息时代的营销组织的最大特点是具有虚拟性。该类营销组织包括如下特点:①专长化,即仅仅发展和维持好本身具有的专长和功能,从而让组织规模保持分子化。②合作化,即虚拟营销组织在功能方面其实不再呈现系统化和全面化,由此,其必须依靠自身之外的市场资源来弥补本来缺少的功能和资源,从而与其他企业开展一系列必要的合作。③离散化,即虚拟营销的资源和功能不再具有集中性,而是呈离散状态,借助网络才得以连接起来。

综上,现代的虚拟营销组织打破了传统企业的功能架构,有利于现代企业通过优势互补的合作分享资源,达到资源的优化配置,从而加强企业的核心能力。

(四)沟通模式变革

沟通模式变革是指摒弃传统的单向分离式传播,广泛应用双向互动的现代多媒体式传播。事实上,传统的营销手段往往仅能实现单向的信息输送,导致消费者长期处于被动态势。此外,信息传播模式呈分离式。在进行信息传播时,大部分信息传播都是依靠广播电视和报纸杂志等传统媒体,传播的效果有限。然而,处于网络环境下,信息的传播实现了双向交流。借助网络渠道,企业能够在同一时间与全球不同区域消费者展开沟通和联系,从而能够及时倾听消费者对商品和企业的服务所提出的建议,且可以对这些建议在第一时间做出反馈。此外,互联网能够传输多种媒体信息,无论是平面类型的文字信息还是立体的图像信息都可以传播,所以,能够保证信息具有良好的传播效果。

二、网络经济时代营销管理变革的建议

(一)把握网络经济发展机遇,尽快形成网络竞争优势

互联网经济的潜能巨大,是当代企业营销的主导方式。随着全球化浪潮的席卷,企业的生存压力越来越大,由此,越来越多的企业开始积极运用互联网,以增加自身的竞争力和促进自身的发展。根据《财富》杂志统计的数据可知,世界五百强企业现在基本都已在网上开展或多或少的业务。英特尔的前首席执行官安迪·葛洛夫(Andy Grove)曾明确提及,想要获得生存和发展的企业必须在5年之内应用互联网,如若不然,势必会关门大吉。网络营销的存在,有力地促进了企业大、中、小规模的差别的消失,从而创造出更加公平的竞争环境,让企业的发展条件更加平等。基于此,国内企业应该主动制定网络化经营战略,从而在激烈的网络经济竞争中占据一席之地。

(二)建立企业的信息优势,加快构筑企业网络营销平台

企业在占据信息优势之后,就能够于网络经济时代中获得生存空间。国内企业的信息技术和设备投资只在总资产中占有0.3%的比例,与发达国家10%的水平相差甚远。所以,

我国企业目前亟须加强信息化建设：①打造企业自身的网络站点。②打造企业内部的 MIS 管理信息系统，如此一来，可以对企业内部产、供等相关流程开展科学的计算机管理。③全面打造企业的内联网和外联网，内联网能够将企业内部各组织间的计算机网络连接起来，外联网则属于企业对外打造的用于营销运作的虚拟平台。④打造合理的企业信息管理模式。

（三）将企业的信息优势转化为竞争优势，制定合理的竞争战略

为了掌握网络竞争优势，企业必须竭尽全力把自身的信息优势转为竞争优势。另外，企业应该根据实际推出合理的竞争战略，如重新调整市场理念，从而通过更好、更快的服务和产品来不断拓宽网络营销渠道；开展定制产品的服务，让消费者能够得到个性化服务；积极推广互动式营销；始终恪守当下的网络礼仪，实施软营销，也就是说，应该尽可能提供大量信息代替说服等。

（四）利用互联网提高企业的营销决策能力和快速响应能力

基于互联网的互联互通性，互联网拥有令人应接不暇的海量信息。企业处于网络经济时代，只有强调营销决策的快捷性和科学性，才能掌握竞争先发优势。企业在制定营销策略前，应该积极在互联网网上收集和归纳有用信息，以期让策略更加符合实际，并取得有益的效果。另外，在网络经济时代，消费者更加倾向于得到即时满足，由此，企业必须要拥有对市场的快速反应能力。

第七章　网络经济管理创新

网络经济的到来，使我国的经济和社会生活发生了深刻的变化。科技发展速度越来越快，竞争越来越激烈，市场多变并日益趋向全球化，企业管理也日渐复杂。可以说，在这样的一个新环境中，企业有了更广阔的生存空间，但是生存的难度也在增加。企业要想在新的环境中更好地发展自己，必须进行全方位的管理创新，不创新就会灭亡。

管理创新是指企业不断根据市场和社会环境的变化，重新整合人才、资本和技术等要素，以适应、满足和创造市场需求，从而达到自身的经济效益目标和完成社会责任。全面的管理创新是企业在网络经济模式下生存、发展的基本条件，具体包括观念创新、技术创新、组织创新、管理模式与方法创新、管理制度创新、文化创新等方面。

第一节　观念创新

人类社会的每一次重大变革，总是以思想的进步和观念的更新为先导，企业的管理创新也不例外。观念创新是企业全面创新的核心，是其他创新的先导。如果没有观念创新，那么其他创新便无从谈起。观念创新最主要的是要求企业树立知识价值观念、以人为本的人力资源管理观念、合作竞争观念、全球化经营观念和可持续发展的观念等。

一、知识价值观念

网络经济是以信息和知识为主要特征的新经济形态。在网络经济时代，知识的作用越来越突出，知识资本逐渐形成，并成为新经济的推动力。知识正推动着企业由以投入资金和劳动力为主朝着以投入知识为主的方向转变，企业传统的技术、单一的知识结构也正向高新技术、综合知识结构转移。这就要求企业从战略的高度重视知识的作用。很多跨国企业不惜将重金投向知识的研究开发和高科技人才的引进，其实都是在进行知识的储备和更新，为保持竞争优势做积累。

一个企业要想在网络经济模式下取得成功，就必须牢固地树立知识价值观念，充分重视知识的作用，加大对知识的投入力度。

二、以人为本的人力资源管理观念

网络经济给人力资源的管理和开发带来了很多方便，如网络的出现缓解了工作者所受的地理因素限制，使远距离工作成为可能；工作方式更加灵活和自由；企业可以对员工进行在线培训，员工可以随时随地接受培训，企业节省了投资，也易调动员工的学习积极性等。但是，网络经济也在加剧企业对高级人力资源的争夺，对人力资源的素质提出了更高的要求。

面对网络经济给人力资源管理带来的这些变化，企业必须加强对人力资源的管理和开发，以适应网络经济的要求。

（一）提高人力资源的整体素质

网络经济的发展需要多层次的人才，所以要大力发展基础教育，重视素质教育，并着重培养适应网络经济时代需要的各类人才。在我国网络经济的发展初期，对应用型高科技人才的需求是十分迫切的，所以教育的任务就是着力培养这样的人才。

（二）促进人力资源的全面发展

以人为本的管理思想是以培养人的能力并使人的潜能有效释放为着眼点，所形成的企业文化是开放的、民主的，造就的是主体性强、富于自律和具有创造精神的管理人才。以人为本的管理要求理解人、尊重人、充分发挥人的主动性和创造性，可以分为情感管理、民主管理、自主管理、人才管理和文化管理五个层次。管理要求包括：运用行为科学，重塑人际关系；增加人力资本，提高劳动质量；改善劳动管理，充分利用劳动力资源；推行民主管理，提高劳动者的参与意识；建设企业文化，培育企业精神等。可见，要真正做到人本管理，就要充分重视人的需要，调动每个人的积极性，并采用多种激励手段来激发每个人的潜能。

另外，还要塑造一个有利于人力资源发展的环境，即尊重知识、尊重人才，并有适度的竞争和良好的培训。在这样的环境中，员工能体会到知识的可贵，从而不断地学习，以扩充知识储备并提高技能水平，而且真正有才能的员工能在企业中担当重任。既有压力也有动力的适度竞争机制和良好的培训环境，能够激励员工不断进取、不断创新，并积极提高其自身的素质。

（三）促进人力资源的合理流动

人力资源的流动和转移是合理配置人力资源的方式和手段，是充分利用人力资源的重要形式，是网络经济的客观需要。为此，要尽快建立和完善统一的人才市场，对人才的合理流动进行统一的协调和配置，加快各种社会保障制度的改革步伐，以实现市场对人力资源的自然配置。

三、合作竞争观念

在网络经济模式下，企业面临的内部和外部竞争环境已经与以往有了很大的不同，从而对竞争的理念也提出了新的要求。

网络的普及使人们受时间和空间的限制日渐减少，信息可以自由和快捷地在网上流动。所以，对企业来讲，业务在便利和能扩展到全球的同时，竞争范围也随之扩大到了全世界。竞争变得异常激烈，但是竞争的优势却发生了改变。原来竞争的优势主要体现在厂房、设备、资金和劳动力等有形要素上；而在网络经济模式下，竞争优势主要取决于：信息、科技、人力资源的素质、形象和战略等。

在这样的竞争环境下，企业必须树立新的竞争观念以适应网络经济发展的需要。这种新的竞争观念就是合作竞争，以合作求竞争，共同将利益蛋糕做得更大，从而使双方都受益。在信息技术和网络技术高速发展的情况下，任何一家企业的资源都只能具有某种单一核心优势，如果企业能与竞争对手把各自的核心优势结合起来，做到优势互补，则必将能够形成共同的竞争力，达到双赢的效果。例如，苹果公司和国际商业机器公司（IBM）的竞争联盟就是这样的，虽然在销售产品时二者仍然是竞争对手，但通过联盟，二者可以互相分享最先进的技术和一些商业机密，通过合作完成两家公司都不能单独完成的项目。

在合作竞争中，企业要注意联盟内部的权力再分配。这是因为随着时间的推移，合作各方的核心优势的相对重要性可能会发生变化，从而引起联盟内部的权力再分配。为避免在合作竞争中的地位弱化，合作各方应注意培养自己的核心优势并力求创新，争取在竞争联盟中取得主导影响力。一般来说，一个企业在联盟中影响力的大小主要取决于其核心优势相对于其合作伙伴的核心优势的重要性和独特性，所以，合作各方时刻都要保持积极进取的精神。

四、全球化观念

随着经济全球化进程的加快和全球信息网络的形成，企业的经营管理应形成全球化的观念。也就是说，企业在组织生产、销售、经营管理等方面要突破一国、一地的地理空间概念，从国际化、全球化着眼，制定企业发展和竞争的战略。全球思维可以指导企业在世界范围内谋求发展机会，取得最佳的长期效益。

美国宝洁公司总裁埃德温·刘易斯·阿尔茨特曾说："市场的全球化将成为决定21世纪经济增长速度的首要因素，达不到世界标准的企业，将越来越没有希望在地方一级进行竞争。"也就是说，随着经济的全球化和网络的普及，即使企业没有走出去，也可能面临来自全球的竞争和威胁，这是因为别人可以走进来。所以，在网络经济条件下，企业的管理者必须要自觉地培养全球化思维能力，要有面对全球化挑战的心理准备，并能根据世界的种种变化做出自己的决策，积极地进行全球经营。

企业的经营管理者要培养的全球化思维能力主要体现在几个方面：①着眼全球的眼光。无论是跨国企业还是地方性公司，其管理者都必须具备全球眼光和全球化思维方式。②开放的态度。这不仅是指企业要接受新事物，还包括企业愿意公开的更多信息，而且企业必须更多地考虑合作竞争的新概念。③快速应变和创新能力。创新是快速应变的有效支持，而且创新的最终目的也是快速应变。全球化时代是信息快速流动的时代，任何创新都可能被快速模仿。不断创新、以变应变才是企业成功的秘诀。④文化宽容性。也就是说，企业要顾及他国的文化主流，企业如果不能容忍他国文化，就会遭遇排斥。⑤努力不懈地追求品质。在网络经济时代，吸引消费者回头的唯一法宝便是产品和服务的品质。努力成为一国、一地的最优品质并不能确保企业永远成功，因而企业必须面向全球经营。

在网络经济条件下，企业要进行全球经营，面临的环境是顾客的全球化、资源的全球化和竞争的全球化，这样的环境是工业经济时代所没有的。在这样的一个快速变化的环境中，企业获胜的关键是对信息做出及时的反应，以最快的速度满足消费者的需要。企业必须学会如何在瞬息万变和极度不稳定的全球网络环境中，运用全球化思维来调整组织结构和自己的竞争优势来适应这个新环境，从而取得长远的发展。

五、可持续发展的观念

网络经济是可持续发展的经济形态。所以，当今的企业在经营管理的过程中必须树立可持续发展的观念，以符合整个时代的要求。

网络经济是以知识和信息技术为基础的经济形态，以可持续发展为特点，也为人类社会实现可持续发展提供了可能性。在网络经济中，增长的核心要素和重要资源是知识和信息，从而在一定程度上突破了自然资源稀缺这一"瓶颈"，为经济的可持续发展提供了可能。另外，网络经济也将信息技术广泛应用于经济活动的每一个环节，能够形成对传统产业的渗透作用，促进传统产业的知识含量提高。信息技术的发展还可以减少对自然资源的依赖，并提高自然资源的利用效率，这也为可持续发展提供了可能。所以说，网络经济是可持续发展的经济，在这样的环境中，企业只有树立可持续发展的观念，才能取得长远的发展。

第二节　技术创新

无论是在工业经济时代还是在网络经济时代，技术创新都是企业取得市场竞争优势的关键所在，这种关键性在网络经济时代更加突出。随着经济的全球化和无国界经营趋势的加强，企业面临着来自更广范围的挑战，而只有技术创新才能给企业带来核心的竞争优势，其他方面的管理创新最终也都需要技术创新来保障。

一、技术创新的含义

技术创新是指企业为了满足顾客的需求和提高企业的竞争力而从事的以产品及其生产经营过程为中心的包括构思、开发和商业化等环节的一系列创新活动，包括产品创新和过程创新等。技术创新是一项高风险、高收益的活动，其面临的风险主要是技术风险和市场风险。创新一旦失败，就会给企业带来不可估量的损失。但高风险总是与高收益联系在一起的，有资料显示，技术创新只要有20%的成功率就可收回全部投入并可取得相应的经济效益，还能给企业带来很强的竞争优势。技术创新是一项超前性的活动，否则就难以达到目的。

二、企业技术创新与竞争优势

企业技术创新与竞争优势之间是相互促进的关系，有了技术创新就有了竞争优势，有了竞争优势也就有了更强的技术创新的信心。另外，技术创新的一个重要目的就是要创造新的竞争优势。

当今，在网络经济模式下，科技的飞速发展使产品的更新换代加快，企业面临的环境日益复杂且不确定因素在不断增加，所以竞争也就更加激烈。在这样的市场环境中，企业如果凭借新产品来参与竞争，则优势就比较大。在网络经济时代，技术创新能给企业带来的竞争优势主要有：①通过产品创新抢先占领市场。②通过过程创新使产品成本下降，获得价格上的优势。③通过创新节约了资源，使企业内部资源配置更趋合理。④通过创新使原有竞争对手的威胁程度大大降低，从而使企业在竞争优势的基础上获得更大的发展。这些都使企业在网络经济环境中面临的不确定性减少，极大地增强了企业在市场上的整体竞争力。

从市场竞争来看，核心是技术竞争。发达国家在技术开发和创新上不仅有大量投入，而且还不断以优厚的条件网罗人才，促进高新技术的开发和向各领域渗透。技术创新已成为一个国家或企业获得竞争优势的第一推动力。另外，从企业的长期发展来看，技术优势肯定是企业最重要的竞争优势。通过创新，企业确定了自己的技术优势，可以开拓新的市场，促进企业的长远发展。所以，企业技术创新的重要目的就是在市场竞争中获得优势地位，提高自己的竞争能力，减少企业未来的不确定性，降低企业受威胁的程度，从而为企业的长远发展创造条件。

三、技术创新的策略

（一）积极开发新技术或新产品

这种策略是指创造出一种市场上从未有过的技术或产品，成为市场上的第一。这种技术创新常常需要的时间较长,企业投入的资金也较多,对开发人员的素质要求也较高。但创新一旦成功,就会给企业带来技术上的突破,给企业奠定"人无我有"的竞争优势,也能给企业带来丰厚的收益。

纵观个人计算机发展的历史可以发现,正是这种技术创新促进了个人计算机的发展。PC Magazine 于 1984 年特为技术创新设立了"技术卓越奖",奖励在技术上取得突破和有独创性的产品,并在全球规模最大、影响最广的计算机分销商展览上颁奖。著名的微软公司就是获奖公司之一,共有 24 项产品获得这一奖项,几乎一年一项。到目前为止,还没有哪家公司像微软一样,创造出如此繁多的新技术和轰动世界的软件产品。让每个人的办公桌和家里都拥有一台计算机的美好设想,在十年前还是一个梦想;微软产品的出现让人们能够轻松地操作计算机,加之其产品始终强调集成和使用功能,已经让这个梦想变成了现实。微软对信息产业的贡献可按其产品种类加以总结归纳,从操作系统到各种各样的应用软件、实用软件、开发工具、娱乐产品和网络管理产品等,不胜枚举。也正是因为为大众提供了数不清的先进产品,微软得到了丰厚的回报,其产品市场占有率之高有目共睹。

这种策略要求企业以市场需求为导向进行技术创新。市场需求什么,企业就要朝这个方面进行技术创新。在市场上,产品能否很好地满足消费者的需求。能否迅速地销售出去,是决定企业命运的大事。企业的技术创新的目的是增强产品的竞争力,提高市场占有率,所以,企业必须注重顺应市场,引导市场,不仅要把立足点放在全新技术和产品的开发上,更要把立足点放在产品的"卖出去"上,以实现预期的效果。如果企业忽视市场需求,就会造成技术创新与市场脱节,达不到提高竞争优势和市场占有率的目标。因此,技术创新要围绕市场来进行。

事实上,很多成功的企业都是围绕"卖出去"进行技术创新的。海尔公司的管理层就认为,对于企业技术创新来说,最重要的就是要有市场效果,检验技术创新成功与否的重要标准也是看市场效果。所以,海尔公司在开发新产品时,总是认真地研究来自消费者的建议和意见,把消费者的难题作为企业的科研课题,努力解决消费者的不满意点和希望点,真正把技术创新放在满足消费者的需求上,因而获得了良好的经济效益。

在激烈竞争的网络经济时代,企业只有不断地追求技术进步,努力提高产品的技术含量,积极开发新产品,才能扩大市场占有率。但需要注意的是,技术创新与技术进步不同,技术创新是一种经济和商业行为,技术进步是一种纯技术行为。如何进行创新,采用何种技术,关键是要看技术能否满足消费者的需求,而不是单纯地看技术多先进,也就是说要让技术进步为企业带来巨大的经济效益。否则,即使技术再先进,如果不被市场接受,那么还是不能给企业带来竞争优势和效益,达不到技术创新的初衷。

(三)主动的技术创新

在网络经济时代,企业面临的环境更加变化无常,面对的竞争也更加激烈。为了在这样的环境中取得生存和发展,企业就不能坐等挑战的来临,而应该积极主动地进行技术创新,这已成为竞争的必要手段。

如果企业能够主动地进行技术创新，那么企业就掌握了主动权。英特尔公司的创始人戈登·摩尔在1965年就曾预言，计算机微处理芯片的记忆容量每18个月就将增加一倍，这就是摩尔定律，也是英特尔公司信奉的企业宗旨。英特尔一直就是按照这个发展速度不断推出创新的产品，使全世界的计算机微处理芯片市场都在它的冲击下呈现这一规律。英特尔完全掌握了主动权，不仅每18个月就推出新产品，而且每9个月就增加厂房设备。利用这种主动创新的策略，英特尔公司成功地掌握了芯片市场竞争的主动权。

第三节 组织创新

随着信息技术和网络经济的发展，企业经营的内部和外部环境均发生了巨大的变化。传统的组织结构已经很难适应环境的变化，组织创新已是大势所趋。基于信息和知识的组织结构必将成为未来社会的主流。所以，企业在逐步实现信息化的同时，也要根据自己的功能特征、人员素质、流程特点和经营理念，选择一种最可行的组织创新模式，以适应环境变化的要求。

一、组织创新的趋势

在全球化、信息化和网络化的时代背景下，传统组织结构中的管理幅度和层次理论受到了很大的挑战。未来企业组织结构变化的主要趋势可以概括为：扁平化、网络化、柔性化和弹性化。

（一）扁平化

扁平化，即管理幅度加宽、管理层次减少。长期以来，企业都是按照职能设立管理部门，按照管理幅度划分管理层，形成了金字塔式的组织结构。信息交流集中表现为自上而下或自下而上的上级与下级之间的交流。中间管理人员是企业基层与高层之间的关键纽带，负责信息的上传下达。但这种组织结构越来越不适应信息社会和网络环境的要求。现代信息技术和企业内部网的使用使横向的和越级的信息交流成为可能。借助网络，企业的最高管理者可以随时直接了解下情，基层管理人员也可以直接与最高领导对话，这就逐步弱化了中间管理层的功能。减少管理层次已经成为一种新的趋势，如美国已经提出了"取消中间经理"的口号。企业信息系统的发展使高层管理人员的管理幅度加宽，而且使信息的传播速度加快。组织结构向扁平化转变，不仅可以提高经营管理效率，也降低了经营管理费用。

（二）网络化

网络化是指企业可以利用网络把自己与"盟友"连接在一起，形成一个网络型组织，改变企业进入市场和接触客户的方式，实现安全、高效和准确的企业管理。这样企业的很多业务就可以通过网络来完成，如可以省去传统的中间商，通过网络直接向消费者供货。信息技术和网络的发展已经使这些成为可能。

（三）柔性化

组织结构的柔性化是指在组织结构不设置固定的和正式的组织，而代之以一些临时性的、以任务为导向的团队式组织。借助组织结构的柔性化，可以实现企业组织集权化与分权化的统一、稳定性与变革性的统一。例如，可以把一个企业的组织结构分为两个组成部分，一个是为了完成组织的一些经常性任务而建立的组织机构，这部分比较稳定，是组织结构的基本组成部分；另一个是为了完成一些临时性的任务而成立的组织机构，这部分比较灵活，是组织结构的补充部分，如各种项目小组和咨询专家等。

（四）弹性化

弹性化就是让基层有更大的自主权。例如，一些企业为了提高自身的组织结构弹性，就在组织结构上把核算单位划小，给基层组织以更大的自主权和主动性。

二、新型的企业组织形式

（一）学习型组织

学习型组织是美国管理专家进行系统研究后提出的一个概念。这一概念认为，从二十世纪九十年代起，最成功的企业主要是重视学习能力的企业。这一概念一经提出就引起了强烈反响，世界众多企业已开始按照这个理论对企业进行改造，如在世界排名前 100 名的企业中有 40% 的企业进行了改造，在美国排名前 25 名的企业中也有 20 家企业进行了改造。

学习型组织的出现为企业的组织创新提供了一个新方向。美国教授彼得·圣吉对学习型组织提出了五项修炼：

1. 超越自我

这是学习型组织的精神基础，也就是说要不断地深入学习，集中精力，培养耐心，不断地进行创造和超越，实行终身的学习。

2. 改善思维模式

思维模式是指每个人或组织的思考和行为方式，它影响着人或组织如何了解世界及如何采取行动。所以，学习型组织必须不断地改善思维模式。

3. 建立共同远景

实现共同远景是组织中最能鼓舞人心、凝聚力量的因素，因此，学习型组织必须是一个有共同目标、价值观和使命感的企业。

4. 团队学习

团队学习的有效性不仅在于整体能产生出色的效果，也在于这种方式使个别成员成长的速度比其他的方式要快。通过团队学习，还可以找出最佳的学习模式。

5. 系统思考。

在网络环境中，影响企业发展的因素很多，所以，企业型组织必须学会用系统的方法来分析问题。

从上面的分析可以看出，学习型组织就其本质来说是一个具有持久创新能力，能够去创造未来的组织，也是一个开放、灵活、不断进取的组织。所以，传统企业的组织创新可以朝这个方向改进。

（二）网络型组织

随着网络经济的发展，灵活的、适应性强的网络型组织必将成为企业组织创新的主要方向。

1. 空洞型网络组织

这是一种以短期契约关系和市场交易关系为基础的网络型组织结构，适合高度变化的竞争环境。核心企业利用一个强大的管理信息系统来协调众多的成员企业，工作的完成主要依赖网络的组织成员。

2. 灵活型网络组织

这是一种以长期合作关系为基础的网络组织结构。核心企业组合不同的资源，协调网络组织的成员企业来探明用户的需求、设计产品和建立供应源等，以连续的新产品来满足客户的各种需求。

3. 增值型网络组织

这种组织将各成员企业连成一个增值链。核心企业将产品的创新和设计作为自己的核心能力，将其他的增值活动分配给其他成员企业完成。

（三）虚拟企业

网络经济的兴起和信息技术的日新月异，消除了人与人之间知识和信息传递的障碍，推动了企业经营意识和管理观念的改变。构建虚拟企业组织形式成为网络经济模式下，许多企业进行组织创新和谋求长远发展的重要选择。

虚拟企业实际上是一个动态的企业联盟，能对市场环境的变化做出快速的反应。企业在有了一个新产品或产品概念后，利用各种手段将业务外包。核心企业本身只以创新行为和名牌效应为龙头，对涉及制造和经营的各项业务进行系统集成和过程集成。可见，虚拟企业的实质在于突破企业的界限，在全球范围内对企业内部和外部资源进行动态配置和优化组合，以达到降低成本和提高竞争力的目的。

由于虚拟企业是一种开放的组织结构，没有固定的组织层次和内部命令系统，因此可以在信息充分的条件下在网上选出合作伙伴，迅速集成各专业领域里的独特优势，实现对外部资源的整合利用，从而以极强的结构成本优势和机动性，完成单个企业难以承担的市场功能，如虚拟开发、虚拟生产和虚拟销售等。如果企业有了新的产品创意，就可以马上从互联网上寻找合适的厂商进行生产，寻找专业化的营销企业进行营销，做到高速度地规模化生产和销售。

第四节 管理模式和制度创新

随着经济全球化和网络经济的发展，市场竞争变得愈加激烈，消费需求日趋主体化、个性化和多样化。面对这样的挑战，企业不仅要进行观念、技术和组织的创新，还要采取一些先进的管理模式和方法，并对管理制度进行改革创新，以适应新的需求。

一、管理模式创新的要求

适应网络经济发展的管理模式要求企业在计算机技术和网络技术的支撑下，把技术、知识、管理和人力等多种资源整合在一起，使各种生产要素紧密配合、协调运作，充分发挥各种资源的优势，使其在缩短产品开发周期、保证产品质量、降低生产成本、提供及时服务、提高企业的竞争能力等方面起到应有的作用。

与传统的管理模式相比，创新的管理模式应该更加高效、敏捷，能迅速地对市场变化做出反应，而且在管理中，更强调以消费者的需求为中心，并注重各环节的协调和配合，组织的凝聚力也得以增强。创新的管理模式应该具有柔性化、集成化、数字化和智能化等特点和优势。

二、管理模式创新的思想

（一）动态的、敏捷的管理思想

在消费需求变化不断加快、市场竞争日趋激烈的今天，企业必须对不断变化的消费者期望、市场环境、经济形势与政策、竞争者的策略与行动等做出迅速的反应。也就是说，企业要树立一种动态的、敏捷的管理思想。只要环境在变，管理模式就要创新。因此，企业需要对内部和外部的各种资源进行动态的重新配置，勇于创新，以更好地满足消费者的需求、更快地适应市场变化能增强企业的竞争力。

敏捷管理思想是 20 世纪 90 年代美国在总结多国经验的基础上提出的，它的目标是建立一种能对消费者需求做出快速反应的、市场竞争力强的管理模式。这种思想要求企业具有抓住转瞬即逝的机遇和持续创新的能力，并重视企业间的动态合作。

（二）以人为本的管理思想

在科学技术飞速发展的今天，人们对个人价值的实现提出了更高的要求。尊重个人选择，承认个人价值已逐渐成为企业管理的一项重要内容。所以，企业在进行管理模式创新时，要体现以人为本的管理思想。管理学家理查德·科克和伊恩·戈登提出了"没有管理的管理"，其实就是以人为本管理思想的体现。"没有管理的管理"是建立在充分信任，注重最大限度地发挥每个人的主动性、积极性和创造性的基础之上的，使人人都成为管理者。

三、新型的管理模式

（一）柔性管理

柔性管理是针对网络经济和全球化经营提出的新的管理模式，讲求管理的软化，以管理的柔性化来激发人的主观能动作用。它以"人性化"为标志，强调变化与速度、灵敏与弹性，注重平等与尊重、创造与企业精神。柔性管理可以使企业对变幻不定的市场做出灵活、迅速和及时的动态反应，以达到保持和获得竞争优势的目的。

企业采用柔性管理模式时，需注意构建以下几个关键要素。

1. 以满足消费者的需求为导向

柔性管理要将消费者的需求放在首位，不仅向消费者提供物品，而且要丰富消费者的价值感受。所以，企业不仅要确定如何解决消费者所关心的问题和丰富消费者的价值感受，还要注意开发消费者的潜在需求。

2. 突出人本管理的思想

柔性管理的一个很重要的方面就是尊重人，为员工创造一个良好的氛围，鼓励员工的学习和创新精神，处处体现以人为本。

3. 提高企业的学习能力

企业要发现市场的需求和动向，不仅需要大量的信息，更需要敏锐的洞察力，需要智慧和灵感。所以，在市场瞬息万变的网络时代，企业只有通过发挥各个方面的创新力量，才能造就一个智能化的企业，才能不断地获取新的竞争优势。因此，增强企业的学习能力，使企业成为一个真正的学习型组织，是企业立于不败之地的保证。

4. 转变组织结构

组织结构要由金字塔型转变为网络式的扁平化结构，以提高信息的传递效率，加强部门之间的沟通，从而提高整个企业的灵敏反应程度，使企业能够更迅速地抓住市场机会。

（二）数字化管理

数字化管理是随着网络经济时代的到来出现的一种新的管理模式。一般来说，它是指利用计算机、通信、互联网和人工智能等技术，量化管理对象和管理行为，实现计划、组织、服务和创新等职能的管理活动和管理方法的总称。

1. 数字化管理的特点

（1）定量化。数字化管理是指应用模型化和定量化的技术来解决问题。

（2）智能化。数字化管理系统具有分析和模拟人脑信息和思维过程的能力。

（3）综合性。数字化管理强调综合应用多种学科的方法，除需要管理学、经济学、数学、统计学、信息论、系统论和计算机知识外，还随着具体研究对象的不同需要行为科学、社会学、会计学和控制论等方面的知识。

（4）动态性。在数字化管理的过程中，要随着内部和外部的情况变化而不断补充和修改数字化的信息输入，从而求出新的数字化的最优信息输出。

2.企业要成功地进行数字化管理应该注意的问题

（1）企业要把数字化管理作为企业的经营战略。这是一种在全企业范围内实施的综合性战略计划，采用这种计划的企业要坚信数字化管理对企业的长期发展和提高企业的竞争力至关重要，要不遗余力地推行数字化管理战略计划。

（2）企业要建立支持数字化管理的组织体系和组织形式。为了实现企业的数字化管理并取得成效，企业要建立一个有效的组织体系。在这一体系中，①要有负责数字化管理活动的领导者，承担制定数字化管理的计划和战略；②要成立专门的小组，完成与数字化管理活动有关的任务；③要建立支撑数字化管理的基础设施。另外，与数字化管理相适应的组织形式是"扁平型"的结构，而不是传统的"金字塔型"的结构。

（3）企业要加大对数字化管理的资金投入。企业的任何一种管理活动都需要资金的支持，这是毫无疑问的。

（4）企业要开发支撑数字化管理的技术和软件。迅速发展的互联网技术、内部网技术、外部网技术、计算机软件和硬件设计、通信技术、人工智能技术是数字化管理的外部支撑条件，它们为管理信息的识别、获取、传输和利用提供了强有力的工具。

（5）企业要创造对应数字化管理的企业文化。有利于数字化管理的企业文化包括良好的员工职业道德、企业荣誉感和团队精神等。此外，企业管理层的支持也是数字化管理成功的保证。

（三）虚拟运作

虚拟运作是指企业根据市场的需求和自身的竞争条件，将可利用的企业外部资源与内部资源整合在一起，以提高企业竞争力的一种管理模式和方法。可见，虚拟运作是一个动态的、知识联网式的协作过程，其目的是增强企业的竞争优势，提高企业竞争力。

虚拟运作可以通过人员虚拟、功能虚拟、企业虚拟来实现。人员虚拟是指企业将外部的智力资源与自身的智力资源相结合，以弥补自身智力资源不足的管理模式。在一般情况下，企业多聘请外部的管理专家或其他方面的专家。功能虚拟是指企业借助于外部的具有优势的某一方面功能资源与自身资源相结合，以弥补自身某一方面功能不足的管理模式，如虚拟生产、虚拟营销和虚拟储运等。企业虚拟是指彼此进行合作竞争的、有共同目标的多个企业结成战略联盟，为共同创造产品或服务、共同开创市场而实施全方位合作的管理模式。企业虚拟的有形载体是虚拟企业。虚拟企业是指具有不同资源优势的企业，为了在市场竞争中取胜而组成的、建立在信息网络基础上的联合开发、互助互利的企业联盟体。

在实施虚拟运作时，企业要注意以自己的核心优势为依托，从而使自己的资源得到最大的发挥，虚拟方向一般是企业的劣势所在。另外，虚拟运作的各方要相互依赖、相互信任，进行信息交流和共享，并努力减少文化冲突。

四、管理制度创新

（一）信息管理制度创新

网络经济时代企业管理的重要任务是处理信息，因此，信息管理制度的创新就显得十分必要。企业的信息化主要体现在计算机软件和硬件技术在企业生产、经营过程中的广泛应用，所以，企业制定和完善相关的信息管理制度是必然的要求。信息管理制度创新包括制定计算机软件和硬件的培训制度、采购制度、使用制度和维护制度，并制定相应的处罚措施和激励政策来保证相应制度的贯彻执行。企业要对企业信息系统的各项管理制度，包括权限管理制度、安全管理制度、保密制度和维护制度等给予高度重视，尤其是对企业商业秘密和客户数据等重要信息要予以特别关注。

（二）激励制度创新

在网络经济模式下，企业激励员工的制度应主要以内在激励为主。根据美国学者弗雷德里克·赫茨伯格的"双因素理论"，激励因素分为保健因素和激励因素两种。保健因素是指能满足职工生存、安全和社交需要的因素，其作用是消除不满，但不会产生满意。这类因素包括工资、奖金、福利和人际关系等，均属于创造工作环境方面，也称为外在激励。而激励因素是指能够满足职工自尊和自我实现需要的因素，最具有激发力量，能使职工更积极地工作。这些因素常常是内在激励因素，使员工从工作本身（而非工作环境）获得很大的满足感，如工作中充满乐趣和挑战；工作本身意义重大、崇高，激发出光荣感和自豪感；在工作中取得成就时的成就感和自我实现感；较多的升迁机会；健康上的特殊保护等。这一切所产生的工作动力深刻且持久。所以，企业在激励制度的创新上要多从内在激励因素上做文章。

（三）提高员工素质制度创新

网络经济时代必然要求企业员工具有较高的技术和管理素质，而提高员工的素质不是一朝一夕能做到的。只有企业鼓励员工不断地学习，员工才能适应新的需要。所以，企业必须为员工提供良好的学习条件，如专业上的再教育和培训等，并力争使企业成为"学习型组织"，形成优良的学习氛围，鼓励员工在学习中成长和进步，从而使企业的可持续发展得到充分的保障。

第五节　文化创新

在人类社会迈向网络经济的进程中，文化较以往任何时候都更为丰富和开放，更加相互影响和相互渗透，同时文化与经济的联系也更为紧密，文化对社会经济发展的影响也更显重要。就企业而言，不同的企业文化会形成不同的企业环境，塑造不同的企业形象，树立不同的企业价值观念。良好的企业文化是一种强大的凝聚力和向心力，能调动员工的积极性和创造性，使企业得以长远发展。所以，面对网络经济的挑战，企业要积极地进行文化创新，塑造网络经济时代的企业文化。

一、企业文化的含义

企业文化是企业全体职工在长期的生产经营活动中培育形成并共同遵循的最高目标、价值标准、基本信念和行为规范。一般认为，企业文化由三个紧密联系、不可分割的层次构成，即精神层、制度层和物质层。

精神层是指企业的管理者和员工共同遵守的基本信念、价值标准和职业道德等，是企业文化的核心，包括企业精神、企业最高目标、企业经营哲学、企业风气、企业道德和企业宗旨六个方面。这六个方面角度不同，各有侧重，互有交叉，本质统一。

制度层是指对企业职工和企业组织行为产生规范性和约束性的部分，主要是指应当遵循的行为准则和风俗习惯。它是企业文化的中间层次，包括一般制度、特殊制度和企业风俗等。

物质层是企业文化的表层部分，是精神层的载体，常常能折射出企业的经营思想、经营管理哲学、工作作风和审美意识等，主要包括企业标志、标准字、标准色、厂容、厂貌，产品的特色、式样、品质、包装等，厂服、厂旗、厂徽、厂歌等，企业的纪念品，企业的文化传播（如报纸、刊物、广播电视、宣传栏、广告牌和企业的造型）等。

二、企业文化与企业竞争力

在一般情况下，企业文化具有导向、约束、凝聚和激励的功能。导向功能是指企业文化对企业整体和每一位员工的价值取向和行为取向所起的引导作用。约束功能是指企业文化对每个员工的思想和行为具有约束和规范的作用。凝聚功能是指企业文化的价值观一旦被员工认同之后，就会成为一种黏合剂，从各方面把员工团结起来，形成巨大的向心力和凝聚力。激励功能是指企业文化能使企业员工产生一种情绪高昂、奋发进取的力量。辐射功能是指企业文化不仅在企业内部起作用，也通过各种渠道对社会产生影响。

可见，具有良好文化的企业能凝聚起所有员工的积极性和创造性，使企业的竞争力得以提高，促进企业的长远发展。

三、网络经济时代企业文化的新内容

（一）以人为本

网络经济时代是以人为本的时代，企业文化的发展必须符合这一时代要求。在网络时代，"知识资本"作为一种新的决定因素，其重要性正变得越来越突出，这导致一个现象出现，即企业的核心竞争力从资金转向了人才。企业除了要为员工创造良好的发展空间、不断改善工作环境之外，还要实施股票期权制度，保障每一位员工都真正能从企业的发展中获益，同时这也是把企业的发展与个人的发展融为一体的重要动力。企业要努力培育"共同发展"的价值观，使企业全体员工增强主人翁意识，能与企业同呼吸、同成长、同发展、共生死，做到企业精神和企业价值观的人格化，实现"人企合一"。企业的服务目标就是尽最大努力满足人的需求，或者说要帮助人类摆脱自然和社会对人的束缚，使人获得真正的自由。因此，企业文化发展首要的一条就是符合共同发展的要求。

（二）符合虚拟经济的要求

网络经济是虚拟经济，虚拟化可以从个人到组织多角度进行。虚拟的形式有虚拟商品或服务、虚拟工作或远程工作、虚拟办公室、虚拟小组、虚拟机构和虚拟社区。这对传统思维是一个挑战。这些变化要求企业文化必须能适应虚拟的要求。企业文化要使每个成员有高度积极性、自律性和强烈的责任感。这样个体才能在提供商品或服务时追求尽善尽美，才能积极参与虚拟组织的活动，才能在没有露面的情况下意识到自己存在的价值，并尽量发挥自己的能力去追求虚拟组织的集体目标。

（三）协作意识

信息网络使企业之间的竞争与合作的范围扩大了，也使竞争与合作之间的转化速度加快了。"今天，没有一家企业能单枪匹马创造未来。你必须寻找协同竞争的领域，在竞争中合作，在合作中竞争。今日的市场环境需求日新月异，追求个性化，企业间竞争异常激烈。对单个企业来说，面临如此复杂的市场，单靠一己之力是无法生存的。因此，不少学者和企业界人士提出要保持企业核心能力，加强企业间联盟来应对新的市场环境。这样的联盟是动态的，随着市场环境而变动。如何处理好企业间既竞争又合作的关系是关乎企业生死存亡的大事。企业内部也同样存在协作的问题。欲发挥1+1>2的管理作用，企业文化是不可或缺的。传统经济学的理论基础是博弈理论，强调个体的理性与均衡。现在的一些管理实践证明，在团队中，尤其是在环境不确定性很高的情况下，个体行为并不完全符合博弈理论的假设。此时，企业文化是个体理性和群体理性协调的保障。

（四）学习

网络是知识经济的基础。在网络经济模式下，企业应当做好知识管理，强调组织学习和个体学习。网络改变了知识的传播方式和传播速度，使组织学习能更好地进行。同时，在不确定的环境中，组织学习也是组织进化的途径。组织的首要目标便是生存，只有不断学习的组织才能在激烈竞争中有机会立于不败之地。因此，企业文化应当崇尚学习、崇尚改革，在学习中获得组织发展的动力，获得不断提升、超越自己的源泉，从而在不断创新的社会中生存下去。但与此同时，组织文化还要起一定的稳定作用，防止组织在学习过程中加速崩溃。

（五）创新意识

创新是组织存在的条件，是网络经济模式下企业文化的核心。没有创新的组织必是没有生气的。组织的创造性存在于混沌的边缘，企业文化只有能把企业推到混沌的边缘才能促进组织的创新。为此，企业文化必是能融合不同意见的。那种强调"千篇一律"的文化是不可能促进创造性发展的。同时，为了防止内部的矛盾使企业陷入混沌，企业文化还得有负反馈稳定作用，极端的事件（或用复杂性的术语说是"涨落"）可以存在但不能被放大。因此，企业文化应当是稳中求变的文化。

（六）绿色文化

绿色文化是文化发展到一定阶段提出的要求，是文化对环境的关注，对社会的关注，对未来的关注。环境问题是全人类普遍关注的问题，也是一个不容忽视的问题。未来文化必定朝绿色文化方向发展。企业文化在强调个体生存的同时，必须有强烈的环境意识。这里的环境不仅包括自然环境，还包括社会环境，是人类赖以生存的环境。生态文化是一种新型的管理理论，包括生态环境、生态伦理和生态道德，是人对解决人与自然关系问题的思想观点和心理的总和。生态文化属于生态科学，主要研究人与自然的关系，体现的是生态精神。而企业文化则属于管理科学，主要研究人与人的关系，体现的是人文精神。但是，在本质上，二者都属于一种发展观，运用系统观点和系统思维方法，从整体出发进行研究；都强调科学精神，即实事求是，努力认真地探索；从狭义角度来看，都是观念形态文化和心理文化，而且都以文化为引导手段，以持续发展为目标。并且，企业文化发展的诸多方面，需要以生态文化来与之相结合。

（七）兼容性与个性

网络经济促进了经济的全球化。经济全球化突出了企业文化兼容性的要求。在网络经济模式下企业间的联合、兼并更加频繁。联合或兼并不是企业的灭亡，而是企业新的生存方式。个性鲜明的企业文化是企业脱颖而出的条件，但只有兼收并蓄的文化才能把企业做大。正如中国一句谚语"海纳百川，有容乃大"。正如人之所以为人，其属性是一样的；企业之所以为企业，其属性也是一样的。既然属性一样，则企业经营的总体原则也是一样的，不论此企业在何方，更何况现在"企业是世界的企业"。

目前进行的企业文化建设，就广义上来说，是一种新的经济体制下的新的实践，是企业管理科学的新学科。如何进行新的实践探索，如何进行新的理论思考，是极为重要的。企业是社会的最基本的经济组织，企业经营的目标是通过实现经济效益的最大化，从而实现企业成员经济效益的最大化及自身价值的最充分实现。企业文化的建设具有共性，即企业文化建设的出发点是给企业提供实现其目标的土壤。企业文化建设主要侧重在企业员工的思想观念、思维方式、行为规范和行为方式等方面。同时，不同的企业处于不同的内部和外部环境中，不同企业文化的特征并不相同。例如，有的企业注重市场的开拓，有的企业注重产品的创新，有的企业注重售后服务，有的企业注重经营绩效，有的企业注重竞争意识，还有的企业注重团结合作。不同的国家、民族，以及不同的文化背景、思维方式和经营理念会产生不同的行为规范和行为方式。因此，企业文化建设不能"千篇一律"，而是应该根据自己企业的特点、自己企业的经营环境，进行具体的设计定位。

四、网络经济时代企业文化的核心

人类探索未知事物的强烈欲望是推动创新的永恒动力。人类对未知的探索包括两个层面，第一个层面是对客观事物的辨认，从对身边的植物是不是可食用开始，到对100亿光年之外的天体是不是类星体，绵延千万年并将一直延续下去。第二个层面是对因果关系的探索，从古人的"础润而雨"到最先进的数字化生存，都是对事物因果的认识的成果。这里要特别强调的是，在对某一种事物的辨认中可能发现新事物；在对某一事物有了一种解释之后，可能引发对这一事物原有解释的质疑或否定，从而启动探索的没有尽头的长链；没有功利目的的探索可以转变为有功利目的的创新。市场是推动创新的动力，人们在市场活动中对利润的追求的后果是竞争，竞争是创新的直接动力。企业要在现实的市场需求中不断创新，在潜在的市场中通过创新来获取利润，依靠创新抢占未来的超前的市场。

在网络经济环境中，员工之所以不同于其他传统的员工，在于他们是通过将创造性思维转化为行为而达到"资本增值"的目的的，因而他们对新事物和新知识有着本能的强烈的创造欲望。他们利用自己的智力，通过不断进行产品管理和服务创新，为个人和企业赢得发展。在知识技术全球化创新的今天，劳动的价值更多地体现在智力劳动和创造性劳动上，创造性成为知识产业员工的主要特征。在信息社会中，一个最好的技术研发人员利用网络能够比一个普通人员多做出500%甚至更多的工作。

随着以知识产业为支柱的知识经济时代的到来，在知识产业内部，知识型人力资源的地位变得尤为突出，人才争夺成为企业竞争的焦点。网络经济作为知识经济时代的支柱，是以脑力劳动和智力型服务为基础的。而其核心是知识型人才被推到生产力诸要素的首位。因此，网络经济对员工的有效管理就是最大限度地激发他们的创造性和利用网络进行宏观经济活动的能力，这便是网络经济社会企业文化再造的核心。

五、网络经济时代企业文化构建的载体和途径

企业文化不是无源之水、无本之木，它必须通过一定的物质实体和手段，在生产经营实践中表现出来。这种物质实体和手段，就可以称为企业文化的载体。企业文化载体是企业文化的表层现象，它不等于企业文化。企业文化载体在企业文化建设中具有举足轻重的作用，优秀的企业文化必有很好的企业文化载体，它们会给企业带来很好的经济和社会效益。有时候，对一些企业来说，企业文化建设即使不那么深入，但如果进行好了企业文化载体建设，企业也会获得很好的经济效益和社会效益。这是因为，一方面，优秀的企业文化和很好的企业文化载体都是要给企业员工树立一个思想和行为目标，增强企业凝聚力和

战斗力，提高员工的生产积极性；另一方面，在企业的经营环境中树立和宣传了好的组织形象，为企业的生存创造了有利的条件。因此，在网络经济模式下，企业文化的建设不能忽视文化载体。

在网络经济模式下，企业文化构建的载体和途径是网络。在过去的几年中，以网络为依托的经济有了很大的发展。随着安全技术的不断完善，互联网上的电子商务市场将发展成为全世界最广、最深厚、最快捷和最安全的市场，在互联网上实现的购物和服务交易额将不低于 10 000 亿美元。

在网络经济模式下，企业的活动越来越多地放到互联网上进行。随着网络经济的进一步深化，迅猛发展的电子商务正在或将要改变许多人的日常生活和工作模式。网络对企业的影响突出表现在以下四个方面。

（一）运作速度更加迅捷

网络的响应速度是衡量一个 ISP 服务商质量的重要参数，互联网上的信息检索和电子交易同样需要反应迅速。借助日益发展、完善的信息网络环境平台，电子商务需求的迅猛发展更是如虎添翼，动作更迅捷，业务交往呈现个人化，多方面的用途正是电子商务的发展趋势。

（二）业务交往个人化

随着消费者需求的日益多样化，如何满足消费者的个性化需求是现代企业面临的一个重要课题，同时也是一个非常棘手的问题。这种快速变化着的需求对企业的生产流程提出了严峻的挑战，它要求企业的生产流程要有足够的柔性。电子商务能较好地解决这一问题，因为电子商务的企业与客户间的部分正迎合了这一点。

（三）电子商务向纵深发展

设想一下，消费者在家里足不出户便可将想要的东西买回来，是不是相当方便？电子商务提供了一种在家购物的可能。只需一个商家认可的电子资金账号，便可让消费者从众多的网络商店中挑选令其满意的任何东西，无须东奔西跑。

电子商务系统与传统的交易系统相比，在购物渠道方面具有显著不同的特点。浏览传统交易购物渠道常常意味着经常在大范围的、不相关联的商店中摸索，或者通过"商品清单信息表"搜索；而在现代电子商务系统中，商店无处不在且彼此关联，具有交互性、智能化特征。同时，现代电子商务市场把有关产品和服务的信息紧密集成，帮助消费者在不同的商店之间进行比较，以选取最具诱惑力的商品。

（四）支持企业全过程

从辨别用户需求到企业内部产品研制、生产、检验、营销、用户发送订单、跟踪运送情况、接收票据、更新数据、用户调查，再到企业产品开发、改进，电子商务可以支持全部过程。并且，电子商务使企业离市场更近。

在这种情况下,传统的企业文化载体的作用将受到挑战。传统企业文化的载体种类繁多,可谓五花八门。例如,企业的文化室、俱乐部、电影院、图书馆、协会、研究会、企业刊物等,都是企业文化的载体。还有另一种企业文化载体,如厂庆活动、文体活动、文艺晚会、军训、广播操和表彰会等。在网络经济模式下,这些活动或被赋予新的形式,或被其他的新形式所取代,这些新形式都是通过网络这个载体和途径实现的。因此,网络经济中企业文化的载体和途径是网络。

参考文献

[1] 王建东. 基于大数据时代的企业经济管理创新思考 [J]. 商业观察，2022(36)：53-56.

[2] 孔曼. 新经济背景下人力资源经济管理创新措施 [J]. 中国乡镇企业会计，2022(12)：111-113.

[3] 李娟. 市场经济环境下企业经济管理模式的创新研究 [J]. 老字号品牌营销，2022(23)：110-112.

[4] 张赟. 试析新时代国民经济管理理论创新 [J]. 老字号品牌营销，2022(23)：71-73.

[5] 安宏宇. 新形势下企业经济管理的创新策略研究 [J]. 现代营销(上旬刊)，2022(12)：115-117.

[6] 张赫然. 新形势下企业经济管理的创新路径探究与思考 [J]. 商展经济，2022(22)：150-152.

[7] 黄冠. 新形势下企业经济管理的创新策略 [J]. 商场现代化，2022(21)：90-92.

[8] 张廷军. 新形势下企业经济管理的创新策略研究 [J]. 商场现代化，2022(21)：87-89.

[9] 罗亚青. 新形势下企业经济管理的创新策略研究 [J]. 现代商业，2022(31)：84-86.

[10] 李云霞. 新经济背景下人力资源经济管理创新的路径 [J]. 中国集体经济，2022(31)：115-117.

[11] 许颖. 低碳经济背景下房地产经济管理的创新发展策略探讨 [J]. 商业观察，2022(31)：81-84.

[12] 张赟. 创新国民经济管理理论的相关思考 [J]. 理财，2022(11)：48-50.

[13] 雷启英. "互联网+"时代茶企经济管理模式的改革与创新 [J]. 福建茶叶，2022，44(11)：50-52.

[14] 朱楠林. 新时期施工企业的经济管理及其创新举措 [J]. 今日财富，2022(21)：46-48.

[15] 宋靖. 经济新常态下国有煤炭企业经济管理创新发展的思考 [J]. 现代工业经济和信息化，2022，12(10)：178-179.

[16] 郝玉凤. 新常态下农村经济管理体制的创新研究 [J]. 农业开发与装备，2022(10)：83-84.

[17] 唐棣华，钱锋. 基于后金融时代的电商企业经济管理创新策略 [J]. 山西财经大学学报，2022，44(S2)：7-9.

[18] 凌波. 部队农场经济管理体制创新研究 [D]. 安徽农业大学，2016.

[19] 许红虹. 我国城商行同业业务创新及其风险管理研究 [D]. 华侨大学，2016.

[20] 孙颖. 审计质量与商业银行金融创新风险相关性研究 [D]. 山东财经大学，2016.